中国人民大学哲学名家讲座系列

哲学的殿堂
新唯物主义与哲学的未来

中国人民大学哲学院　组编

臧峰宇　主编

中国人民大学出版社
·北京·

顾问
陈先达　张立文　刘大椿

主编
臧峰宇

副主编
聂敏里　张　霄

编委
（按姓氏音序排列）
曹　刚　雷思温　刘劲杨　刘　玮
刘增光　王宇洁　徐　飞　杨澜洁
原　理　张风雷　张鹏举　张志伟

目录
CONTENTS

| 001 | 第一讲　"照着讲"与"接着讲"的新逻辑 / 赵敦华
| 013 | 第二讲　马克思的新唯物主义 / 安启念
| 035 | 第三讲　《周易》古经对孔子思想的影响 / 杨庆中
| 055 | 第四讲　中西伦理学中的自我 / 姚新中
| 079 | 第五讲　形而上学路径与存在论事件 / 赵汀阳
| 103 | 第六讲　儒家博爱视野下的"天下一家"与"一体之仁" /
　　　　　　向世陵
| 136 | 第七讲　哲学的未来与未来的哲学 / 江怡
| 146 | 第八讲　从否定神学到否定哲学 / 谢地坤
| 174 | 第九讲　时代的理解和把握 / 丰子义
| 202 | 第十讲　儒学的心性论与价值系统 / 李景林
| 223 | 第十一讲　哲学作为一项认知事业 / 陈波

| 247 |　第十二讲　牟宗三"良知坎陷说"新论 / 张学智

| 268 |　第十三讲　庄子观梦：物我与生死 / 陈少明

| 285 |　第十四讲　两种实践概念 / 姚大志

| 311 |　编后记

第一讲
"照着讲"与"接着讲"的新逻辑

◎ 赵敦华

时间：2021 年 9 月 23 日
地点：中国人民大学公共教学一楼 1302 教室

  赵敦华，北京大学哲学系博雅讲席教授，全国高等学校教学名师，曾任北京大学哲学系兼宗教学系主任，国务院学位委员会第六届哲学学科评议组召集人，教育部哲学指导委员会副主任，中华全国外国哲学史学会副理事长、中国现代西方哲学学会副理事长，中国宗教学会副会长。主要研究领域为分析哲学和英美哲学、中西比较哲学、基督教哲学等。主要著作有《卡尔·波普》《基督教哲学1500 年》《西方哲学简史》《人性和伦理的跨文化研究》等十余部。

一

我先要交代今天讲的这个题目中的"照着讲"与"接着讲"的本意是什么，我们要解释的这两者的"新逻辑"又是什么。我的用意是围绕"今天我们如何做哲学"的问题，谈谈我的体会，与诸位同道和同学交流。

在座很多人都知道，"照着讲"和"接着讲"是冯友兰先生的说法，这是他对自己做哲学方式的一种总结。冯友兰对理学很有研究，他的成名作是《中国哲学史》，下卷第十三章"朱子"把朱熹的理学全面梳理了一遍，抗战时期写了"贞元六书"，第一本就是《新理学》，搞了一个新理学的体系，用形式逻辑表示朱熹的命题，包括现代实在论的解释。这些当然不是朱熹的，而是冯友兰自己的新理学了。冯先生在20世纪40年代写的《中国哲学简史》中最后有个总结，我先念一段：

> 我们现在所讲的体系，大体上是承接宋明道学中理学一派。我们说"大体上"。因为在许多点上，我们亦有与宋明以来的理学，大不相同之处。我们说"承接"，因为我们是"接着"宋明以来的理学讲的，而不是"照着"宋明以来的理学讲的。因此我们自号我们的体系为新理学。

二

"照着讲"和"接着讲"只是今天讲座的一个引子，我们今天不要、也不可能局限在冯先生做理学的方式，而是要按照一种"新逻辑"来做哲学。那么什么是我讲的"新逻辑"呢？

新逻辑是相对于老逻辑而言的，在西方，亚里士多德的三段式演绎逻辑有长远影响。直到12世纪下半叶，哲学家发现，三段式演绎逻辑只是亚里士多德《工具篇》前三书的内容，而后三书还未被人知，于是他们把已知的称作"旧逻辑"，而把对未知的研究称作"新逻辑"。中世纪的哲学家和冯友兰一样，不只是照着亚里士多德讲，也是接着讲，在新逻辑的探索中，创立了一个新的逻辑体系，14世纪时又被称为"现代逻辑"。这当然不是现代的数理逻辑，而是中世纪特有的一大发明。这个中世纪的新逻辑体系包括六个要素：一曰指代，二曰称谓，三曰周延，四曰限制，五曰例解，六曰扩展。

现在讲逻辑，或提一下亚里士多德的三段式演绎逻辑，主要讲现代数理逻辑，很少有人讲中世纪的指代逻辑。我今天讲中世纪的新逻辑，是因为这个逻辑特别适用于哲学方法论。历史和现代无数实践证明，哲学不只是三段式的演绎证明，也不是人工语言的数理演算，而是人类自然语言的一种"概念游戏"，游戏是有规则的，哲学的概念游戏的规则可以通过指代逻辑来规定。

做哲学的人会问：何以见得呢？中国人的逻辑难道没有西方逻辑管用吗？对待这些质疑，我可以讲出一番道理，但用处不大。我深知，学习的最好方法不是训导，而是范例。所以，今天把冯友兰的范例和指代逻辑结合起来，讲一讲我们今天如何做哲学的方法论。

三

回到"照着讲"和"接着讲"的范例，冯友兰明白地告诉我们，他自己做理学的方式意指"哲学史家"和"哲学家"的不同。在我刚才念的那段之后，再念两段话。

为什么要"照着讲"呢？冯先生说：

> 哲学史的作用是告诉我们，哲学家的字句，这些人自己在过去实际上是意指什么，而不是我们现在认为应当意指什么。

就是说，"照着讲"是忠于哲学家的原意，是对原文原著的注疏、叙述、阐明、解释，乃至翻译。这是哲学史家做哲学的方式。这段话中的"意指"就是我们所说的"指代"。"照着讲"是"指代"过去哲学家的字句的实际意思；而"接着讲"是"指代"我们现在认为这些字句应当具有的意思。

关于"接着讲"与"照着讲"的关系，冯先生说：

> 可是从纯哲学家的观点看，弄清楚过去哲学家的观念，把他们的理论推到逻辑的结论，以便看出这些理论是正确还是谬误，这确实比仅仅寻出他们自己认为这些观念和理论的意思是什么，要有趣得多、重要得多。这样做就有一个从旧到新的发展过程，这个发展是上述时代精神的另一个阶段。可是这样的工作，就不再是一个历史家的陈述工作，而是一个哲学家的创造性工作了。

这两段话表明："照着讲"和"接着讲"各有不同的"指代"，但两者亦有联系："照着讲"不是简单重复，那是"照抄""照念"，不敢越雷池一步。而且，"照着讲"和"接着讲"不是截然分开的两大截，忠于原文原著的"照着讲"是"接着讲"的基础，没有这个基础，哲学入门的资格都没有，更谈不上批判、独创的"照着讲"了。

"照着讲"和"接着讲"的"称谓"不等于两者的"指代",而是两者的关系,即"哲学史"和"哲学理论"的关系,简称"史论关系"。

四

史论关系不仅是西方哲学的方法论问题,也是中国哲学的方法论问题,中国古代无哲学之名,但有哲学之实,中国哲学的史论关系实际上是经与注、经与史的关系。无论中西,史论关系的周延涵盖四类六种方法,我用正方形的四边和对角线表示(见图1),线条的箭头表示史论之间的动力和目的关系,如果论是动力,史是目的,那就是以论带史,如同中国哲学中的"六经注我"(陆九渊);如果史是动力,论是目的,那就是论从史出,如同中国哲学中的"六经皆史"(章学诚);此外,还有两类:史和论分别以自身为目的,分别称作以史代论,如同中国哲学中的"学案"(黄宗羲),以及以论代史,如同中国哲学中的"我注六经"。这四类六种史论关系都有典型的例解,容我先在西方哲学领域一一道来。

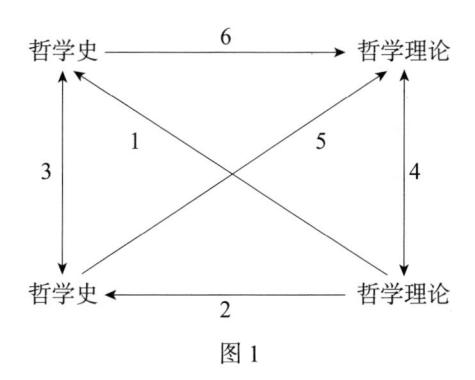

图1

以论带史的典范是黑格尔（线段1），黑格尔被誉为"科学的哲学史的创始人"，形容词"科学的"在这里指用哲学理论来指导和概括史料的研究方法。黑格尔后期在柏林大学的讲课有五大讲演录，《哲学史讲演录》、《历史哲学讲演录》、《美学讲演录》、《宗教哲学讲演录》和《法哲学原理》。这些讲演录对哲学及其科目的历史发展进程的叙述，都是按照黑格尔先前写的理论著作，主要是"哲学百科"体系的范畴关系选择和安排史料的。

以论带史还有一种类型（线段2），其例解是德勒兹。德勒兹和黑格尔的区别在于，黑格尔先建立哲学理论，然后用这些理论解释历史，而德勒兹在建立自己的理论之前，对卢克莱修、休谟、斯宾诺莎、尼采、康德、柏格森、培根等人做过系统研究，以哲学史家闻名，但他解构了对这些哲学家的传统解释，蕴涵了非理性主义的理论，最后写出《资本主义与精神分裂》两卷本，把自己的哲学理论一下绽放出来。

我们再看以史代论的解释模式（线段3），哲学的起点和终点都是历史。早在1655年，莱登的葛理格·宏恩（Geirge Horn of Leyden）用拉丁文写了《哲学史研究：哲学的起源、继承和派别》一书；同年，托马斯·斯坦利（Thomas Stanley）用英文写了《哲学史》一书，被认为是最早的现代意义上的哲学史著作。这些以及以后出现的一些哲学史被黑格尔视为"材料的简单堆砌"，缺乏一以贯之的思想线索。说得好听一点，这种写法是"纪录片式"（doxographical），最早的典范是拉尔修的《著名哲学家的生平和学说》，一一排列展现哲学家的史料。

与以史代论相反的模式是以论代史（线段4）。18世纪的雅各布·布鲁克（Jacob Brucker）写了五卷本的《批判哲学史》(*Historia Critica Philosophia*)，以基督教信仰和神学为标准评判哲学。黑格尔批评这部书包含着"一连串错误的观念","抽象地把真理和错误两极化"。以论代史最有影响的典型是苏联日丹诺夫提出的"哲学史定义",即哲学史是唯物论与唯心论斗争的历史,是先进的、革命的阶级与落后的、反动的阶级的两军对阵。这个定义用阶级斗争理论代替哲学史,把理论分歧归结为政治斗争,在中国的影响尤为深远。

最后来看论从史出,历史是朝向特定理论方向发展的线索,有两种发展线索:一是以问题为导向的梳理(线段5),二是通过某个历史案例的分析的展开(线段6)。

问题导向的论从史出。海德格尔是原创性的哲学家,但他在课堂上讲授的却是哲学史课程。他在晚年讲课时常用的开场白是"让我们像三十年来那样读亚里士多德"。这些课程讲稿构成了现已出版的《海德格尔全集》的大部分篇幅。海德格尔的理论著作只有《存在与时间》和《哲学贡献》等作品。他的理论以存在问题为中心,围绕这个中心,他对从赫拉克利特到尼采的哲学史做了系统梳理,阐明了存在意义被遗忘的历史,以及亲历存在事变的现实。

现代英美受逻辑分析哲学影响,初期不重视哲学史,但很多非分析的著作都采用了史论结合的写法。波普尔的《开放社会及其敌人》以"历史主义"问题为导向,重点梳理了柏拉图、黑格尔和马克思的思想,把西方哲学史解释为乌托邦工程的建构。在道德哲学领域,麦金太尔的《德性之后》(又译为《追随德性》)回到亚里士多德伦理学,实际上是提出自己的德性伦理学。这是"论从史出"的做法。

在分析哲学内部,也发生了史论结合的转变。早期逻辑实证主义排斥形而上学,斯特劳森的《意义的界限》重构康德的先验论证,开启了分析的形而上学。塞拉斯对近代哲学和康德的研究,麦克道尔和布兰顿对黑格尔的研究,形成了分析形而上学的链条。现在,英美分析哲学和欧陆哲学史的壁垒已经被打破。

论从史出的另一种方式是案例分析,其典范是福柯,他的每一本书都从案例的分析开始,由点到面地阐述自己的理论。他的《词与物》通过知识型的案例分析,消解了"人"的概念;他的《疯癫与文明》从18世纪法国麻风病的案例,说明了理性时代的兴起;他的《规训与惩罚》从路易十五对弑君者达米安的残酷处决的场面开始,转到边沁对全景敞视塔式监狱的设计,解剖了权力控制身体的微观政治学;《性史》通过性禁忌的分析,说明了"正常人""主体性"等社会规范的塑形。在英美科学哲学中,社会历史学派对科学史案例做具体分析,揭示科学发展的模式和原因。

五

今天无法细说哲学史论关系的周延,要对前述四类六种方法加以限制,并加以例解。最贴近今天讲演者和听众的就是北京大学和中国人民大学学者的治学路数。北大和人大不仅地理位置靠近,而且学术传统也接近。北大在1952年院系调整之后,集中了全国各大学哲学系的中西哲学学者,而人大建校后,以马克思主义哲学见长,两校资源共享,互补共进,形成了中西马全面发展的学风。

老一辈学者治学至少有四种。第一种是,冯友兰在古代文献中,捋出子学、经学、佛学和理学的次序和理路。北大和人大的学者浸淫于史料的"块块"与线索的"条条"之间游刃有余、得心应手,编写内容翔实的哲学史。中国哲学史、西方哲学史,马克思主义哲学史,中西美学史、中西伦理学史,皆是如此。尤其是黄楠森的《马克思主义哲学史》、庄福龄的《马克思主义史》、方立天的《佛教哲学》是以论带史的杰作。

第二种是经典释义的蹊径，它承袭了考据学的传统，也与以史代论的西方古典学的风格接近。中国古代的小学难以与义理分割，文本注释更侧重于文意解释，而非字词疏通。张岱年的《中国哲学大纲》按照辨伪与证真、区分与会综的原则，对哲学范畴分门别类。治西方哲学的前辈们，遵循"信达雅"的翻译标准，注重词句格义和文本解释。陈康的《柏拉图巴门尼德斯篇注释》中注释多于译文，"反客为主"的文风体现了翻译者的主体意识。贺麟、洪谦、熊伟、王太庆、张世英等人的西方哲学译作和著述，使得西方哲学融入现代汉语的语境，依靠的是对中西思想双向格义的理解。需要特别提到的是，苗力田先生翻译《亚里士多德全集》，带出了一个学术团队，培养了新一代学术带头人。

第三种是问题导向的专题研究。冯友兰的"贞元六书"、金岳霖的《论道》和《知识论》、熊十力的《新唯识论》等，是这方面的代表。陈先达的《走向历史的深处》对马克思主义前沿问题的研究、张立文的"和合学"，都是用通贯的思想史切实地解答哲学理论问题。

第四种是案例分析。汤用彤的《汉魏两晋南北朝佛教史》分析了汉传佛教的很多案例，旨在解决"文化移植论中最根本的问题"（汤一介语）。

六

传统是一种活力，也可以成为一个包袱。任何传统，如果不更新，就会封闭而僵化，我们应把老一辈开创的哲学传统看作正在进行时，仍处在熔铸、发展、转型、扩展之中。

如何扩展，扩展的方向是什么？这就不仅仅是一个方法论问题，而且涉及哲学的性质问题。我们要区别两类问题：一是 how，一是 what。我们前面谈到哲学史论关系的四类六种方法，是为了回答"怎样做哲学"（how do philosophy）的问题，要回答"哲学是什么"（what is philosophy）的问题，我们需要了解哲学的性质和使命。

哲学是什么呢？我可以用三句话概括。第一句，回应时代提出的问题。我们常说哲学是正确地提出问题和解决问题的智慧，这样说不全面，因为哲学的根本问题是时代向哲学家提出的，而不是哲学家苦思冥想提出来的。正如黑格尔说，任何人都不能超出他所处的时代，哲学家也不例外。哲学史上有那么多的体系，我们该相信哪一个呢？我说每个体系都是为了回答哲学家面临的时代问题，要理解一个哲学家，首先要理解他的问题。

这是不是说，哲学史上的那些体系随着时代变迁而失效了呢？我还有第二句话，哲学家比平常人有一个优点，就在于能够更敏锐地捕捉到时代问题，能够用哲学的话语提出问题，找到解决问题的方案。这就是时代问题的哲学化。马克思说，哲学正在世界化，世界正在哲学化，说的就是这个意思。哲学的世界化是说哲学要解决全球化时代的问题，世界的哲学化是说要把全球化时代的问题哲学化，才能找到解决时代问题的方案，才能成为时代的精华。

那么，哲学家如何提出解决问题的方案呢？这里用得上第三句话：科学技术在实验室里解决问题，社会科学家在田野调查解决问题，哲学运用人类智慧的资源解决问题。哲学史是历史的宝贵资源，所以我们今天重点讨论哲学和哲学史关系问题。但是，在全球化的新时代，只运用哲学史的资源是不够的，特别不能局限在一个文明传统的思想资源里，要广泛利用其他文明传统，但也还不够，不仅要利用人类智慧的历史资源，更重要的是吸收当今自然科学、社会科学、人文学科的新发现、新成果，才能在哲学中有所作为，有所创新。

说到这里，我们就会想到哲学在新时代扩展的方向。我们处在科技革命的时代，哲学要和科技结成同盟来解决面临的时代问题。现在大家都在谈跨学科、跨文化、学科交叉，我们从哪里下手呢？我强调两点。

第一点，哲学与科学技术结盟。哲学本是万学之源，科学的科目都是从哲学中分化出来的。17—18世纪近代科学革命期间，哲学与自然科学结盟，相互促进，哲学在这一时期取得了前所未有的辉煌成就和巨大的社会影响力，取得"科学的科学""科学的皇冠"的美誉。但是，19世纪后期以来，自然科学和精神科学分家，哲学被归于人文学科的一个科目，与自然科学和社会科学隔阂重重。我看20世纪西方哲学，始终面临危机，没有解脱危机，哲学职业变得技术化、专业化，哲学家圈子里讨论的问题都是外人听不懂、不感兴趣的，"哲学无用"论流行。与科学技术再次结盟是哲学走出危机的一条道路。北大、人大都办了PPE项目，这是哲学与社会科学结盟的成功尝试。哲学与高新科学技术结盟，全世界都在努力，我们要开辟自己的道路。

第二点，在中国，哲学八个"二级学科"的隔阂需要进一步打破，朝向"中西马"哲学汇通的方向努力。"中西马"会通是20世纪中国哲学的趋势，正是在这个大趋势下形成了北大和人大相同的哲学传统。但是，现在离"中西马"汇通格局还很远，让我们朝向这个目标进一步努力。

我们要承认，哲学界，不管是中国还是外国，都没有做好理论准备和人才准备。科技革命速度之快、影响之大、范围之广，出人意料，哲学家也没有料到。哲学要和科学技术结成同盟，培养人才是当务之急。要培养新一代年轻人，像我这样的老年人接受科技前沿的新知识很难。《中庸》也说："致广大而尽精微。"柏拉图的教育计划是，从小先学文艺，少年增强体能，年轻时学数学，30岁时再学哲学。教育的最高境界是所有科目上的广博，以及一个科目的精深。我最后希望年轻一代：年轻时广泛涉猎科技和人文的知识，成为做哲学的精深人才。

（整理：王明磊）

第二讲
马克思的新唯物主义

◎ 安启念

时间：2021 年 9 月 30 日
地点：中国人民大学公共教学一楼 1302 教室

　　安启念，中国人民大学哲学院教授。现任中国马克思主义哲学史学会常务理事、中国现代外国哲学研究会俄罗斯哲学专业委员会名誉会长，俄罗斯《哲学问题》《自由思想》《全球化时代》《科学技术哲学》等杂志外籍编委。主要研究马克思主义哲学发展史及苏联、俄罗斯哲学。

我今天讲的题目是"马克思的新唯物主义"。新唯物主义这个概念，是马克思本人提出来的。在《关于费尔巴哈的提纲》第十条中，马克思说："旧唯物主义的立脚点是市民社会，新唯物主义的立脚点则是人类社会或社会的人类。"[①]据我所知，在别的地方马克思没有使用过这个提法，但是类似的说法恩格斯也提到过。恩格斯在《路德维希·费尔巴哈和德国古典哲学的终结》的"1888年单行本序言"中写道：《关于费尔巴哈的提纲》"作为包含着新世界观的天才萌芽的第一个文献，是非常宝贵的"[②]。恩格斯把马克思在《关于费尔巴哈的提纲》中的思想概括为新世界观，马克思本人概括为新唯物主义，这两种概括基本一致，都认为《关于费尔巴哈的提纲》是马克思本人基本、最重要思想的集中阐发。

在《关于费尔巴哈的提纲》中，马克思把他自己的哲学思想称作"新唯物主义"，并与"旧唯物主义"做了明确区分。旧唯物主义的含义比较清楚，它就是《关于费尔巴哈的提纲》第一条所说的"从前的一切唯物主义——包括费尔巴哈的唯物主义"。那么"新唯物主义"该如何理解？显然，答案应该在《关于费尔巴哈的提纲》前面的9条中寻找。这个思路是没有问题的。但是很多人得出的结论是，马克思的新唯物主义就是实践唯物主义，这个思想在国内和国际上都很流行。我认为这个观点没有错，但是，实践唯物主义并不能完全概括新唯物主义，因为马克思的新唯物主义的内涵要比实践唯物主义丰富得多。同时还应该指出，国内和国际学术界对实践唯物主义这个概念本身的理解并不准确，和马克思本人的思想有出入。

马克思的新唯物主义仍然是一个需要研究的问题。按照我的理解，马克思的新唯物主义思想包含四个基本要点：第一，马克思的

---

① 马克思，恩格斯. 马克思恩格斯文集：第1卷. 北京：人民出版社，2009：502.
② 马克思，恩格斯. 马克思恩格斯文集：第4卷. 北京：人民出版社，2009：266.

新唯物主义是现实的唯物主义；第二，马克思的新唯物主义是历史的唯物主义；第三，马克思的新唯物主义是实践的唯物主义；第四，马克思的新唯物主义是以人为核心的唯物主义。今天的讲座主要想解决两个问题：一是对四个基本要点进行介绍和解读；二是对马克思的新唯物主义与旧唯物主义的关系做一个基本梳理。

第一个问题，马克思的新唯物主义的四个基本要点。

我们先看第一个要点，马克思的新唯物主义是现实的唯物主义。

马克思的新唯物主义是相对于旧唯物主义而言的，说新唯物主义是现实的唯物主义，意味着旧唯物主义不是现实的唯物主义。就是说，在马克思看来，他以前的以及和他同时代的包括费尔巴哈的唯物主义在内的所有唯物主义理论，都是抽象的唯物主义。这个思想如何理解？我们先不做理论分析，先从我们面前实际存在的事物说起。我们面前有各种各样的存在物，比如说我们的手机，以及书籍、电脑、投影仪、房屋，从哲学的角度看，我们首先会想到它们都是物质存在，所有这些东西都是物质，张三、李四这些我们身边的人也是物质存在。这个观点有问题吗？这个观点没有问题，它肯定是对的，因为它坚持了唯物主义的基本立场，用唯物主义的世界的物质统一性这个基本观点来理解整个世界。世界上所有的存在都是物质的，这个观点是没有问题的。但是，马克思、恩格斯为什么说它是抽象的唯物主义呢？因为你见到的是这本书、这个手机、这瓶水、我这个人，你看到"物质"了吗？"物质"是你根本看不到也摸不着的，任何一个感觉器官都感觉不到。现实存在的只是物质存在的一个个的具体形式，或者是它的运动的某种具体形式。作为总体的哲学上的物质概念，是抽象概念，根本看不到也摸不着。所以，马克思、恩格斯指出，到目前为止，所有的唯物主义都是抽象的唯物主义，它们解释世界的时候都着眼于物质和意识的相互关系，坚持物质第一性、意识第二性，从回答哲学基本问题这样的角度肯定了世界的物质性。但是它们都忽略了我们面前现实存在着的是一个个具体的物质存在，忽略了它们各自特有的形状、属性、特征，这些东西被抽象掉了。所以，在马克思、恩格斯看来，这种观点是唯物主义的，但的确又是一种抽象的唯物主义。

马克思、恩格斯还讲了抽象的唯物主义是如何产生的，为什么有这种抽象的唯物主义。他们认为它的产生途径有两条：一条来自费尔巴哈这样的哲学家，另一条来自物理学家、化学家等具体的自然科学家。从哲学家来讲，比如费尔巴哈，他看世界的角度是哲学基本问题：这个世界的本质是物质的还是意识的？是物质决定意识还是意识决定物质？世界是由自然界演化而来的，还是由神或者是某一种观念、思想创造出来的？他要回答的是这样的问题。从这样的角度出发，物质的具体存在形态，它是我们面前的这本书、这个手机或者张三这个人，对他来说没有意义，他完全没必要考虑它们的具体存在形态。关于他观察世界的角度，马克思、恩格斯在《德意志意识形态》中说：为了回答物质和意识哪个是第一性，世界的本质是什么，他必须把物质存在的形态、特性等具体的东西抽象掉，不然他上升不到物质和意识相互关系的高度。他使用的是一种"哲学家的高级直观"。所以，马克思、恩格斯说，这是一种哲学的直观，只有哲学家才能看到，世界是物质的。普通人只能看到具体的存在；哲学家看世界，把具体的形象抽象掉，看到的都是物质，这是哲学家的途径。还有一种途径，一个物理学家观察面前的世界，这个世界是什么呢？他看到的是分子、原子、基本粒子、场。他用基本粒子和场这两个要素解释整个宇宙，整个世界就是基本粒子和场①。这种世界观正确不正确？完全正确。但是，按照马克思、恩格斯所说，建立在这样的自然科学基础上的世界观，也是抽象的唯物主义。因为它虽然正确地解释了世界上的事物是由什么构成的，却没有说明我们面前的一个个具体存在物的形态、特性是怎样形成的，而在我们的现实生活中，这些形态、特性才是最重要的。马克思、恩格斯自己的观点，显然和费尔巴哈等哲学家以及自然科学家的观点相对立，他们的唯物主义是现实的唯物主义。现实的唯物主义是什么？现实的唯物主义是：我看到的不是物质，不是分子、原子、基本粒子，我看到的是这本书、这台电脑，它们具有物质性，同时又有与我们的生活发生密切关系的具体的形状、特点。这才是人生活在其中的实实在在的现实的物质世界，这样理解世界的哲学理论是现实的唯物主义。这种唯物主义的现实性，在于它关注的主要是一个个物体或物质运动形式，是它们的具体形态和具体特性。它不是抽象的，马克思、恩格斯强调它的具体性。在马克思以前，恩格斯已经在《国民经济学批判大纲》中最早提出了抽象的唯物主义这个概念，用来概括18世纪的法国唯物主义。他说："18世纪这个革命的世纪使经济学也发生了革命，然而，正如这个世纪的一切革命都是片面的并且停留在对立的状态中一样，正如抽象的唯物主义和抽象的唯灵论相对立，共和国和君主国相对立，社会契约和神权相对立一样。"②恩格斯在这里讲，在18世纪的法国，各种理论都是相互对立的，从哲学上讲，是抽象的唯物主义和抽象的唯灵论相对立。唯物主义是抽象的，不讲物质的具体形态。唯心主义也一样，是抽象的唯灵论。18世纪法国唯物主义批判宗教，它批判的是天主教这

---

① 马克思，恩格斯. 马克思恩格斯文集：第1卷. 北京：人民出版社，2009：527-529.

② 同① 57.

种抽象的唯灵论，与贝克莱等英国唯心主义经验论者不一样。下面恩格斯又说："唯物主义不抨击基督教对人的轻视和侮辱，只是把自然界当做一种绝对的东西来代替基督教的上帝而与人相对立。"①在这里，恩格斯认为抽象的唯物主义包含着对人的轻视和侮辱，没有重视人。基督教是用上帝和人对立，用上帝主宰人，人不能干预上帝。18世纪法国唯物主义哲学家讲世界是物质的，上帝是不存在的，但是，这里的物质不是生活中遇到的物体，而是抽象的物质概念、抽象的自然界概念。因此，这里的物质、自然界和基督教中的上帝是一样的，都是和人相对立的存在。恩格斯第一次使用了抽象的唯物主义这一概念，这个思想后面马克思和恩格斯还讲了多次。例如，马克思、恩格斯说："费尔巴哈在曼彻斯特只看见一些工厂和机器，而100年以前在那里只能看见脚踏纺车和织布机；或者，他在罗马的坎帕尼亚只发现一些牧场和沼泽，而在奥古斯都时代在那里只能发现罗马富豪的葡萄园和别墅。"②我们面前的现实的存在物，过去并不存在。马克思、恩格斯还说，前面有一株樱桃树，但是过去这个地方根本没有樱桃树，只是随着商业的发展，樱桃能够卖钱，并且这个地方适合种植樱桃树，才把樱桃树引种到这个地方。它是由人的实践活动移到这个地方的，并不是这个地方本来就有的。所以马克思、恩格斯说，要从现实的唯物主义角度来看，你看到的现实的存在不是永恒的，都是在一定的时期才出现在我们面前的。不光是这样，其实，我们按照马克思、恩格斯的说法，还可以扩展来讲。我们现在所有的东西都是具体的存在，不仅仅是马克思、恩格斯说的这些东西。现在还有没有打上人的烙印、和人的实践活动没有关系的存在吗？应该是没有的。现在的空气是污染了的空气、水是污

---

① 马克思，恩格斯. 马克思恩格斯文集：第1卷. 北京：人民出版社，2009：57.
② 同① 529.

染了的水，大海的水看上去很清澈，实际上在南极的深水动物身体中发现了微塑料，刚生下来的婴儿体内也检测出了微塑料。这就是说在我们今天这个世界要想找到没有具体特性的物质存在，万古不变的物质存在，根本不可能。按照马克思、恩格斯的观点，我们看到的都是具体的存在，而具体的存在一定处在发展过程中，我们看到的只是它们发展过程中的某一个阶段。

讲到这个地方，就涉及马克思新唯物主义的第二个要点，即它是历史的唯物主义。第一个要点和第二个要点是密切联系在一起的。

马克思、恩格斯为什么要强调我们看到的是有具体形状、具体特性的物质存在形式，即物体或者物质运动形式，而不是和精神相对立的抽象的作为世界本原的物质？因为马克思的新唯物主义，是历史唯物主义。刚才已经提及，你看到的不是抽象的物质，不是抽象的房子，而是我们现在身处其中的这座房子，它并非古已有之，而是后来才建造出来的。我们今天看到的这座房子，在抽象唯物主义那里，它的形状、特点没有什么意义，它是用什么材料建造成的，这个位置过去的那座旧房子是什么样的，无所谓。因为现在的房子、过去的房子，这种样式的房子、那种样式的房子，它们都是不以人的意志为转移的物质存在，是物质。但是，在马克思、恩格斯那里，他们关注的是我们面前的具体的存在物，我们现在身处其中的这座房子，因此，对于他们来讲，这座房子是如何建造的，这座房子所在的位置过去是什么状况——有没有房子，如果有房子那么它是什么样的房子，这些就非常重要。为什么？因为具体的环境是不断变化的，具体的存在物不是从来就有的，它们是历史发展的产物。一个现实的存在物，只有在历史中才能得到科学的解释。

马克思强调物质存在的历史性，与他的历史唯物主义观点有关系。马克思的历史唯物主义观点和我们教科书中所讲的历史唯物主义有所不同。教科书讲，历史唯物主义主张生产力决定生产关系、经济基础决定上层建筑。这些观点对不对呢？这些观点完全正确。但是它们不是马克思、恩格斯唯物史观思想的全部，也不是它的最主要的思想、最有价值的思想。为什么这么说呢？从马克思唯物史观思想形成的历史过程来看，教科书所说的历史唯物主义的"经典表述"在1859年《〈政治经济学批判〉序言》中，在"经典表述"前面，马克思讲了他为什么要研究政治经济学。马克思研究政治经济学是为了寻找答案，什么问题的答案呢？他在《莱茵报》时期遇到的问题的答案。马克思在大学期间是一个青年黑格尔派，按照黑格尔的法哲学，国家和法决定市民社会，也就是决定生产关系。但是马克思在《莱茵报》当编辑时，遇到了关于"林木盗窃法"的讨论。"林木盗窃法"涉及农民和地主的利益问题，马克思从中看到了农民和地主的利益冲突。按照黑格尔的法哲学理论，人们的利益和利益冲突是由国家和法律决定的，但是在现实的诉讼中，法律往往偏向地主。马克思在思考这些涉及经济利益问题的事实时产生了一个疑问：黑格尔说国家和法决定市民社会，这个观点对不对？因为在现实生活中，法律受到市民社会中人和人之间的利益冲突的影响，它不是凌驾于社会之上的，而是体现着某个阶级的利益。到哪里去寻找问题的答案？只能到市民社会里寻找，通过研究市民社会即生产关系来解决。而市民社会又该如何研究呢？通过政治经济学来研究。马克思研究政治经济学的目的，就是为了回答市民社会和国家、法律究竟谁决定谁的问题。得出的结论是什么呢？是市民社会决定国家和法，而不是相反，也即生产力决定生产关系，经济基础决定上层建筑，而不是相反。于是马克思接下来叙述了它们的关系，这些叙述构成了人们通常所说的唯物史观的"经典表述"。教科书中的唯物史观的"经典表述"，反映的是市民社会和国家、法律，社会存在和社会意识的关系。上述马克思的思想历程告诉我们,马克思所说的唯物史观的"经典表述",仅仅是为了回答市民社会和国家、法律,社会存在和社会意识,究竟谁决定谁的问题。这是一个什么问题呢?是历史观问题吗?完全不是历史观问题,它是社会学问题。社会生活中有一部分属于社会存在,也有一部分属于社会意识,这两个部分谁决定谁,涉及的是社会生活中这个要素和那个要素的相互关系,是社会学问题。它之所以不是历史观问题,是因为它没有涉及事物的变化发展,没有涉及社会存在是怎么变化发展的,社会意识又是怎么变化发展的。而没有变化发展就没有历史,历史就是对变化发展的描述。历史观就应该回答事物为什么会发展以及如何发展这样的问题。可见,所谓马克思唯物史观"经典表述"的那几段话,目的不是为了回答社会为什么会发展以及如何发展的问题,而是为了回答社会存在和社会意识的相互关系问题,旨在说明它们谁决定谁,体现了物质决定意识这一唯物主义基本原则。

因此,从这个角度来解释马克思的唯物史观是有问题的,因为社会存在决定社会意识所回答的不是历史观问题。但是,唯物史观的"经典表述"错了吗?一点都没错。因为在社会生活中毕竟是社会存在决定社会意识而不是相反。问题在于,马克思的唯物史观并不局限于考察社会存在与社会意识的关系。

马克思把整个世界分为三个组成部分:人、自然界、人类社会,他的唯物史观思想考察这三个部分的相互关系以及它们的发展机制。从这样的角度出发研究历史,和马克思唯物史观产生的逻辑过程密切相关。马克思在《德意志意识形态》中说,费尔巴哈在哲学上最主要的作用就是批判基督教、批判黑格尔哲学:基督教讲的上帝根本就不存在,存在着的是物质的肉体的人,上帝是人的本质异化的产物;黑格尔哲学的绝对观念不过是上帝的翻版。费尔巴哈这一思想在德国思想界引起了巨大的轰动，马克思、恩格斯一时间都成了费尔巴哈派，都接受了他这个观点。但是接受了这个观点以后，马克思、恩格斯马上遇到了新的问题。马克思说："由于费尔巴哈揭露了宗教世界是世俗世界的幻想（世俗世界在费尔巴哈那里仍然不过是些词句），在德国理论面前就自然而然产生了一个费尔巴哈所没有回答的问题：人们是怎样把这些幻想'塞进自己头脑'的？这个问题甚至为德国理论家开辟了通向唯物主义世界观的道路。"[①]这句话非常重要。它告诉大家，马克思的唯物史观思想是通过追问"人们头脑中的宗教幻想、宗教观念是怎样产生的？人的本质为何会异化？"这样的问题形成的。马克思自己的新唯物主义世界观也是通过追问人的本质为何会异化而形成的。

在1844年年底，马克思和恩格斯合写了《神圣家族》，在这部著作中，马克思向前迈出了非常重要的一步。在这之前，在《1844年经济学哲学手稿》中，马克思还没有真正超越费尔巴哈。他的思想虽然已经与费尔巴哈有很大不同，但是他没有意识到这一点，还认为费尔巴哈是对的，因为费尔巴哈把基督教和黑格尔哲学归结于物质的肉体的人的异化。但是在《神圣家族》中，马克思的思想有了进一步发展，他看到了人是环境和教育的产物。费尔巴哈讲人是物质的肉体的人，马克思说这一观点很正确，但是人的本质在其现实性上是由人的环境和人接受的教育决定的。这里的环境既包括社会环境，也包括自然环境。这个思想是从哪来的呢？来自18世纪法国唯物主义，主要是孔狄亚克和爱尔维修。他们提出了人的本质和人的全部发展都取决于教育和外部环境。在《神圣家族》中马克思对他们的思想进行了分析，接受了这个观点。这使得马克思的思想一下子就超越了费尔巴哈。过去马克思只看到人是物质的肉体的人，

---

① 马克思, 恩格斯. 马克思恩格斯全集：第3卷. 北京：人民出版社，1960：261.

现在认识到物质的肉体的人的本质是由教育和环境决定的。因此，马克思在思考为什么人的本质会异化、头脑里会产生宗教"怪想"时，意识到应该到教育和环境中去寻找答案。沿着这个思路再前进一步，又遇到一个问题：环境和教育是如何决定人的思想的呢？马克思在《关于费尔巴哈的提纲》第三条对这个问题做了分析。唯物史观的秘密就在这一条："关于环境和教育起改变作用的唯物主义学说忘记了：环境是由人来改变的，而教育者本人一定是受教育的。因此，这种学说必然会把社会分成两部分，其中一部分凌驾于社会之上。"①就是说，人是环境的产物，任何环境都在发展变化，人的变化可以用环境的变化来解释。那么环境又为什么会变化？马克思认为，18世纪法国唯物主义认为人是环境和教育的产物，这是正确的，然而环境又是由人来改变的。环境决定人，人改变环境，这是一个循环。在这个循环内是不会有历史的，因为无论是人还是环境，都不会有变化。环境不会自己改变，要突破这个循环，必须要有人通过思维创造突破环境的限制率先改变环境，进而通过改变了的环境与教育再改变其他人，即普通的民众。否则，就不会有历史。但是这样一来，历史是谁决定的呢？归根到底是少数聪明人决定的，是他们的思维创造决定的。每一代的聪明人都突破环境限制改变了环境，于是普通民众的后代一出生，就处在一个新的环境中，这种新的环境使他们成为与前辈不同的人。因此马克思说，按照18世纪法国唯物主义的观点，归根到底历史是由聪明人创造的。这是历史的唯心主义，马克思是不同意的。

马克思自己怎么回答上面的问题？他用劳动实践来回答。接着上面的话，他说"环境的改变和人的活动或自我改变的一致，只能被看做是并合理地理解为革命的实践"。这是我们要讲的下一个要

---

① 马克思，恩格斯. 马克思恩格斯文集：第1卷. 北京：人民出版社，2009：500.

点，我们后面再展开讨论。现在先回过头来看，马克思的新世界观是现实的唯物主义，为什么？因为人是环境决定的。而环境不是抽象的物质，抽象的物质只是一个概念，它不能决定人，抽象的唯物主义不能解释生活中遇到的各种具体存在物。所以，马克思关心具体的物质存在，关心它们的形状、特点。按照马克思的思想，自然界包括生产工具，生产工具是人制造出来的，但是它和高山、河流一样不以人的意志为转移。在马克思和恩格斯的思想里，物质存在构成了环境，你是什么样的人就取决于你生存在什么样的环境中。马克思为什么不强调一般的物质，而强调机器等具体的物质存在？就是因为具体的物质存在，作为环境，改变了人的生活，进而改变了人。但是机器等具体存在物不是自然界本来就有的，它们是历史的产物，归根到底是人的实践活动的产物。遵循马克思的思路，上帝是人的本质的异化，异化是怎么产生的？异化，例如宗教观念，发生在人的思想中，但是它的根源在人的思想之外。人的本质为什么会异化？因为环境，包括社会环境、自然环境。人的本质在其现实性上是一切社会关系的总和，是社会环境决定了宗教意识的产生。社会环境取决于生产工具、交通运输工具、通信工具等自然存在物，取决于人的自然环境，然而人的自然环境是历史的产物。因此，马克思的新唯物主义是现实的唯物主义，而现实的唯物主义必定是历史的唯物主义。

下面说马克思的新唯物主义的第三个要点：它是实践的唯物主义。

新唯物主义是现实的唯物主义、历史的唯物主义。现实的唯物主义关注的不是抽象的物质概念而是具体的物质存在，关注这些物质存在的形状、特点。所谓历史的唯物主义，就是说我们所关注的这些具体的物质存在，它们的形状、特点不是从来就有的，而是在历史中形成的，还将随着历史的发展不断变化，因此现实的唯物主义必定是历史的唯物主义。这些具体的物质存在是人的劳动实践活动的产物，带有人的烙印。不同的历史时期有不同的劳动实践活动，它们的产品与它们对自然界的影响也不同，由此形成了自然界的物质存在以及它们的形状、特点的历史发展。劳动实践活动的变化决定了劳动产品的变化，进而决定了人的自然环境、社会环境的变化以及人的变化。人的环境因此具有了历史性，唯物主义也表现出历史性、具体性。马克思说："环境的改变和人的活动或自我改变的一致，只能被看做是并合理地理解为革命的实践。"新唯物主义其实就是实践的唯物主义。人是环境的产物，环境包括人的社会关系（主要是生产关系），社会关系最终取决于机器、汽车、手机、电脑等具体的生产工具、运输工具和通信工具等，这些东西都是人的劳动实践活动制造出来的。劳动实践活动本身是不断发展变化的，这决定了劳动产品的现实性和历史性。

劳动实践活动发展变化的原因又是什么？原因在它自身。劳动实践活动有"自建构性"。劳动实践活动改变了自然界的物质存在，这些物质存在的变化给人提供了关于自然界的新的信息，推动了科学技术的发展；科学技术的发展促使人产生新的需要，为了满足新的需要，人们会利用新的科学技术知识制造新的工具、设计新的实践方案，于是劳动实践活动本身就得到了发展。新的工具、新的劳动实践活动需要新的社会分工，生产关系和上层建筑，也即人的社会环境，也会发生变化。这是劳动实践活动的自建构性，它可以自己改变自己，推动自己的发展。新唯物主义世界观的历史性、具体性由此而来。

于是，马克思、恩格斯通过劳动实践活动解释为什么会有历史，通过历史解释为什么会有我们生活在其中的自然界、我们打交道的人、我们所处的各种各样的社会制度，为什么会有我们面前的构成我们的自然环境的那些具体的存在物。所以，马克思的新唯物主义，既是现实的唯物主义，又是历史的唯物主义，同时又是实践的唯物主义。这三个要点是分不开的。如果它不是实践的唯物主义，它就不可能解释历史，更不能解释今天的现实存在。我一再说，我们的教科书有一个重要缺陷。所谓马克思关于唯物史观的"经典表述"，本来讲的就不是历史，是社会存在和社会意识这两个社会要素之间的关系。从这样的角度出发，马克思没有必要回答生产力是怎么发展的，只要从生产力的决定作用开始讲就可以了。关于社会存在与社会意识的关系，从生产力开始讲起就足够了。但是如果为了回答历史，就必须回答生产力是如何发展的，正是在这一点上，就像《关于费尔巴哈的提纲》第三条讲的，最终可能还跳不出历史唯心主义。可见，马克思提出的新唯物主义是一个整体。新唯物主义关注现实的具体的物质存在，因为它们构成人的自然环境并决定人的社会环境，进而决定人；我们面前的物质存在为什么有现实性，因为它们的形状、特点是历史的产物，具有历史性；它们为什么会有历史性，会不断变化？因为劳动实践活动在不断地自我发展，具有历史性，从而使得劳动实践活动的产物——人化自然，也发生变化，表现出历史性。在马克思的新唯物主义思想中，上述三个要素紧密联系在一起，在逻辑上一层一层递进深入。

新唯物主义的第四个要点：它是以人为核心的唯物主义。马克思提出新唯物主义概念就是从人出发的。《关于费尔巴哈的提纲》第十条："旧唯物主义的立脚点是市民社会，新唯物主义的立脚点则是人类社会或社会的人类。"[①] 这是说，新唯物主义世界观的提出，宗旨是实现人类的自由解放，消除人的异化。《关于费尔巴哈的提纲》第

---

① 马克思,恩格斯. 马克思恩格斯文集：第1卷. 北京：人民出版社，2009：502.

一条讲得也很清楚:"从前的一切唯物主义(包括费尔巴哈的唯物主义)的主要缺点是:对对象、现实、感性,只是从客体的或者直观的形式去理解,而不是把它们当做感性的人的活动,当做实践去理解,不是从主体方面去理解。"①这里讲了旧唯物主义的特点,批判旧唯物主义只知道从物出发解释世界,马克思说除了用物解释以外,还要用人去解释,用人的劳动实践活动去解释。

这就是马克思、恩格斯的新唯物主义是现实的、历史的、实践的唯物主义的原因。因为只有从人的劳动实践活动出发理解世界,才能揭示世界的历史性,进而解释我们面前的现实的物质存在的形状、特点从何而来,以及接下来如何发展。马克思这样做的目的,又是因为现实的、具体的物质存在才构成人的环境,决定人的发展,遵循这样的思路,才能找到人类解放的道路。马克思讲来讲去,是为了说明宗教这个"怪想"是怎样在人的头脑里产生的,讲的是人的异化与异化的消除问题。马克思关心的是人,费尔巴哈等旧唯物主义者关心的是物。旧唯物主义只关心世界是物质的还是精神的,确定是物质决定意识,回答了这个哲学基本问题就万事大吉了。但是马克思说这还不够,因为他主要关心的是人。他的唯物史观产生的思想逻辑就是关注人的头脑里怎么出现的神,想找出人的头脑里出现宗教"怪想"的原因,找来找去找到了现实的唯物主义,再找,找到了历史的唯物主义,再找,找到了实践的唯物主义。马克思的新唯物主义说来说去都是围绕着人,为了追寻人为什么会异化,找到了异化的原因才能找到消除异化的途径,消除异化才是马克思最终的目的。马克思从他的中学时代直到去世,只关心一件事情,就是人的自由解放。他讲无产阶级革命,是因为他认为工人阶级代表了历史的发展方向,要消灭资本主义实现共产主义,物质的力量就

---

① 马克思,恩格斯. 马克思恩格斯文集:第1卷. 北京:人民出版社,2009:499.

在于工人阶级。马克思的思想中讲到物，一定是为了人。和人没有关系的物，马克思毫无兴趣。他的这一思想最集中体现在关于共产主义的论述中：共产主义"是通过人并且为了人而对人的本质的真正占有；因此，它是人向自身、也就是向社会的即合乎人性的人的复归"[①]。"通过人并且为了人而对人的本质的真正占有"，其中为了人就是为了人的自由解放，为了人的异化了的本质回归人自身；通过人，包括通过阶级斗争，通过实践活动不断改变工具、改变自然、改变社会，也即通过改变人的环境，进而改变人。马克思所有这一切的哲学探索，都是为了搞清楚人是怎样发展的，人怎样才能获得解放。马克思新唯物主义的核心是人，不是物，旧唯物主义的核心才是物。包括教科书讲的唯物主义，用物解释一切，和马克思的哲学思想是有很大区别的。

前面讲了马克思的新唯物主义的四个基本要点，下面我们讲第二个大问题：新唯物主义与旧唯物主义的关系。

首先，新唯物主义与旧唯物主义看起来是矛盾的，因为马克思在《关于费尔巴哈的提纲》的每一条中都在批判旧唯物主义，但是实际上，新唯物主义与旧唯物主义在马克思那里丝毫不矛盾。提个问题，一个人的头脑里有没有可能有两种世界观？同时具有唯物主义世界观和唯心主义世界观是不可能的，但是能不能有两种唯物主义世界观？人们会说不可能。但是实际上马克思的头脑里就有两种唯物主义世界观。两种唯物主义世界观中的第一种：抽象的唯物主义。马克思是承认抽象的唯物主义的，任何人都不能否认抽象的唯物主义的积极意义。为什么呢？因为哲学基本问题的存在是不以人的意志为转移的，任何人都会自觉不自觉地遇到它。马克思指出，人的生理特点决定了人只有通过劳动实践活动才能生存，劳动实践

---

① 马克思，恩格斯. 马克思恩格斯文集：第1卷. 北京：人民出版社，2009：185.

活动是人的类本质。人的生理特点决定了人要通过制作冬衣、盖房子，才能安全度过严寒，不这样做就无法生存。吃的东西也是如此。因此，同时具有两种唯物主义世界观是不矛盾的：抽象的唯物主义批判唯心主义，确定世界是物质的，各种物质存在不以人的意志为转移，这种唯物主义世界观是对哲学基本问题的正确回答。只要哲学基本问题存在，旧唯物主义就不会失去存在的意义。面对哲学基本问题，马克思和旧唯物主义一样坚持物质第一性，但与此同时，马克思为了寻求人类解放之路，主要关注现实生活中人与人之间的关系、人与自然界的关系，以及人本身为何会发生变化、如何变化。从这个角度看世界，马克思承认世界的确是物质的，但是就人的解放而言，最重要的不是世界的物质性，而是构成这个物质世界的各种具体物质存在的形式与特点，是人的房屋、衣着、劳动和交通运输、通信工具，因为只有这些客观的、具体的物质存在形式与特点，才能解释人是如何发展变化的。因此，马克思的唯物主义世界观一方面坚持唯物主义原则，主张物质第一性；另一方面又从人的实践活动出发，解释各种现实的物质存在的形式与特点，进而说明人是如何发展的，唯物主义成为新唯物主义。两种唯物主义世界观从不同的角度出发考察世界，二者并不矛盾。

其次，新唯物主义与旧唯物主义是有机的整体，二者相辅相成。看不到物质世界的现实性、历史性、实践性和以人为核心，就不是新唯物主义；如果不与旧唯物主义一样坚持对哲学基本问题的唯物主义回答，新唯物主义就不能成为唯物主义理论。世界是物质的、物质是运动的这个观点是对的，它们是马克思的观点。现实的唯物主义、历史的唯物主义、实践的唯物主义、以人为核心的唯物主义，是从不同的角度对马克思新唯物主义的概括。它们突出了新唯物主义的不同侧面，但是都是唯物主义理论。现实的唯物主义强调我们面对的是现实的、具体的、有着一定的形状和特色的物质存在，然而这些存在都是客观的不以人的意志为转移的存在，都具有物质性。实践的唯物主义强调人的主观能动性的作用，但是如前面所说，实践的主体、对象、工具、产物都是物质存在，实践能否成功，也取决于它的方案是否与物质世界的客观规律相一致。强调物质存在的现实性、历史性、实践性和以人为核心，前提是承认物质第一性、意识第二性。这两个方面相辅相成，成为一个有机整体，在马克思那里，二者结合起来构成一个统一的唯物主义世界观。作为完整的唯物主义世界观，只能是新唯物主义与旧唯物主义的结合。

最后，新唯物主义和旧唯物主义这二者中，哪一个对马克思来讲更重要？显然不是旧唯物主义。旧唯物主义是所有的唯物主义所一致的，世界是物质的、物质是运动的，所有的唯物主义都承认。从这个角度来讲，旧唯物主义不是马克思和其他哲学家相区别的地方。马克思对人类哲学做出的最突出的贡献，是他的新唯物主义，是他提出的历史唯物主义、实践唯物主义、以人为核心的唯物主义，使他不仅有别于唯心主义，而且有别于其他唯物主义思想。之所以如此，是因为旧唯物主义是从与唯心主义的对立出发，作为对"世界的本原是什么"这一哲学基本问题的回答，适用于整个世界及其全部历史；新唯物主义从解释人类产生以后它所面对的现实世界出发，是从人和人的实践活动出发对我们面前现实的物质世界以及人自身的理解。旧唯物主义把意识也作为物质运动的形式来理解，新唯物主义在此基础上注重事物的具体形式、特点，认为它们是人在意识的作用下充分发挥主观能动性改造世界的产物。马克思的全部理论宗旨都是人类的解放，这决定了旧唯物主义和新唯物主义虽然在马克思的思想中同时存在，但并非同等重要，最重要的是马克思特有的世界观，即新唯物主义。旧唯物主义彰显了与唯心主义的区别；新唯物主义彰显了与旧唯物主义即形而上学唯物主义的区别。

概括起来讲，旧唯物主义是新唯物主义的前提、基础和背景。这个前提、基础、背景怎么理解？马克思这个新唯物主义者承认世界是物质的，整个世界都是物质自我运动的产物。在《1844年经济学哲学手稿》中马克思提出："大地创造说，受到了地球构造学即说明地球的形成、生成是一个过程、一种自我产生的科学的致命打击。自然发生说是对创世说［Schöpfungstheorie］的唯一实际的驳斥。"①这里讲了地球是自我演化、自我生成的。需要特别指出的是，这里所说的"自然发生说"，是指生命是自然界自我演化的产物，实际上也是说意识是以物质存在为基础的，是大脑这个物质存在的功能，而大脑是自然界历史进化的产物。现实的、历史的、实践的唯物主义，基础是人的实践活动，实践活动是在意识创造的实践方案规定下依靠意志力完成的，因此马克思指出生命是自然界演化的产物，是在说整个新唯物主义说到底还是自然的物质过程，以旧唯物主义为前提，建立在旧唯物主义的基础上。新唯物主义是实践的唯物主义，关于新唯物主义基础，马克思有深入具体的说明。他指出，实践活动的主体、对象、工具都是客观的物质存在。在《1844年经济学哲学手稿》中马克思强调，现实的、肉体的人，站在坚实的呈椭圆形的地球上呼出和吸入一切自然力，人是物质的自然存在②。事实上，人创造和使用的工具也是自然存在物，符合旧唯物主义观点的物质存在，不以人的意志为转移。人们的改造对象也是不以人的意志为转移的。马克思在《资本论》中对这个思想进行了解释："人在生产中只能像自然本身那样发挥作用，就是说，只能改变物质的形式。不仅如此，他在这种改变形态的劳动本身中还要经常依靠自然

---

① 马克思, 恩格斯. 马克思恩格斯文集：第1卷. 北京：人民出版社，2009：195.
② 同① 209.

力的帮助。"① 这就是说，在马克思的思想中，新唯物主义离不开旧唯物主义的观点。没有旧唯物主义强调世界的物质性，只讲劳动实践活动的话是不能成立的。

最重要的一点，《关于费尔巴哈的提纲》第二条："人的思维是否具有客观的〔gegenständliche〕真理性，这不是一个理论的问题，而是一个实践的问题。人应该在实践中证明自己思维的真理性，即自己思维的现实性和力量，自己思维的此岸性。关于思维——离开实践的思维——的现实性或非现实性的争论，是一个纯粹经院哲学的问题。"② 这句话大家耳熟能详，理解为实践是检验真理的唯一标准。实际上并不准确，马克思的这句话包含了实践不仅是检验真理的唯一标准，更是检验思维创造活动有没有现实性、有没有此岸性、有没有力量，能不能是改造现实的客观的力量。在第一条中，马克思批判了旧唯物主义，表扬了唯心主义，因为唯心主义讲人的思维的创造性、能动性，马克思对此是高度肯定的。因为任何实践活动、实践方案都是人的头脑里面事先设计好了的，是思维创造的产物。唯心主义的优点就在于强调人的主观能动性、思维的创造性。但是马克思是一个唯物主义者，马克思既要强调人的能动性、实践活动的重要性，又要和他的实践活动一致，一致在哪里？就是《关于费尔巴哈的提纲》第二条。人的头脑设计的实践方案能不能变成现实，取决于思维创造的东西和客观规律是否一致。人的思维创造可能是胡思乱想，任何价值都没有，也可能是非常宝贵的，区别就在于实践性。马克思高度强调实践活动的重要性，但是前提是世界是物质的唯物主义。《关于费尔巴哈的提纲》第二条就保证了实践活动的唯物主义性。

① 马克思. 资本论：第 1 卷. 2 版. 北京：人民出版社，2004：56.
② 马克思，恩格斯. 马克思恩格斯文集：第 1 卷. 北京：人民出版社，2009：500.

即使我们关注人类产生以后的历史，一方面人的意识、人的实践活动归根到底只是一种特殊的物质运动形式；另一方面，人的实践活动只是无限的作为客观性物质存在的宇宙自我运动的一个很小的组成部分。因此，旧唯物主义对哲学基本问题的回答始终是新唯物主义的理论背景。

概括起来讲，马克思的唯物主义思想既包含旧唯物主义，也包含新唯物主义。新唯物主义从人和人的发展解放出发看世界，是马克思特有的世界观，它的诞生是马克思对人类做出的重要贡献。它比旧唯物主义深刻得多、内容宽泛得多，只有它才能解释人类出现以后的世界历史。但是旧唯物主义，对哲学基本问题的唯物主义回答，又是新唯物主义的前提、基础和背景，马克思的唯物主义世界观是新唯物主义和旧唯物主义的结合。由于实现了这种结合，马克思的唯物主义世界观给我们提供了一幅无比宏大的总体性图画：它把人的实践活动和自然界的自我运动结合起来，涵盖了从宇宙形成、生命诞生、人类出现，人类出现以后在人的实践活动影响下自然界、人类社会和人本身相互作用协同进化，直到产生了今天的人以及人们面前的自然界和人类社会。从宇宙大爆炸到我们今天的现实生活，整幅图画都可以用马克思的唯物主义世界观来解释，并且只有马克思的唯物主义世界观才能解释。马克思的新唯物主义是对人类实践活动范围内整个世界总体运动所做的描述，这样的描述只有马克思的新唯物主义能够做到，旧唯物主义是绝对做不到的。面对这样一幅无比宏大的图画，卢卡奇讲的总体性就是小巫见大巫了。马克思的新唯物主义才是真正的总体性。

最后，我想说一下哲学史上对马克思的新唯物主义的误解。刚刚给大家讲了马克思的新唯物主义的四个基本要点以及它和旧唯物主义的关系，不客气地讲，从马克思主义哲学诞生到现在将近两个世纪，国内外的学者，大都没有真正理解马克思的新唯物主义。西方马克思主义者从卢卡奇开始，卢卡奇、科尔施、葛兰西，到后来的法兰克福学派，到施密特，等等，所有的西方马克思主义者在这个问题上都犯了一个共同的错误：把马克思的唯物主义思想和恩格斯的唯物主义思想对立起来。他们认为马克思的唯物主义坚持实践的唯物主义，强调实践的作用、人的作用；而恩格斯的辩证唯物主义使用物来解释世界，见物不见人。这个错误在我国学术界也存在。改革开放以后，我国哲学界的一些学者用实践唯物主义否定辩证唯物主义，甚至有人提出实践本体论，否定辩证唯物主义的物质本体论。南斯拉夫的实践派、东欧的新马克思主义、苏联的认识论派，也有同样或类似的观点。这种观点就是借马克思的新唯物主义否定旧唯物主义，否定从物质和意识的对立这个角度回答世界本原的问题。另有一种相反的观点，比较传统的观点，认为世界就是物质的，物质就是和意识相对立的那个物质，坚持物质本体论，坚持只能用物质解释一切，否定实践唯物主义是马克思的思想。持这种观点的人从根本上否定实践唯物主义的存在。一百多年来，两种观点各执一端。通过对新唯物主义四个基本要点的讲述，我们不难发现，这两种观点都有道理，但是这两种观点又都是片面的。这种理论对立产生的原因在于，以往的中外学者未能深入准确地理解马克思的新唯物主义，都只抓住了它的某一个方面，并且使之绝对化，没有看到它与辩证唯物主义的深刻联系。

马克思的新唯物主义思想是一个巨大的思想宝库，对于回答今天的现实问题也非常有帮助。希望通过今天这个讲座能够帮助大家深入理解马克思的哲学思想，提高对于马克思主义哲学研究的兴趣。

（整理：梁凯）

第三讲
《周易》古经对孔子思想的影响

◎ 杨庆中

时间：2021 年 10 月 14 日
地点：中国人民大学公共教学一楼 1302 教室

杨庆中，中国人民大学国学院院长、教授。中华孔子学会副会长，国际易学联合会副会长。著有《二十世纪中国易学史》《周易经传研究》《周易解读》《周易与儒道哲学》等。

我今天给大家汇报的题目是"《周易》古经对孔子思想的影响"。大概涉及五个方面：一、孔子研《易》的历程；二、孔子对易学史的研究；三、孔子解《易》的新路向——观其德义；四、"观其德义"与"下学上达"；五、几点分析。第一、二部分学界已有充分的研究，我主要是做些介绍，当然也有我自己的取舍和观点。后面的三个部分，我会做一些分析。

一、孔子研《易》的历程

孔子与《周易》的关系曾经是学术史上的一桩公案。在马王堆帛书出土以前（马王堆帛书是1971年出土的，整理的过程很长。这里面有一些新材料，这些材料汉代学者可能都没有看到），学术史上（汉代至1971年）对《周易》与孔子的关系大概存在以下几点争论：孔子学没学过《易》？孔子如果学过《易》，是多大岁数开始学《易》？孔子是不是《易传》的作者？传世文献中，关于孔子与《周易》的关系，人们能够看到的作为依据的材料基本上只有两条史料：

> 子曰："加我数年，五十以学《易》，可以无大过矣。"（《论语·述而》）
>
> 孔子晚而喜《易》，序《彖》《系》《象》《说卦》《文言》。读《易》，韦编三绝。曰："假我数年，若是，我于《易》则彬彬矣。"（《史记·孔子世家》）

首先看经学家的观点。相同点是基本上都承认孔子作《易传》（从欧阳修开始，对部分篇节如《系辞传》有所怀疑）；不同点是孔子学《易》的时间，有学者认为是50岁，因为孔子说过"加我数年，五十以学《易》"。但是，"加我数年"是指在这之前，还是在这之后呢？是孔子晚年的回忆，还是孔子学《易》之前的一个计划呢？学者意见不一。有学者认为是孔子结束周游列国，回到鲁国之后，即68岁之后才开始学《易》。

20世纪以来新史学的观点：20世纪初叶，在史学界出现古史辨派，后来又有唯物史观派，可以统称为新史学。新史家们关于这些问题，其共同点是都认为《易传》不是出于孔子之手，孔子没有作《易传》；不同点是有的学者认为孔子没学过《易》，甚至没见过《易》，有的学者认为孔子虽然学过《易》，但不是《易传》的作者，这是1912年至1973年以前的两种主流的认识。当然也有例外，如著名史学家金景芳先生就坚信《易传》是孔子所作，他的理由就两条：第一，司马迁是一个严肃的史学家，司马迁说了《易传》是孔子所作，我们就不应该怀疑。第二，如果不是孔子所作，请问谁能作得出来？金先生据此坚信《易传》是孔子所作。

马王堆帛书出土以后，学界的观点有一些改变。帛书《易传》颇为详细地记载了孔子晚年好《易》的情况，还记载了孔子与他的弟子关于《易》的一些对话。尤其是里面的一句话，"夫子老而好《易》，居则在席，行则在橐"，对学界影响甚大，也让学界形成了一定的共识，比如大家虽然不敢断定《易传》出于孔子之手，但是基本上都不否认孔子曾经学《易》、赞《易》、传《易》，但仍有分歧无法解决，即孔子何时学《易》，是50岁之前，还是50岁之后呢？有的认为是47岁，有的认为是43岁，有的认为是57岁，有的认为是68岁。对此，学者们进行了深入的研究，大家不要小看这些研究，它关系到孔子的学思历程。我在此谈几点自己的感受。

首先，应当注意到孔子"学"《易》与孔子"好"《易》的不同。

《论语》曾记载孔子的话:"加我数年,五十以学《易》,可以无大过矣。"帛书《易传》的记载是"夫子老而好《易》"。两者有区别,一个是"学",一个是"好"。孔子50岁之前可能即已学《易》,周游列国的后期,尤其是回到鲁国后开始"好"《易》、赞《易》和传《易》。至于"50岁之前",是什么时间,还可以探讨。孔子曾经追溯自己的学术历程,自谓"十有五而至于学",所以我觉得孔子15岁到50岁之间应该学过《易》。而且随着年龄的增长,社会阅历的增加,以及个人政治活动的需要,孔子可能曾反复地学《易》乃至用《易》。要不然他晚年不可能突然对《易》有那么多评价。

其次,我们还要看到孔子"学"《易》和"好"《易》虽然是两个阶段,但两个阶段并非对立,这两个阶段里面既有始终如一的看法,又有晚年的新境界。始终如一的看法是,孔子早年和晚年都一直认为《易》乃筮占之书,而且对于筮占持一种保留、疏远的态度。根据是孔子晚年"好"《易》,他的弟子子贡很不高兴,说:

> 夫子它日教此弟子曰:"德行亡者,神灵之趋;智谋远者,卜筮之繁。"赐以此为然矣。以此言取(诹)之,赐缙(惛)之为也。夫子何以老而好之乎?

这段话的大意是说:孔子年老了,喜欢研读《易》,坐下来的时候《易》放在席子上,出行的时候《易》装在袋子里。子赣(即子贡)说:"夫子以前教育弟子说:'没有德行的人才趋于神灵,缺乏智谋的人才频繁地进行卜筮。'赐认为这些话很对。以此言考虑,赐对夫子的行为迷惑不解。夫子为何老而喜好《易》呢?"这是子贡对孔子的一个质疑。孔子回答说:

> 君子言以矩方也，前乎（逆）而至者，弗乎（逆）而巧也。察其要者，不诡其辞。……予非安其用也，予［乐其辞也……］……

孔子的大意是说："君子之言如画方以矩，前后是一致的。我现在喜好读《易》，你认为违反了以前对你们讲的话，而招致了你的责备。实际上并没有违背我原来的话，我这样做是对的。明察了《易》的要旨，就知道我没有违反以前所讲的话。……我不安于《易》的占筮之用，我喜欢读它的卦爻辞……"[1]这段话表明，孔子的"它日之教"与"好"《易》之后一样，均对筮占持疏远的态度，即"予非安其用也"。这也可见孔子前期和后期，"学"《易》与"好"《易》两个阶段是有一以贯之的思想的。前期与后期的不同，主要表现为后期对《易》之性质有新的认识，并接着巫史之《易》讲"德义"。孔子说：

> 《易》我后其卜祝矣，我观其德、义耳也。……史巫之筮，乡之而未也，好之而非也。后世之士疑丘者，或以《易》乎？吾求其德而已，吾与史巫同途而殊归者也。君子德行焉求福，故祭祀而寡也；仁义焉求吉，故卜筮而希也。祝巫卜筮其后乎？

孔子晚而"好"《易》，所"好"何事，这段话说得明明白白。懂了这段话，孔子易学的基本思想差不多也就明白了。孔子晚而"好"《易》，原因可能很多，但主要是两个方面：一方面可能是在周游列国时发现了一些新的史料，如《礼记》载孔子之言曰："我欲观夏

---

[1] 刘彬.从帛书《要》篇看孔子"好《易》"的实质和意义.孔子研究，2011（2）.

道，是故之杞，而不足征也，吾得《夏时》焉；我欲观殷道，是故之宋，而不足征也，吾得《坤乾》焉。《坤乾》之等，《夏时》之义，吾得以观之。"据金景芳先生的研究，《坤乾》《夏时》可能就是类似于《周易》的商代、夏代的《易》著。孔子由《坤乾》而知殷道，由《夏时》而知夏道，联想到《周易》，自然会对《周易》有一些新的理解。从今本《易传》和帛书《易传》所记载孔子的言论看，孔子晚年特别强调《易》出于文王，乃文王忧患之作，有"古之遗言"，可能即与此有关。另一方面，孔子周游列国时到处碰壁，"急急如丧家之犬"，也迫使孔子对自己的天命自觉有所反思，这也是孔子"老而好《易》"的主要原因。因此，孔子在其生命的最后五年研读《周易》，手不释卷，并赞《易》、传《易》，开出了一条"观其德义"的解《易》新方向。

二、孔子对易学史的研究

孔子曾自谓"述而不作，信而好古"，他的历史意识很强。研究礼，他就对夏商周三代的礼学史进行了深入的研究，他说过，"殷因于夏礼，所损益可知也；周因于殷礼，所损益可知也；其或继周者，虽百世可知也"。这段话足见孔子对三代礼学的发展演变是吃透了。研究《易》，孔子也对易学史进行了细致的耙梳。在孔子和子贡的对话里，孔子说："赞而不达于数，则其为之巫；数而不达于德，则其为之史。史巫之筮，乡之而未也，好之而非也。后世之士疑丘者，或以《易》乎？吾求其德而已，吾与史巫同途而殊归者也。君子德行焉求福，故祭祀而寡也；仁义焉求吉，故卜筮而希也。祝巫卜筮其后乎？"在这段话里，孔子指出在他之前有巫之《易》和史之《易》，而对于这两家的《易》他都不太感兴趣，他要探索一种新的研究方向。

首先看巫之《易》。巫的历史很悠久，可以说人类存在之始就有巫。《说文》里面讲到巫，说它的主要工作是："能事无形，以舞降神。""无形"即看不见摸不着的东西，就是神灵，"能事无形"就是能侍奉神，"以舞降神"就是能通过跳舞来降神。可见，巫的核心任务就是沟通神人。后来的中国思想史上的天人问题实肇端于此。《周易》属于筮占之书，而史载筮占之书源于巫。《世本·作篇》："巫咸作筮。"《吕氏春秋·勿躬》："巫彭作医，巫咸作筮。"《离骚》王逸注谓巫咸是"神巫"，可知巫咸是上古时期的一个著名的巫师，筮占是他发明的，这说明沟通神人的筮占之术源于巫。其实上古部族首领或帝王均擅长巫术，史载黄帝等都拥有沟通神人的能力，《韩非子·十过》说："昔者黄帝会鬼神于泰山之上，驾象车而六蛟龙……蚩尤居前，风师边扫，雨师洒道。虎狼在前，鬼神在后。腾蛇伏地，凤凰复上，大合鬼神，作为清角。"这实在是匪夷所思。另外像汤以身祷于桑林、文王演《易》、周公占卜等等，可以说上古时期的帝王都擅长巫术，有的学者甚至认为他们实际上都是巫师。

孔子通过对巫之《易》的研究，得出结论："赞而不达于数，则其为之巫。""赞"即《说卦传》"幽赞于神明而生蓍"之"赞"，荀爽注云："幽，隐也；赞，见也。"韩康伯注云："赞，明也。"孔颖达疏："赞者，佐而助成，而令微者得著，故训为明也。"可见"赞"就是把幽隐的神意显明出来，也就是通神。"数"，当为《说卦传》"参天两地而倚数"之"数"，乃指天地之数。"赞而不达于数"，是说沟通神明（其实就是演绎筮法）但对筮数的本质却没有足够的理解，即只知道奇偶之数的吉凶之意，而不知道奇偶之数中包含的天地之道、阴阳之理。筮与数有关，筮就是演算蓍草。我们看这个

"筮"字，上面一个竹字头，下面一个巫字，就是巫师弄草棍，这叫"筮"。弄草棍干什么？就是算。繁体字的"算"就是一个竹字头下面一个弄字，所以筮与数有关系，就是演算竹棍，演算蓍草。上古时期怎么演算蓍草我们不太清楚了，可以参考大凉山彝族的雷夫仔占法：巫师取细竹或草秆一束握于左手，右手随便分去一部分，看左手所余之数是奇是偶。如此共行三次，即可得到三个数字。然后"毕摩"根据这三个数是奇是偶及其先后排列，判断出行、婚丧嫁娶等事。这里需要澄清一个问题：就人类文明早期或三代而言，"巫"类似于今天所谓的知识分子。金景芳先生指出："我们不要简单地说巫都是骗子，实际当时的知识分子就是巫，不仅婆娑降神，而且天文、历法、医药、卜筮等皆出于巫。天文历法自今天看来，纯粹是科学，而在古代并不是这样，里边实夹杂着浓厚的迷信因素。"就是说人类早期的知识形态是从巫开始的。

再看史之《易》。史是从巫分化出来的，这是学界的共识。据古籍记载，上古时期，史官的职责就是陪侍于首领身边，记录言行，制作策命，管理策令典册，是文化知识的掌管者。史官制度起源甚早，《后汉书·班彪传》曰："唐虞三代，《诗》《书》所及，世有史官，以司典籍。"唐虞就是尧的时代，尧的时代就已经有史官了。唐代刘知几甚至推至黄帝时代："史官之作，肇自黄帝，备于周室。"史是从巫分化出来的，所以史的身份与巫有重叠，或者说史传承了巫的部分工作。也因此，典籍中多见"巫史""史巫"连用的材料。《巽》卦爻辞就有史巫连用的情况。清代皮锡瑞说："《左氏传》采占书，虽未必皆当时本文，而所载卜筮事，皆属史官占之，此古卜筮与史通之证明。"就是说《左传》里面记载的占筮的例子都是史官占卜，这说明史官和巫在职分上是互通的。李学勤先生引孙诒让《周礼正义》认为，考之各种典籍，古时卜、祝、巫、史诸官每每相兼互通。学者陈桐生也认为,"最早的文化知识可能是原始宗教知识,而史官是中国上古时代最早的文化人,是职掌原始宗教的职事官员。中国史官从它诞生的开始阶段就履行天文术数和祭祀之类的天官职责,并从天官职能中派生出记言记事的职能"。史巫相通,所以史当然也是精于易占。我们看《左传》《国语》中的记载,大致可以知道春秋时期的史官,他们用《易》占卜的面貌,比如他们善于从天道的角度讲吉凶等。孔子认为史之《易》的特点就是"数而不达于德",即"数而不达于德,则其为之史"。他们善言天道,他们知道吉凶之数就是天地之数,但是他们没有从天地之数、天地之道再进一步去推演人事,去往人道上落实。"数而不达于德"的"数",可以指蓍数,也可以指天地之数或历数。由大衍筮法可知二者相通。历数与天文有关,因而与天道亦相关联。史官通晓天文历法,因而对天道有着深刻的认识。孔子此处所谓的"数",其实就是指"天道"。孔子对史之《易》的评价是:掌握了筮数的本质与天道阴阳有关,但没有进而达到对人道的贯通。

因此,孔子要开启一个新的易学方向。当然,孔子也没有完全排斥"史巫之《易》",孔子是一个理性主义者,他很少用全称判断去否定一个事物,而是采取了有因、有损、有益的理性态度,加以整合,提出了"赞而达于数",因为孔子自身也占筮,他说自己"百占而七十当",然后"数而达于德""仁守而义行之",这就是孔子解《易》的新路向——观其德义。

三、孔子解《易》的新路向——观其德义

我们从四个方面来谈。首先,什么是孔子所谓的"德义"?前

面已经谈到，孔子不满于巫史解《易》，认为应该向人道上落实，所以他提出"观其德义"的主张，所谓《易》，"我观其德、义耳也"。这句话中的"德"就是"数而达于德"之"德"，这句话中的"义"就是"仁守而义行之"之"义"。孔子认为这是他与巫史之《易》"同途而殊归"的关键所在。孔子说："君子德行焉求福，故祭祀而寡也；仁义焉求吉，故卜筮而希也。""德义"就是德行与仁义。就孔子思想的一般意义而言，"德行"与"仁义"，其内涵可以交叉，也可以互相包含。孔子把"德行"与"福"对应，把"仁义"与"吉"对应，在于强调无论是祈求神灵的保佑，还是提高辨识吉凶的能力，都需要回到主体自身，不要向外求。

孔子主张"观其德义"，当然是为了超越巫史之《易》的局限性。孔子认为巫史之《易》容易造成"德行亡者，神灵之趋；智谋远者，卜筮之繁"。巫史之《易》，其主要功用是沟通神人或天人，以人的行为或者人的存在的合理性寻找上天的旨意或更为根本的依据，这也正是后来中国哲学核心问题"天人关系"的渊薮。孔子并不反对在神人或天人的关系结构中界定人的存在的合理性，事实上孔子正是在此一关系结构中来界定人的，这也是中国哲学的一个特点。孔子所反对的是从神的意志（巫）和天道必然性（史）的立场限制人，而主张从人的立场，即从发挥人的能动性的意义上去参赞天地。所以孔子"观其德义"是要把人从一个被规范的对象变成一个可以去参赞宇宙大化的主体。"德行亡者，神灵之趋；智谋远者，卜筮之繁。""亡"即无。无德的人会去频繁地祭祀神灵，缺乏谋略的人会去频繁地占筮。孔子要反其道而行之，让人在自身的德行和智慧上用功夫，即"君子德行焉求福，故祭祀而寡也；仁义焉求吉，故卜筮而希也"。不是用卜筮和祭祀的办法，而是从主体的自觉着眼。

那么，孔子为什么能在《易》中"观其德义"呢？其一，孔子最崇拜周公，在对待超验对象时，孔子也受到周公思想的影响，特别是周公"以德配天"思想的影响。周公在反思夏、商天命转移这样一个历史教训的时候，曾经提出了"以德配天"的观点，认为天是靠不住的，天只保佑有德者，只有在德上下功夫，敬德，天才会眷顾。为什么中国人对于至上神、超验的东西探索得不够？跟周公的这些思路是有关系的。孔子讲"德行焉求福"，其思路应该是与周公"以德配天""敬德"的思想有关的。这个我后面还要进一步分析。其二，《左传》《国语》中已有以德论占的筮例。春秋时期已经有一些占筮者从德的角度论吉凶。比如穆姜，齐侯之女，鲁宣公夫人，鲁成公之母。刘向《列女传》谓其"聪慧而行乱"；"缪姜淫泆，宣伯是阻，谋逐季孟，欲使专鲁，既废见摈，心意摧下，后虽善言，终不能补。"这件事《左传》中有记载：

> 穆姜薨于东宫。始往而筮之，遇《艮》之八。史曰："是谓《艮》之《随》。《随》其出也。君必速出。"姜曰："亡。是于《周易》曰：'《随》，元亨利贞无咎。'元，体之长也；亨，嘉之会也；利，义之和也；贞，事之干也。体仁足以长人，嘉德足以合礼，利物足以和义，贞固足以干事。然，故不可诬也，是以虽《随》无咎。今我妇人而与于乱。固在下位而有不仁，不可谓元。不靖国家，不可谓亨。作而害身，不可谓利。弃位而姣，不可谓贞。有四德者，《随》而无咎。我皆无之，岂《随》也哉？我则取恶，能无咎乎？必死于此，弗得出矣。"

这些筮例以及解《易》的方式对孔子应该是有影响的。其三，也是最为关键的一点，即《周易》的象辞结构具有"观其德义"的解释空间。《周易》卦爻辞中的吉凶与人的选择有关,这就是吉凶由人。例如《乾》卦初九:"潜龙,勿用。""潜龙",爻象;"勿用",吉凶之意。龙代表阳,代表有德,但现在处在潜伏的状态。这就好比一个人有能力有德行,但客观条件不具备,需要奉道待时,所以要"勿用"。但能不能做到"勿用",这完全看你自己的选择。如果你选择"勿用",就是吉;如果你不服气,选择作为,结果可能就是凶。所以,在《周易》的卦爻结构里面是留有人的选择的空间的,这是孔子能够"观其德义"的经典本身的一个依据。

最后,孔子是如何"观其德义"的呢?仍以《乾》卦初九为例:

巫之《易》:潜龙之象→不宜动。

史之《易》:阳气潜藏→不宜动。

孔子《易》,初九曰"潜龙勿用"何谓也? 子曰:"龙德而隐者也。不易乎世,不成乎名,遁世无闷,不见是而无闷。乐则行之,忧则违之,确乎其不可拔,潜龙也。"孔子说"潜龙勿用"是"龙德而隐者",这和巫、史的解释没有区别。但后面他说"不易乎世,不成乎名,遁世无闷,不见是而无闷。乐则行之,忧则违之,确乎其不可拔,潜龙也",即不为世俗的观点所改变,不为功名所系累,隐遁起来,没什么郁闷;大家不了解自己也不要憋屈;"乐则行之,忧则违之",这才是"确乎其不可拔"的潜龙。我们看"不易乎世,不成乎名,遁世无闷,不见是而无闷",这是就人的个人修行来讲的。孔子在这里把"勿用"看作是一个主体修养的问题,这就是孔子"观其德义"的方法。传世本《易传》中载有孔子解《易》十九则,内容涉及慎言行、同心之利、慎、谦、戒亢、慎密、咎由自招、履信思顺、感应、凶、藏器待时、小惩大诫、善可益而恶不可积、居安思危、度德量力、知几、不远而复、阴阳和合而生物、求益之极必凶等多个方面,都是从主体修养——迁善改过入手来解释卦爻的吉凶的。

　　"赞而达于数"，是要让筮法超越原来的占断吉凶的层面，透过筮法来理解天地阴阳之道；"数而达于德"，是要在对天地阴阳之道的理解过程中认识到人道的价值；"仁守而义行之"，则是强调在实践的层面贯彻落实人道的价值。所以孔子"观其德义"的解《易》观，特别注意从"人"下手，通过迁善改过来趋吉避凶。孔子提出"观其德义"的研《易》新路向，对于学术史、思想史是极为重要的。李学勤先生指出："德义两个词完全是易学的两个词，所以孔子是易学的真正开创者，是孔子真正把数术的易和义理的易（或者叫哲学的易）完全区别开来，于是才有我们所说的真正的易学，而正因为区别了这两者，使《周易》的哲学成分进一步纯化，使易学进一步地影响了我们的思维方式。"李先生对孔子"观其德义"的研《易》新路向的评价是相当高的。我们的这个讲题是讲《周易》对孔子思想的影响，实际上严格来讲是孔子对《周易》的影响，孔子改变了《周易》研究的方向，把《周易》的研究导向了哲理的研究。

四、"观其德义"与"下学上达"

　　《周易》本为筮占之书，其功用在于帮助人们趋吉避凶，以获得一种合理的存在形式或合理存在的根据。什么叫"趋吉避凶"？《周易》里的吉凶既是一个知识问题，又是一个价值问题，而这是纠缠在一起的。从宇宙论的意义上看，吉凶是指你以什么样的方式存在才是合理的，或者说你的合理性的根据在哪里。《周易》本来就是提供这种咨询的。巫之《易》多借助于神明，史之《易》多借助于天道。孔子取"观其德义"的路向，如何为人们的趋吉避凶提供帮助，或者如何为人们合理地存在提供依据？在这样一个天人结构、神人结构里面，怎么让我们通过"观其德义"来达到趋吉避凶，而获得存在的合理性呢？这要从孔子一贯的思想"下学上达"谈起。孔子和子贡有一段对话非常有趣：

> 子曰："莫我知也夫！"子贡曰："何为其莫知子也？"子曰："不怨天，不尤人；下学而上达，知我者其天乎！"（《论语·宪问》）

有一天，孔子在子贡面前说，大家都不理解我啊！子贡就说，为什么大家都不理解您呢？孔子说，我不抱怨天，不抱怨人，下学而上达，知我者大概只有天了吧！这段话一方面表明孔子很自信，天知道他；另一方面可能孔子也非常寂寞孤独，很多人理解不了他。这里的"下学而上达"这句话非常重要，历代注疏对"下学"的理解比较一致，对"上达"的理解则存在一些分歧。我认可三国何晏《论语集解》引孔安国的解释，"下学"为学人事，"上达"指知天命。

我们先来看"观其德义"与"下学"是什么关系。事实上这一点很好理解，因为孔子的"观其德义"指的就是"下学"。孔子一生教诲学生的基本上都是人事，钱穆先生指出："一部《论语》，所说皆下学也。"所以说孔子念兹在兹的就是教人在"德行"与"仁义"上下功夫。《论语·述而》篇有一段话："德之不修，学之不讲，闻义不能徙，不善不能改，是吾忧也"，这段话跟前引"君子德行焉求福""仁义焉求吉"是一致的。孔子也有发愁的时候，也有担心的事情。他担忧的是什么呢？"德之不修，学之不讲，闻义不能徙，不善不能改"，德性的修养有没有继续，学问的讲习有没有进行，听到了正确的事情能不能按照它去做，有过失的地方能不能改。我们大家一听这些，可能觉得不过是一些道德箴言而已，但是从孔子的角度，他确实是把这些东西作为"上达"的基础的，"与天地合其德，与日月合其明，与四时和其序，与鬼神合其吉凶"，境界很高但起手式也就是那些东西。所以孔子的话都是能够落到实处的，而且在他那里都落到了实处。孔子解释《乾》卦六爻（见《文言传》）都是从人事上，从观其德义上，从下学上加以阐释的。如孔子解《乾》卦九二爻"见龙在田，利见大人"道："庸言之信，庸行之谨，闲邪存其诚，善世而不伐，德博而化。"平时的言行要讲信用，平时的行为要谨慎，要防止邪恶的东西，要不断地涵养真诚的东西。做了对社会有益的事情不自夸，"善世而不伐"，"不伐"就是不自夸。"德博而化"，让自己的德行越来越充实，然后能够化育众人。这样"君子之德"就会像风一样，能够感化很多人。又如孔子解《乾》卦九三爻"君子终日乾乾，夕惕若厉，无咎"道："君子进德修业。忠信，所以进德也；修辞立其诚，所以居业也。"孔子强调君子要"进德修业"。什么是"进德修业"？忠信是进德，修辞是立其诚，即说话特别要诚实，这样的话才能站得住脚。天天说假话，可能得天天换新朋友，不然的话就没法骗人，所以修辞立其诚才能够居业。第四爻"或跃在渊，无咎"，孔子说："上下无常，非为邪也"，我们或进或退不是要干坏事。"进退无恒，非离群也"，有时进有时退不是要离开人类的法则，而是"进德修业，欲及时也"，要因时而动，进德修业。孔子对《乾》卦的每一爻都进行了这样的讲解。孔子指出，"君子以成德为行，日可见之行也"。君子的行为目标就是成德。"成德"就是成人。"日可见之行"，苟日新，日日新，你的进步每天都能看到。"君子学以聚之，问以辩之，宽以居之，仁以行之"，都是在讲这个东西，所以我们说"观其德义"与"下学"的关系是比较好理解的。

再看"上达"与"知天命"。《论语》多次记载了孔子关于"知天命"的话。那么孔子的"天命"到底包含什么东西呢？我们大家都知道孔子"与命与仁"，最关注的是天命和仁的话题，对天命的讨论比较多，我觉得就其来源来讲，可以考虑这样几点。首先，周公的天命观对孔子的天命说有影响。周公的天命观有三点最突出：一是天有意志；二是天辅有德者，因为"以德配天"已经预设了天要辅佐有德者，不然就没有办法"以德配天"了；三是天人之间有一种感应的关系，如果天人之间不存在感应，怎么"以德配天"？周公的天命观这三点最关键。而孔子对这三点中的任何一点都没有明确的否定。其次，史官的天道观对孔子的天命观也有影响。史官的天道观也有三点最突出：一是天道的自然性。朱伯崑先生在谈春秋时期思想的时候经常用到两个词，一个是自然主义，一个是人文主义。也就是说这个时期的天，它的自然性得到了彰显。二是天道的必然性。什么是天道？天道是日月星辰在天上运行的轨道，日月星辰的运行是必然的，不能是偶然的。三是天道赏善罚恶。《左传》《国语》有很多这样的内容。天道赏善罚恶不是靠它的意志，而是靠它的这种必然性。就天道赏善罚恶这一点而言，史官的天也预设了天的道德性和天人之间的感应性。史官讲天的时候经常讲天上的星辰和地上的哪一个省、哪一个县是一个对应的关系，哪一个星星最近过于发亮，对应的是某一个地方可能最近要着火等等。史官是讲天人感应的专家，史官的这些观点或许就是来自传统的天命观。当然其中可能有传承或是转化。孔子对上述三点也没有特别的否定。我个人认为，孔子的天命观系整合周公的天命观和史官的天道观而成。实际上，我们也可以把周公的天命观对应巫，史官的天道观对应史，而孔子把两者整合在了一起。孔子的天命观，第一，天命中有天意。这一点有争论，20世纪有一些学者认为孔子讲的"天"是有意志的，有一些人认为不对，孔子讲的"天"是自然之天，是唯物的。我们说孔子的"天"实际上是有天意之含义的。孔子周游列国的时候，在一个地方被围困，弟子们很害怕，孔子很坦然地说"天生德于予，桓魋其如予何？"他也讲"天之将丧斯文也，后死者不得与于斯文也；天之未丧斯文也，匡人其如予何？"等等。这些地方的"天"实际上都有天意的意思在里面。有人说孔子这是用一种形容的语气说话。我觉得孔子生在那个时代，他把"天"理解成一个有神意的、有意志的东西是完全可以理解的。第二，孔子的天命中也有必然的含义。"死生有命，富贵在天"，这实际上就是讲的必然性。第三就是天意可畏，天命可知。孔子说"君子有三畏：畏天命，畏大人，畏圣人之言"，又说"不知命无以为君子"，这是孔子很重要的一点。孔子讲"知天命"，又讲"畏天命"。知天命怎么知？或者说天命在什么情况下能知？畏天命怎么畏？或者说天命的哪些方面值得他畏？我觉得孔子所"畏"的是天命中"天意"的部分，也就是天有意志的部分、宗教性的部分。孔子所"知"的是天命中内涵的必然性的部分。

那么"下学"如何"上达"呢？下学是学人事，上达是知天命。但下学怎样才能达到上面去呢？有没有这样一个通道？或者说孔子是如何建立这样的通道的？这一点，孔子是通过整合周公与史官来实现的。周公和史官的天命观或天道观都涉及了天与人的内在同一性问题。在周公那里，这种同一性是"德"，即天和人在"德"上可以同一，谁能实现这种同一，谁就能"以德配天"。在史官那里，这种同一性是"道"，即天和人遵循着共同的法则，谁能合于道，谁就能得天之赏。谁获得了这种必然性，谁就能够像老子讲的推天道以明人事一样，立于不败之地。孔子对周公和史官建立的天人通道是不否认的，并做了整合。具体而言，孔子接受了周公从德入手，用德感应天的思路；同时把史官（尤其是老子）由天道的法则规范人事（推天道以明人事）的思路倒过来，变成人用自己的能动性参赞天道体现出来的法则。也就是说孔子理性化了周公的天命观，然后又把史官的天道观给颠倒了一下。因为史官都是推天道以明人事，像老子那样，站在天道的高度来规范人事，这样的话，人显得很被动。就像荀子批评庄子一样，"蔽于天而不知人"。孔子把它倒过来了，一个人可以主动地去参赞天，这样就由天道规范人变成人通过自己的修养和认知去理解、把握、顺应道。所以我觉得下学上达的通路基本上是通过整合周公和史官建立的，一个是从宗教的意义上，一个是从知识的意义上。这样，孔子从人出发，对天命中的必然性采取"知"的态度，对天命中的"天意"采取"畏"的态度。因为天命可"知"，所以知道从何处入手，入手处就是"下学"，是"下学"中知识学习的部分；因为天命可"畏"，所以知道从哪里自觉，而自觉处仍是"下学"，是"下学"中进德修业的部分。总之就是说，对于法则的部分靠知识，对于天意的部分靠德行。从下往上就是上达，从上往下则是"天命之谓性"。我认为孔子的下学上达基本上就是这样一个通道，而这恰恰开启了孔门后学对性命问题的讨论。

五、几点分析

最后简单地做几点分析。首先一点，就是"观其德义"与经典诠释的问题。孔子对子贡说："赞而不达于数，则其为之巫；数而不达于德，则其为之史。史巫之筮，乡之而未也，好之而非也。后世之士疑丘者，或以《易》乎？吾求其德而已，吾与史巫同途而殊归者也。"孔子说，对于占卜那些东西，对于巫之《易》、史之《易》

我并没有兴趣。后人可能在这一点上会怀疑我，认为我研究《周易》可能也是像巫史一样，其实，我是求其德而已，我跟他们是不一样的。为什么孔子有"后世疑丘"之叹？从他与子贡的对话中可知，孔子担心后人怀疑自己热衷于筮占。因为在众人的心目中，《周易》就是一部筮占之书，而且《周易》确实本为筮占之书。孔子却借这样一部书贯通天地人，并立足于人，下学上达，讲出一番迁善改过的宇宙人生的大道理，这应该是经典诠释史上的一个壮举。像李学勤先生讲的"开创了真正的易学"。筮占靠把握天意或天道，侧重于外在必然性；迁善改过靠自省自觉，侧重于内在能动性。这一诠释方向的改变很值得研究。当然事实上我在第三部分已经涉及这个问题，就是他为什么能够"观其德义"，因为在《周易》这本书的结构里面有这样的解释空间。这个地方我只是把问题再次提出来。另外，对周公思想的扬弃，对老子思想的超越，在当时可以说是一个思维方式的革命，难怪孔子慨叹只有天知道他。他的这种革命性变革，从经典诠释的意义上来讲是非常有启发性的。

孔子是如何开显《周易》这部书的解释空间的？我前面说了《周易》强调吉凶由人，内具这样一个结构。孔子通过这种开显既满足了《周易》本来的旨趣，比如趋吉避凶、沟通天人等等，而又超越了《周易》固有的性质，把筮占之书转化成了哲学之书。我们看，孔子并没有破坏这种天人结构，而且是在这种天人结构里面完成了他的诠释的新思路。这一点很值得研究。

其次一点，下学上达的宇宙论背景。宇宙论这个话题在西方哲学史上很早就划到科学研究的领域里面去了，但在中国传统哲学里面，它始终是一个很核心的哲学话题，为什么？因为中国古代的宇宙论不是为了研究宇宙，而是为了研究人在宇宙中的位置。《周易》是天人之学，目的是使人趋吉避凶，趋吉避凶的哲学意涵，是让人的存在更合理。我以前写过一篇文章，我说中国古人讲天人问题，就是讲人的存在的合理性和合理存在的可能性问题，这就是人在宇宙中的位置问题。我认为中国古代夏商周甚至更前，由于农业的发达，所以天文历法成熟得很早，天地人这样一个结构很早就形成了。在《大戴礼记·夏小正》里面，在周公《时训》里面都可以体现出来，甚至在殷商时期的祭祀里面，也包含天地人三个方面，即天神、地祇、人鬼，这是一个宇宙论的结构。这个结构本身我觉得非常有趣，它是从一个宏观的意义上界定一个具体的事情，用一句不恰当的话说，似乎也是一种广义的演绎，它以整个宇宙为背景来推演一个具体的人的一个具体的事的合理性问题。中医就是这样，它很有效，但是它的参考系又都是日月星辰等这些时间、空间的东西，这是不是一种演绎思维？我对逻辑不太懂，我把这个问题提出来是要说中国古代的知识论，它存在这样一个值得我们去探讨的方向。老子和孔子虽然思想旨趣有异，但却基于共同的宇宙论，老子是站在天上推人事，孔子则是站在人的角度去上达于天。所以我觉得孔子的下学上达还有这样一个宇宙论的背景，这个背景又恰恰是先秦诸子的一个共识，而这个共识的基础就是当时的天文学、历法学等。

　　总之，孔子的易学可以说是在巫之《易》、史之《易》的基础上进行了一个革命性的开拓，"开拓出了真正的易学"。当然，孔子的这一开拓在一定意义上可能也遮蔽了巫之《易》和史之《易》的许多东西，但尤为重要的是，孔子这样一个解《易》新路向，为后来中国思想的发展奠定了基础，这一点很值得研究。

（整理：林长发）

第四讲
中西伦理学中的自我

◎ 姚新中

时间：2021年10月21日
地点：中国人民大学公共教学一楼1302教室

  姚新中，河南驻马店人，1978年入中国人民大学哲学系，师从罗国杰教授，获哲学学士、伦理学硕士和博士学位。1990年前往英国肯特大学做比较伦理学博士后，合作导师为Richard Norman教授，后在威尔士大学、剑桥大学、牛津大学和伦敦国王学院从事比较哲学、宗教学研究和教学，历任博士后研究员、讲师、副教授（Reader）、高级研究员和教授。现为中国人民大学吴玉章高级讲席教授，主要教学与研究领域为伦理学、中西比较哲学等，出版中英文论著20多种。

今天的讲座是关于中西方伦理学中的自我观，而论述这个问题我们还需要从现代性反思这个话题说起。作为世界性的思潮，现代性反思贯穿于20世纪后半叶，而在20世纪70—80年代尤其突出。至今依然有许多学者在谈论这一话题，我自己对这一问题的思考是在这样一个大的背景下展开的，可以看作是这个思潮的一部分，只不过更为关注现代性的道德是如何形成的以及如何能够通过关于中西伦理学的研究来达到对于现代性道德及其困境的理解。

我们对于现代性反思，存在着两个问题。第一，在观点取舍方面，我们比较注意某些西方哲学家对于现代性反思的理论，而对于另一些同样重要的学者所给予的关注不够。我们比较容易把反思现代性简单地理解为批判现代性、抛弃现代性、跨越现代性，而没有考虑到中西在现代性发展过程之中，具有阶段性的差异。那么这种差异我们该怎么处理？这依然是一个需要回答的问题。第二，现代性反思中有一个普遍的理论不足，就是在"批判"和"建设"之间的桥梁还没有架好，或者说，我们很容易去批判、去拆解、去扬弃，但比较疏于思考如何在批评过程中重构现代秩序和现代性道德。当时我就是带着这样的问题前往英国肯特大学从事比较伦理学的博士后研究，与多位学者包括我的合作导师 Richard Norman 教授一起进行过长期、细致和比较广泛的讨论。

就我的研究领域而言，当代有三位著名的哲学家值得我们给予更多的关注：哈贝马斯、麦金泰尔和查尔斯·泰勒。他们虽然在理论出发点上不同、所持的观点也各异，但在反思现代性道德方面呈现了几个共同特点。第一，在现代性反思的指向方面，他们直指西方现代性中的主要价值基础，即理性工具主义、个人主义和进步主义，但他们认为，反思并非简单去除或完全否定这样的价值，而是要在新的时代条件下和新的哲学语境中重新思考、评价和建构理性主义、个人主义、进步主义。如此理解,反思就不是消极的或简单的解构,而是包含着积极的、多方维的建构。第二,在现代性反思的手段方面,他们并非把反思简单地理解为一种纯理论的概念推演,而是更深刻地理解整个哲学史(主要是西方哲学史,包括古希腊哲学、中世纪哲学、近现代哲学等等所有的这些传统),以此作为重新理解人性和人类道德发展的必经途径,从而为我们寻找可供思考反思使用的思想资源。第三,在现代性反思的目的方面,他们都给予了很明确的说明,不是也不能为反思而反思、为批判而批判,反思的目的是要重构现代性道德、重返普通人的生活、重设当今人们安身立命的哲学根基。

虽然把这三位思想家放在一起,强调他们之间的共同性,但我们也要注意到他们在批判、反思、建构方面具有各自的鲜明特点,其所遵循的路径还是各有不同的。哈贝马斯大家都比较了解、也比较清楚,他主要是反对工具理性,但并非要通过反理性来达到非理性,而是把工具主导的理性转变为交往主导的理性,构建出交往理性和公共领域,并由此形成了当代思想中的两大论域。麦金泰尔既反对近代规则伦理学的独断,也反对后果伦理学计算利益得失的冷漠,因此提出要回归(古希腊)传统,强调生活伦理、个人品性,构建出德性伦理学这样一个新的学术领域。

今天在这个讲座里,我想多说一点泰勒,因为相比较前两位而言,国内学界对泰勒的关注不是很充分。2016年,泰勒获得了首届博古睿奖。按照该奖项的创始人博古睿研究院主席尼古拉斯·博古睿(Nicolas Berggruen)先生的说法,"创办博古睿奖的原因就是希望在文化和政治日趋分裂的世界中,支持和促进优秀思想的发展,给人类社会带来积极的影响",而泰勒之所以成为首位获奖者,是因为他"在促进不同文明相互理解和尊重中做出了重大的贡献",更

"因为他改变了世界对人类生活中某些根本问题的思考"。从此我们可以看出泰勒不仅在欧美学术界而且在日益全球化过程中的不同文明的交流交往中,都具有重要的地位。

在我看来,泰勒在以下几个方面做出了具有思想转向性的独特贡献:第一是哲学人类学的转向,就是说在哲学方法论上,他反对自然主义、实证主义式地研究人和道德,转而更为关注人本身,尤其是人的能动性和自我。第二是社群主义的转向,他反对原子式的个人主义,转而建构出社群主义。第三是生活的转向,他论证现代性的内在转向(inward turn)不是转向主观主义,也不是转向虚无主义,而是转向对普通人生活的肯定。第四是伦理的转向,他认为现代的主体性、统一性必须植根于人类对善的追求和善的理念。第五是全球化的转向,他提出地方与全球的辩证法(a dialectics between the local and the global),肯定了地方性价值的全球意义以及全球化和文化传统的辩证关系。

在如此多方面做出独特贡献的思想家确实值得我们给予更多的重视。与本讲座相关,我尤其看重他1989年由剑桥大学出版社出版的 Sources of the Self—The Making of Modern Identity。该书中文版《自我的根源:现代认同的形成》(南京:译林出版社,2001)由韩震等翻译。我看重这部书是因为它比较全面地梳理了自我在西方哲学中的观念发展史并且分析了现代自我形成的复杂过程和维度。这部书出版之后在学界受到了广泛的关注。20世纪上半叶,西方思想界的主流观点是反思现代性就是要推翻现代性所强加的现代秩序,而正是针对这样的反现代化思潮,泰勒提供了对现代秩序的不容置疑的辩护和对现代秩序批评者的尖锐反驳("provides a decisive defense of the modern order and a sharp rebuff to its critics")。一些著名的哲学家都对这部著作给出过积极评价,比如伯纳德·威廉斯就称它为一部现代思想史的巨著,包含了对人性的同情和对思想的宽容和深度。今天我们重读这部30多年前出版的伦理学著作,需要更清楚地了解泰勒在其中提出了什么问题、建构了什么样的自我理论。泰勒写这本书的出发点是对元伦理学的一种不满。我们知道,20世纪元伦理学的主流是伦理语言结构的分析、词语的分析,并从事实与价值的分离中来理解伦理学的意义,这些东西虽然有一定的学术价值和意义,但因为完全脱离了现实的道德生活,泰勒因此把它称为"坏的元伦理学"(bad meta-ethics)。坏的元伦理学,就是说它没有与生活挂接起来。泰勒认为好的伦理学应该从道德直觉所把握的道德困境处来建构。

那么,现代人最典型的道德困境是什么?泰勒认为是"认同危机"(crisis of identity),而这里所谓的危机就是泰勒所说的道德空间中的严重无方向感以及意义感的丧失,生活没有意义,没有确定性。因此要摆脱这种危机,就要寻求和认同某种更高的东西,在内部的自我和世界的秩序中寻找自己的位置。这种更高的、我们认同并因此对自我具有某种权力的东西,泰勒称之为道德的根源。泰勒通过追溯"自我"的产生发展历程,分析了西方重要思想家特别是奥古斯丁、笛卡儿、蒙田、路德等,来重新理解西方现代性、重建现代性道德。因此,他不仅要寻找自我的思想根源而且要重新建构现代的identity,这里面不仅是对个人的、情感性的理解,还包含着"西方文化中全系列的对什么是人类主体的理解:内在感、自由、个性、被嵌入自然的存在,推动或形成了我们的哲学思想、认识论和语言哲学"。

这部书的结论以"现代性的冲突"为标题,在第25章中,泰勒检视了人类对"最高精神"的追求和"引向毁灭"的现实困境。对此,泰勒持谨慎的乐观主义:"破碎的二难境地在某种意义上是我们最大的精神挑战，而不是严酷的宿命。"可以说，这部著作所提出的问题以及对这些问题的解决尝试为我们今天重新思考中西方伦理学中的"自我"提供了契机和路径。

要研究中西方伦理学中的自我观，首先要看看中西方古典文献中的"我"和"自我"是怎么样展现的？做这个工作，是因为我们研究一个概念的时候，首先要了解它在文本中是否出现以及如何使用的，这是基础性的文本工作，必须首先做好，不能靠凭空想象。在中国传统中，《说文解字》里提出"我，施身自谓也"，在今古文《尚书》里"我"出现了229次，"予"有217次（如"予惟小子"）；在《诗经》里"我"出现了590次，"予"出现了111次；《易经》中"我"出现了28次。"自我"在《诗经》中有8次，但都是"自从我……"的意思，不具有现代意义。真正具有现代意义的"自我"概念是在《论语》《孟子》里面开始使用的，自我具有自觉的道德主体和道德活动的客体两重身份。在这部分我就列举了我、己、予、吾、自、身，还有《孟子》里面的我、己、吾、自出现的频率。在西方哲学传统中，我们也可以看到丰富的思想资源。在柏拉图和亚里士多德著作的英文翻译里，自我已经广为使用。比如在本杰明·乔伊特（Benjamin Jowett）翻译的《理想国》中，"self"作为词组的一部分（himself, itself）共出现了214次，"self"作为主动的主体和被动的客体（如 self-sufficing, self-control, self-consciousness, self-reflection, self-taught, self-assertion）出现了10次，而作为一个单独的名词本身出现了两次（"in this case he is blamed and is called the slave of self and unprincipled"；"the true self"）。在戴维·罗斯（W.D. Ross）翻译的亚里士多德《尼各马可伦理学》中，"self"共出现了34次，包括自足（self-sufficiency）、自我放纵（self-indulgence）、自我克制（self-control），也指自我意识和自我一致（self-consistence）。为了确定其在古希腊文中的含义，我请教了翻译过《尼各马可伦理学》的廖申白教授，了解在亚里士多德著作中的自我这个概念是怎么用的。廖申白教授认为实际上亚里士多德本人并没有使用"自我"这样一种独立的概念，亚里士多德使用 αυτός，即英语中的常用作前缀的"auto"，意思是"自-""自己-"。亚里士多德把它用作反身代词，指一个人自身，他自身。把它用作前缀做合成词的少见的例子有"自足"。其他词汇如"自夸""自贬""自制""不自制"都不是合成词。亚里士多德不谈论普遍意义上的"人自身"。在英语中，"auto-"不是一个单独的表事物自身的词，只是前缀。近现代哲学家要依例造一个普遍的自我，与"他者（而不是'另一个人'）"相对，于是用"self"翻译这个前缀，把它用作一个普遍概念。

廖申白认为，亚里士多德虽然没有直接使用自我这一概念，但在"能—实现"的意义上使用了人自身的概念。一个人的自身不是指现代哲学意义上的与他者对照的普遍的自我，其本质的意义是一个人的选择、行为、品性、爱好等的本源和最终原因。一个好人，就是通过好的实践而形成好的品性的人。一个坏人以及一个不自制的人则通过不好的实践而形成恶性，或形成行动与选择分裂的品性的人。

以上是古代中国和古希腊部分文本中所呈现的思想资源。在现代意义上自我观是个什么概念？大致可以把自我观分为这样两类理论，一类认为自我是实体，这就是所谓的"实体自我论"，大多数比较多地运用形而上学的方法、认识论的方法、心理学的方法来研究自我，强调本质自我、理性自我、经验自我和情感自我，这些内容我下面会详细论述。

另外一类，我归结为"生成自我论"，不是把人的自我看作一个固定的或者是恒定不变的东西，而是看作一个不断生成的、完善的这样一个过程。相对来说，生成自我论比较侧重于伦理关系、内在道德活动，建构出了自我修养论、自我实现论和自我超越论等理论。

古今中西伦理学在研究自我的进取路径、价值偏好和研究目的与方法上还是有些差异的。有些人提出西方伦理学是实体自我论，中国伦理学则是生成自我论，但是我觉得这样的说法并不是很严谨。我们应该从历史发展来看，古代伦理学比较多地注重自我的生成性，包括古希腊的伦理学、中国的伦理学，甚至包括印度的传统伦理学；而现代伦理学，特别是西方近代伦理学，更多地强调自我的统一性和实体性。

比较起来，中国传统伦理学更注重自我的生成性，把自我看作可实现、可改变、可培养的道德主体与客体的统一。而西方伦理学尤其是近代西方伦理学则更为强调自我的实体性，把自我等同于具有独立独特性、统一性与主体性的人和个人统一性（the personal identity）这样一个概念。

有两点提醒大家注意。第一，上述的两种自我观并不是截然分离、互不关联、相互排斥的。无论是在中国传统伦理学还是在西方传统伦理学中，它们之间往往相互包含、相互渗透，具有一种趋同的动力机制，中西方伦理学尤其是中西方传统伦理学，都包含着自我实体和自我生成的丰富思想。

第二，当代伦理学发展中呈现出统合两种自我观的倾向，通过诸如社群主义、儒家伦理学、儒家德行论、道德心理学、应用伦理学等理论综合实体自我与生成自我的理论或观点，并在新的语境中将两种自我观进行融合、贯通。泰勒在《自我的根源》一书中早就开始这样的尝试，近来中国学界也开始从中国哲学的视域来论述古今中西伦理学的自我问题。比如，在陈来的《儒学美德论》和杨国荣的《人与世界：以事观之》等著作中，我们都可以看到这两种自我观的融合和深化。

当然它们的区别也还是存在的。为了更好地理解两者各自的主要内涵以及它们之间的差异，下面我就分别地加以论述。实体自我论究竟是什么意思？牛津英语词典中对"自我"的定义是一个人所从属的精神性实体（the spiritual substance to which one belongs），或一个人中真实的、内在的、是"他"的东西，与个人偶然性的东西相区别。有时也用"the ego"来指自我，这样的自我通常与灵魂或心灵相等同，而与身体相对立。字典释义中自我也指向"一个处于连续变化的意识状态的恒定主体"（a permanent subject）。

除了英语词典，我们还要看看西方哲学是怎么定义自我的。我查了4种哲学百科全书。《麦克米兰哲学百科全书》（*Macmillan Encyclopedia of Philosophy*）中关于"自我"的词条是这样说的，"自我"一词有时被用于表示一个人的内在精神状态（inner mental states），有时从更严格意义上讲指的是精神性的实体（spiritual substance），而这种实体是哲学研究的根本。《牛津哲学指南》（*Oxford Companion to Philosophy*）里面说，"自我"与人（个人，person）通用，但更强调人格（personality）的内在或心理维度，而非外向的身体维度。自我是意识的主体，能够思考、经验并采取有意识的行动。

那么，这就给出了自我的第三个定义，是"the whole series of a person's inner mental states"，注意这个series和states的关系，它是一个处于连续变化的意识形态的恒定主体。这个定义在休谟那里第一次提出来，是他的一个非常重要的概念，就是"a bundle of perceptions"。

以上是三个不同的对于自我的定义，总的来说自我被规定为

"substance"或者"entity"。如果大家感兴趣可以看看英文的解释，你可以看到自我与 person、subject of consciousness、being or keep above thoughts on experience、able to engage in deliberative action 相关。

以上我们已经有了关于自我的定义，接下来要讨论的就是 metaphysics。形而上学家是怎么考虑自我的？自我是不是一个"东西"？如果是的话，"自我"是个什么样的东西？总的来说，形而上学家要考虑自我的性质，追问自我是一个什么东西（thing）。有些人认为自我是实质或实体（substance），另外一些人认为它是实体的方式（modes of substance）。

在《斯坦福哲学百科全书》(*Stanford Encyclopedia of Philosophy*) 没有单列自我这个词条，但是，self 出现了 1 578 次，有很多由 self 组成的词组：比如 self-knowledge, self-consciousness, 等等。另外在"person"这个条目里面，它提到了"self is sometimes synonymous"，和 person 是通用的、同义的，但是经常是在另外的意义上来使用，即某种不变的、非物质的意识主体（subject of consciousness）。

最后再来看看《劳特利奇哲学百科全书》(*Routledge Encyclopedia of Philosophy*)。其中也没有 self 的专门条目，但在"person"和"personality"条目里，提到大多数西方哲学家（代表人物为柏拉图和笛卡儿）认为 person 等于非物质的灵魂或心灵，追问"What is it to be the same person today as one was in the past, or will be in the future？"这样的问题，也即自我的同一性问题。

根据上述的定义和解释，我把西方哲学中的自我归成一个具有三重含义的概念，在这个意义上自我等于实体（substance 或者 entity）。在第一重含义上，自我是一个人的精神实体，主张这种观点的哲学家以柏拉图为代表；在第二重含义上，自我等同于ego，以笛卡儿为代表，这就是他的 mind 这个概念；在第三重含义上，self 等于 "the whole series of person's inner mental states"，以休谟为代表。西方传统哲学中关于自我的论述种类繁多，但就其主流而言，大致可以归为这样三重含义的概念，其重点是本体论意义上的不变实体，是 substance 或者 entity。由于这些实体的存在，每一个个人才能获得其自我同一性。

这样的实体自我具有一系列的特征。第一，自我是一个区别于外在世界、与之相对立的独特的实体，正如基本元素是宇宙的实体一样，自我是人存在的实体，对我作为我来说，这一实体是不可分割、不可间离的。第二，在认识论的意义上，自我思维和思想的内核是内向的或反省的，与身体相比，心灵更是一个人之所以为他的这种东西，因为它能够独立于人的身体而存在，对此说明的一个明显例子就是笛卡儿的"我思故我在"。第三，在伦理学的意义上，自我是我之为我的伦理依据，是道德意识的主体，是道德规则的制定者和行使者，是行为后果的责任承担者，更是生存意义的缔造者。康德关于人为自我立法、意志自律等问题的理论就体现出这样一种实体自我观。在中国传统哲学中也有实体自我观的表现，但更突出自我作为实体的伦理含义，比如孟子的"圣人与我同类"，陆九渊的"宇宙便是吾心，吾心便是宇宙"，以及王阳明在他临死的时候说的最后一句话——"我心光明，夫复何求"。在这样的言论当中，都体现出中国哲学将"我"视作一个非常重要的伦理实体概念。

从自我的实体本质，我们可以进一步阐述实体自我的属性。第一个属性是可分离性，即自我是可以和其他存在分离的、具体的个人，是一个人最本质的特性，是一个人区别于其他所有人和存在的东西。但我能够存在，不是你、不是他、不是这个东西或那个东西，那么我肯定有一个我是为我的这种东西，那么这种东西是什么，这是实体自我需要回答的问题。第二个属性是完整性，自我是一个entity，它等于person的全部，具有一个人的所有的内在与外在的本质。第三个属性是真实性，即真实的存在的我。比如在古希腊伦理学中就提出了真正的自我（true self）的问题，如果有true self的是不是也有虚假的自我（false self）？这是实体自我需要面对和处理的一个问题。第四个属性是稳定性，自我等于恒定的主体（a permanent subject），是一个人存在之所以为其存在的根本原因。洛克在其著作当中提到，如同在橡实长成树的过程中橡树保持不变一样，在人自身中的自我性也并不随时间的变化而变化。这就是说你的身体可以长高，你的脸部可以变化，你的身材可以胖了或者瘦了，但是这个并不妨碍你依然是你或别人仍然认为你是你。这个不变的你究竟是个什么东西，是实体自我要探讨的一个问题。

在这里有必要说明休谟是如何从实体自我论出发达到其自我不可知论的。对于休谟这样一个经验主义哲学家来说，自我只是"a bond of perceptions"，而perceptions本身是经验的，因此他说自我绝不会是可靠的、恒定不变的，引申出关于自我不可知的结论。以上就是我所总结出的实体自我论中关于自我的四个属性。实体自我论在近代西方哲学中具有非常大的影响，我们考察理性主义、经验主义、启蒙哲学等流派的理论，都可以发现实体自我论的观点浸染其中。

实体自我论尤其自成其理的哲学根源，也包含着诸多缺陷或不足，因此，虽然一方面许多哲学流派崇尚实体自我，但另一方面也有许多哲学家看到从实体来理解自我是有问题的，并由此展开了对它的批判。

我在这里引用牛津大学教授、神学家麦克默里（John

McMurray）在其专著《作为行为者的自我》(*The Self as Agent*)一书中的观点。麦克默里明确指出，现代西方哲学中的实体自我观是典型的自我中心主义，把自我作为它的起点，而自我又被规定为孤立存在的个人，一个"自己"或"我"。以上述两个预设为前提的自我，被设定为探求知识的思想家，被构想为主体。这是他的批判，意思是说当我们把自我作为一种实体，它就变成了构成人类世界或者整个宇宙的元素；它的目的是要认知，因此自我必须通过与确定一切其他对象同样的形式才能得以确定。麦克默里对此批判道，自我是不能说明自我的，必须通过其他的自我来进行解释。由此可以引申出自我并非实体，而是关系的存在。

与实体自我论不同的理解，构成了生成自我论。所谓生成自我论，是指自我既要作为我自身，同时还要受到自己不停地观察和审视，人类认识自我，通过反思、思考自我来实现自我的成长。

关于生成自我的论述，中国具有丰富的思想资源。先秦儒学的文本中关于"修己成人""学以成人"等的记载说明"自我生成"是儒家伦理学的核心。孔子提出的修己三境界体现了自我生成的过程。当学生问孔子何为君子、怎样才能做一个君子时，孔子以修己作答。"子路问君子。子曰：'修己以敬。'曰：'如斯而已乎？'曰：'修己以安人。'曰：'如斯而已乎？'曰：'修己以安百姓。修己以安百姓，尧、舜其犹病诸！'"

修己以外，还有经常使用的"省身"。《论语》中曾子说"吾日三省吾身"。所谓"三省"，就是每天要反复地省察、检查自己、反省自己的所作所为所思所想。反省的主体是自我，客体也是自我。自我既是主体又是客体，既能够去主动的反思，也能够接受反思、省察，由此才能不断改进、不断生成。

生成自我论还体现在先秦儒学的人己关系论当中。孔子说，"己所不欲，勿施于人"，"己欲立而立人，己欲达而达人"，就是说己和人在相互关联过程之中。一个人只有通过使别人能够"立"起来，才能够实现"立己"的努力。

以上是《论语》中关于生成自我论的一些说法和观点。在孟子的思想里面，也有丰富的生成自我论思想，这体现在他的四心说当中：人虽然天生具有恻隐、羞恶、辞让、是非四心，但孟子认为这是四端，是四德之开始，因此我们需要"养"四心，才能实现四端，达到四德。换句话说，孟子要通过"心"这种自我的培养，逐渐长成德性的自我。在培养四心达致四德的基础上，孟子还提到"养身"与"养气"——"吾善养吾浩然之气"。什么是浩然之气、至大至刚？实际上孟子是通过养浩然之气来实现伦理的自我的。

孟子的"养心"、"养身"与"养气"具有明显的生成自我论的内涵与特点。同样，在他的学问观里，也有生成自我论的观点。孟子说，狗、鸡、鸭等走失了，大家都知道出去找，但我们的心丢掉了却不知道去找，真是可悲。因此，他说"学问之道无他，求其放心而已矣"，把丢掉的心找回来就是做学问之道和学习的目的。当然他也讲到切勿揠苗助长，就是说做学问、生成自我不能着急，否则会把长得好好的苗弄死。

在荀子的思想中，也有生成自我论的观点。尽管荀子持性恶论，认为人之性本恶，但他强调善是"伪"、是人为的，当然就要用礼、义来生成这个"伪"。他还提出"学不可以已"，就是说学习不仅仅是读书、上课，而且关键是学做人。2018年的世界哲学大会在北京举行，主题就是"学以成人"。实际上这种"学以成人"的观点，体现的也是生成自我论的一个明确的面向。

从比较的观点看去，古希腊哲学中也具有丰富的生成自我论观点。我在这里仅举两个例子：第一个例子，苏格拉底说"没有经过审视的生活是不值得过的"，这个审视是由谁来进行的？这里的审视者以及德尔斐神庙上的神谕"认识你自己"，其主体都是自我。苏格拉底的这句话，体现出的就是对审视这种精神的强调——一个人必须要自我审视、自我判断，由此而确定的生活才是值得过的。第二个例子是亚里士多德的伦理德性。亚里士多德的伦理德性是怎么形成的？他说，"一个好人，就是通过好的实践而形成了好的品性的人"，这里也展现出强烈的自我生成的面向，自我不仅是不断变化的，还是在实践中不断变化向好的。举这两个例子，意思是说如果我们去了解古希腊的伦理思想，同样可以发现非常丰富的生成自我论观点。

近代哲学虽然总体上趋于实体自我论，但也包含着生成自我论的观点。比如，英国经验主义哲学家洛克就提出了白板学说，就是说人最初的心灵像一块没有任何记号和观念的白板，白板所获得的观念和记号都来自后天的经验。这种经验是什么？是能够使得我们的自我不断丰富的东西，是我们获得的知识。洛克虽然是从一种知识论、认识论的角度来讨论自我问题，但是我觉得将这种思路引入伦理学讨论中是合适的，也就是说我们的伦理经验能够丰富和塑造伦理的自我。

当代西方心理学、社会学、伦理学对生成自我论做出了重要的阐释和发展。我在这里给出了四个例子：第一个例子是皮亚杰的道德认知发展理论，它是一种道德心理学，在儿童心理学当中地位非常重要。皮亚杰通过观察儿童的活动，以故事同儿童交谈，来考察儿童的道德发展问题，其《儿童的道德判断》（1932年）一书为我们提供了很多启示，如何来考虑我们的道德观念、道德自我是如何成长起来的。他所关注的是儿童从2岁到5岁、6岁到8岁的成长过程，通过对道德问题的检查和交流来发现孩子们对于这些问题的反应及其变化，以此来审视孩子的伦理自我如何一步一步地生成。皮亚杰把儿童的道德心理生成分为四个阶段：自我中心阶段或前道德阶段—权威阶段或他律道德阶段—可逆性阶段或初步自律道德阶段—公正阶段或自律道德阶段。

皮亚杰的道德心理生成四阶段理论，揭示了心智健全、自我发展的过程。每个人都从儿童阶段成长起来，心智不断地健全，在思辨当中得到启蒙，由此发展出道德感、道德心理或者道德观念。在实际生活中，并非所有的人都会遵循这个程序而得到发展，不同的人在自我发展的过程中也可能会停留在不同的阶段，有些人停留在他律阶段，权威的规则就是自己的行动准则，这样的人虽然已经成人但其道德心智与孩子也差不多；真正的成人必然是一个道德自我得到很好发展、经历了由他律到自律完好过渡的人。

第二个例子是科尔伯格的道德发展阶段论。科尔伯格是在皮亚杰工作的基础之上，重新设计了问卷、提出了问题，最终得出了一个"三水平六阶段"的儿童道德形成过程。通过他的实证研究和理论分析，我们可以看到孩子需要从他律的自我，逐渐向社会的、道德的或者普遍的自我发展。社会环境好了，教育比较得当，孩子应该能够这样发展；如果教育环境很差，或者是身边人没有能够给予孩子应得的教育，那么自我可能会停滞在某一个阶段，不再发展了。对于成年人来说，也并不是每一个人都能在20岁以后就能领会普遍的伦理原则；实际上这需要一种"自律的自律"，能够把自律的东西普遍化，然后去形成一种崇尚道德、追求正义的观念。

第三个例子是安东尼·吉登斯的现代性和自我认同理论。吉登斯在1991年出版了一本书，叫《现代性与自我认同——现代晚期的自我与社会》。吉登斯认为，"自我认同并不仅仅是被给定的，即作为个体动作系统的连续性的结果，而是在个体的反思活动中必须被惯例性地创造和维系的某种东西"。吉登斯的意思是说，个体必须得有反思，而且这种反思不断地创造和维系着自我，这样才能够形成我们的自我同一性。

最后一个例子就是泰勒的《自我的根源》。如上所说，《自我的根源》是一部非常重要的伦理学著作，泰勒在其中对自我这个问题提出了很鲜明的意见。他反对原子的、实体的、不变的、恒定的自我概念，开宗明义提出"我们是自我，只在于某些问题对我们来说是紧要的。我作为我或自我认同，是以这样的方式规定的，即这些事情对我而言是意义重大的"。

泰勒随后论述了自我的几个维度。首先，自我具有一种时间的维度，要知道什么是自我，就必须意识到我们是从哪里来、又到哪里去。其次，自我具有道德空间的维度。泰勒的书里专门有一章，讲的是道德空间中的自我，他认为自我不是抽象的、孤立的存在，而是要放在一定的道德空间里面去理解。我们只有进入某种问题空间内、进入寻找和发现善的有方向感的范围内，我们才是自我。换句话说，自我不是想有就有的，需要在一定的空间范围内，而且这种空间范围还是朝向道德、指向善的空间范围。再次，自我具有关系网络的维度。一个人只有在其他自我中才是自我，不能完全独立；如果自我是孤零零的、不参照其他人的存在，那就要面对"缸中之脑"那样的思想悖论了。当然，很多哲学家提出过如何解决这一悖论的方法，在这里我们暂且不表，仅以此证明一个人不能基于自身建立自我，而只能和其他人在关系中建立自我。和其他人的关系会涉及对话，这就涉及语言学；对话本身不是静态关系而是动态关系。最后泰勒提出了对话网络，这个对话网络和哈贝马斯的交往理性有一定的关系，"一个人不能基于他自身而是自我。只有在与某些对话者的关系中，我才是我……自我只存在于我所称的'对话网络'中"。

以上我们通过先秦中国哲学、古典西方哲学、近代与现当代的哲学资源,给出了关于生成自我论的观点和表述。从马克思主义伦理学角度来讲,同样有关于生成自我论的支持证据。人是一切社会关系的总和,这是马克思的名言;人既然是社会关系的总和,社会关系又在不断变化,那么自我也会在这种关系变化中得到不断的提升、生成。实践是检验真理的标准,也是自我的本质,如果自我是一种不去实践,不去活动的存在,那么这个自我既无法说明自己,也没有意义、没有价值。我曾经在《道德活动论》一书中提出这样一个观点:自我的本质就是在实践活动之中不断生成和成长的过程。

上面介绍了生成自我论的理论资源。中外思想史展现出自我生成有两大途径,即外在的生成和内在的生成。

外在生成有四种不同的类型。第一,外在生成的自我是成为我们被告诉要成为的自我。别人在不停地告诉你,你要这样做、那样做,然后你就成了别人告诉你的那个东西——这属于我们被告诉要成为的我,是自我生成的第一种状态。第二,在"被告诉"的基础上,自我成长为他者为我们建构的我。别人事先给你搭好了架子,然后你慢慢地如期变成一个在其中丰富起来的"自我",这当然也是生成,但这种生成实际上是循着他人为你建构的框架,是外在生成的自我。第三,自我是我们希望外界看到的我。在这里我用了"make up"这个词,想表达的就是面具的意思。成年人一般或多或少,都会在社会中戴着面具,"pretended to be"一个状态、一个东西,但实际上我们内心的想法可能和这个面具并不一致,有的时候会带来心理的挫败感或伤害感。还有 social make-up,也就是人的社会角色,比如老师在学生面前应该如何,在同事面前应该如何,在朋友面前应该如何,等等。面具可能也是社会生活必需的一部分,要是真的赤裸裸相待，那可能会是"白茫茫大地一片真干净"了。但是面具之下是什么，面具所代表的是不是真正的自我，要不要一定按照面具要求的方式生成自我，这就是个问题了。第四，自我是被别人操控的自我。有些人可能会说操控不好，尤其是成年人都会认为我们自己是独立的、自主自觉的，但是实际上生活中很多东西都是被别人操控的。举一个简单的例子，上大学报专业，高中毕业生一般都会受到父母或老师的巨大影响和作用，很多时候可以理解为操控的过程；但是父母也会受到别的什么东西"操控"，比如有的家长会说，"学哲学有什么意思，不能吃、不能喝、又不能找工作"。实际上哲学是个非常有意思的也有很高实践价值的学科，但家长对哲学的这些想法又是从哪来的呢？从社会就业的一些认知中来，这些认知虽然未必准确，但操控了家长，家长又操控了孩子。在实际生活中，很多事情表面上看是我们自己的决定，但背后却是别人在操控我们成为我们，这个自我只能是外在生成的。

外在生成的自我，始终受到外在条件的限制。如果条件不好或者条件不具备，自我就受到了压抑。那怎么办呢？这个时候有些人就会选择内卷，就是说我把我能干的事情都干了，别的我就不管了，在低水平上重复。而有些人会选择躺平，出现精神性的问题。这其实体现出的是外在生成自我途径的问题，自我受制于太多外在的条件，一旦限制死了，就会产生挫折、失败感、不满。因此，重要的是保持精神状态的良好，无论外面的世界是怎样的狂风暴雨，一定要保持内心强大的自我。

如何生成内心强大的自我？对此要寻找内在自我生成的路径。我首先从道德活动论的视角来检查内在自我的生成问题。

第一，道德是一种具有多种形态的活动，而自我既是活动的主体，也是活动的客体。以自我为中心，这是我们自我生成的起点。

我们小时候都知道，我就是世界，一旦欲求得不到满足，就会哭闹。这个自我中心的起点证明了外在约束的必要性。我们必须对这种自我中心加以克制，这就是孔子谈的"克己复礼为仁"，"克己复礼，天下归仁焉"。但是自我并不完全是自私的，也可以是利他的。从生物学的证据看，人是生而自私还是生而利他的问题并非自明的，而是争论不休，古今中西概莫能外。如果自我具有内在向善的倾向，那这就是需要鼓励的。孔子说"为仁由己，而由人乎哉"，就是说我们做一个好人，是靠自己，不是靠别人；我们做一个正直的人、一个真正实现了的自我，可以不受外在条件限制。无论外在条件如何，自我可以是坚定不移的。内在自我是坚定不移的，需要对利己的部分加以克制，对利他的部分加以鼓励。

第二，道德是一种社会的活动，自我是社会活动的参与者与承受者。作为一个社会的存在，我是内在于我自己的、是私人的。独特的内在内向活动成就自我的价值，这就是《说文解字》说的"内得于己"，在自我生成中必须有内德的参与，德育于内，自我才能形成。但是同时，我又与他人相联系，只有在相互依赖中才有可能独立，因此我们又是关系的自我。在关系的自我里面，我们的行为、态度、选择必然会影响到其他人。自我究竟如何才能成就德行？这就需要我们不仅着力培养自己，而且友善、友爱他人，为社会做出贡献，这便是所谓的"外施于人"。

第三，道德是从有限向往无限的活动。我认为不能把道德伦理仅仅理解为有限的东西，因为这样无法跳出功利的圈子。道德实际上是具有无限性、超越性的。在中国，道德伦理发挥着与西方的宗教类似的作用，也就是包含着从有限向往无限的动力和活动；作为有限的人希望达到无限，在道家是追求成仙，在儒家是追求成圣，在佛教就是一种成佛。这个意义上，我们可以说道德也是从有限到无限的活动，它促使我们去向往无限，追求无限；至于是不是能达到无限，那是另外一个问题。作为一个主动向往无限的过程，我的本原是有限的，因此必须要着力培养，就是《大学》中讲的"格物、致知、诚意、正心、修身、齐家、治国、平天下"。在这个过程中以修身为本，就是说自我的培养是向往无限的根本方法。

自我生成论的一个主要信念是完美的人格并非遥不可及。儒家有一个坚强的信念，就是"我"是能够与圣人为一的，这种信念也是 2 000 多年来鼓励中国的知识分子在艰难困苦之中，依然能够坚韧不拔努力向前的精神力量。今天我们在谈论中国的传统思想时，把这种精神丢掉是很可惜的，弘扬优秀传统就一定要把它捡起来、树立起来、培养起来，养成内在超越的目标，尽管我的生活可能没那么好，但不妨碍我在内心中始终保持王阳明所说的"我心光明"状态。形成了一个光明之心，培养起一个光明自我，你就在心中保留了一片净土；净土是个宗教概念，但不论信不信宗教，这片净土都是人之为人的根本，既是生成的自我的一个重要的组成部分，又是我们向往的超越性目标。

这种超越性是不是可能的呢？在基督教当中是不可能的，人是有限的存在，是不可能把握无限的存在的。但在孟子那里，大家都知道这种超越是可能的，他说"尽心知性以知天"，就是说你真正了解了自己的"性"，这个"性"既是人性也是天性，然后就可以"知天"，把握无限的存在。为什么？因为儒家认为人和天相通，人与心也是相通的，这是与亚伯拉罕宗教最大的区别。在基督教那里，人与神的别离（separation）很重要；而在中国，世俗（secular）与神圣（sacred）之间是相互联系并可以相互转化的。这是中华文化的精神核心。

以上是我从道德活动试论自我的生成是否可能。说明了自我生成的可能性之后，接下来看自我生成有哪些形式。

第一个就是自我觉悟或自我意识。换句话说，作为个人，我们要能够意识到自己的存在，形成自觉的意识。自觉是自我的最根本属性，如果不能形成自觉，那自我就是一个很可悲的存在，还不能够成为真正的自我。

第二个是自我认知。"认识你自己"是中西伦理学的基本出发点，苏格拉底、老子、孔子等等对此都有论述和强调。自我认知也是自我生成的一个非常重要的形式，只意识到自我存在还不够，还必须真正认识我们自己。

第三个是自我评价。如何评价自我也是很重要的，比如《论语》中有"吾日三省吾身"的说法，宋代有些儒家用红豆和黑豆来评价自己，做好事了就放红豆，做坏事了就放黑豆，一天、一个月或者一年下来看看红豆多少、黑豆多少，作为自我评价的形式，这些自我评价也都有助于自我的内在生成。

第四个是自我培养，也就是有意识地改变自我，以此生成一个趋于完善的自我。自我培养让我们成为更好的人，这个过程只有更好，没有最好，每一天、每一个时段都在自我培养的过程中，这是一个相伴一生的功夫。

总结一下生成自我论。生成自我论强调了自我是整体性与可分离性的统一，这就是它与实体自我论不同的地方。第一，实体自我论强调的是自我的整体性，认为自我处于不可分的状态，否则就不成其为自我；但生成自我论不一样，它要建立的是既可以一体，又可以分开的状态。第二，生成自我是主体性与客体性的统一，就是说自我既是主体，也是客体，"己欲立而立人"，利己与利人是统一的。第三，自我是稳定性和可塑性的统一，强调一方面自我需要稳定，但另一方面自我又是不断变化的。《尚书》中所说的"苟日新,日日新,又日新",特别强调气质的变化。《孟子》中论述"从其大体为大人,从其小体为小人",这实际上还是强调自我要做选择("从")。自我的塑造方式如我之前所讲,包括修己、克己、修身,也包括养生、养气、尽性、存心、存性、求放心等等,这些都是自我生成的中国方式。第四,自我是现实性和历史性的统一,自我不仅仅是当下的我,也是历史的或过去的我,我是在当下与历史、现代与传统交互作用中形成的存在。关于传统与现代性之间的复杂关系,大家如果感兴趣可以参看爱德华·希尔斯(Edward Shils)《论传统》等著作。第五,自我是个体性与社会性的统一。自我既是独立的个体,是自律而自主的主体又是社会性的存在,个人无法脱离群体而独立。第六,自我还是地方性与全球性的统一。在当今世界,全球化和地方化已经深深地交融在一起,我们必须要把这两者交合起来,然后才能形成新的自我观。

本讲的结论,我想进一步展开为以下三点:第一,刚才给大家介绍了两种自我观,也就是实体自我和生成自我,这两种观念不一定是对立的,但一定是有差异的。实体自我注重的是本质,而生存自我更注重过程;实体自我常常等同于心灵、强调心身之别,而生成自我强调心身合一、知行合一;实体自我强调自我的个体性,常常有向个人主义甚至利己主义发展的倾向性,而生成自我强调自我的关系性,可能走向社群主义;实体自我是实在的存在,生成自我是建构的存在;实体自我是自我同一性,侧重于自我的现实性和稳定性,生成自我是自我一致性,侧重于自我的理想性和超越性。

第二,生成的自我具有一系列的规定性。生成的自我是主体自我,能够修身修养、修己自治等等,使我们不断地得到改善和提高;生成的自我是关系自我,自我存在于活动和关系当中,离不开社会关系,不持有极端的个人中心主义;生成的自我是现代自我,是既守规矩又为自己立法的自我，将他律和自律融合起来，如同《中庸》所说"合外内之道"的自我；生成的自我是伦理自我，是独立自明的，具有行为能动性、自我统一性、自我同一性，是选择、行动、判断、评价等活动的主体，是真正的伦理自我。

第三，我要提出一个问题，即能不能建立一种自我伦理学。我对这个问题的思考包括这样几个方面。首先，自我是中西方哲学与伦理学的起点概念，不从自我开始，伦理道德的东西很难讲。其次，自我是道德活动的核心，没有有意识的道德活动，自我很难去生成。最后，自我是美好生活的建造者，马克思的经典论断"每个人的自由发展是一切人的自由发展的条件"，这里自由发展的个人可以理解为具有良好道德自我的个人；而在构建人类命运共同体的过程中我们会遇到很多的问题和挑战，如何回应这些问题和挑战也包含着我们是否能在不同的自我观中达成某种共识，使人类的伦理自我得到真正的实现。因此，伦理自我不是一个空虚的概念，而是具有丰富的、实践生活的、历史的、哲学的内涵。通过今天这个讲座，我提出了这样一种可能性，能不能建构起具有全球意义的真正的自我伦理学。

（整理：洪博文）

第五讲
形而上学路径与存在论事件

◎ 赵汀阳

时间：2021 年 10 月 28 日
地点：中国人民大学公共教学一楼 1302 教室

赵汀阳，中国社会科学院学部委员，中国社会科学院哲学研究所研究员。中文著作有《论可能生活》《天下体系》《第一哲学的支点》《坏世界研究》《天下的当代性》《惠此中国》《四种分叉》《历史·山水·渔樵》等。外文著作有 Alles Unter dem Himmel（德国）；Tianxia tout sous un Meme Ciel（法国）；Redefining a Philosophy for World Governance（英国）；All-under-heaven: The Tianxia System for a Possible World Order（美国）；Un Dieu ou tous les Dieux（法国，与 A. Le Pichon 合著）；Du Ciel ala Terre（法国，与 R. Debray 合著）。

一、思想的历史性体制

1. 概念或观念路径的追溯

我要讨论的形而上学与通常的概念可能有点不一样。首先说说思想的历史性体制，或者按中国的说法叫"章法"。这个词借用了法国历史学家弗朗索瓦·阿赫托戈（François Hartog）的概念，他有一部著作的题目就是"历史性的体制"（Régimes d'historicité）。这个词有味道，我便借用了。

有一个常见的哲学史体制，就是从概念或者观念的路径去追溯哲学传统，也就是以概念-观念为核心的一个哲学史模式。这个模式在我看来有一个弱点，哲学史上的那些概念的意义不断变化，语境也变化，针对的问题也变化，所以今天讨论古代的那些概念有很大的困难。我们并不知道我们谈论的那些希腊概念是不是与希腊的用法是一样的，即使有技压全场的意义考证，也无法完全证明。更大的问题是，那些概念、观念或理论，在古代相应的问题与今天的问题不一定相配，在精神世界里的位置也不同，因此我们可能讨论了并非如此的事情。

举个例子，古代生活画面和今天出入很大，在古希腊时期，当时生活的主要热点，也就是人们更为关心的事情，很可能是战争、神庙的活动和戏剧，尤其是悲剧，这些事情在当年可能比起民主和哲学要重要得多，就是说，民主和哲学在当年的希腊可能不是最重要的事情，是当代人觉得最重要。还有，比如古希腊的奥运会，今天虽然延续了奥运会这个概念，但今天的奥运会简直就是古希腊奥运会的反面。在古希腊，奥运会的选手都是业余选手，如果一个人成天练某一个技巧是会被人笑话的，所以很少有人能蝉联冠军。据说柏拉图得过一次奥运会拳击冠军，但他显然是个业余选手，估计那些真正有万夫不当之勇的将军不会参加比赛。如果把体育比赛当作专业的话，就完全违反了古希腊对公民的想象，一个符合概念的公民是德智体全面发展的，而不是专门干一件特殊事情。所以，今天的奥运会其实是反奥运会概念的。同样，今天内部分得很细的哲学，恐怕在古希腊人看来根本不是哲学，不知道会不会被归入"修辞学"。概念是同样的，但问题却变化了。

我们今天谈论的其实是我们想象的古希腊问题。就智力问题而言，古希腊似乎更多地反思了命运、城邦的正义、数学和几何学，还有与公民概念有关的一些德性，比如勇敢，而这个哲学问题在当代几乎消失了，当代人不需要"人之为人"的德性，只关心"我之为我"的自我认同，不需要勇敢了。海德格尔相信古希腊真正理解"存在"，现代哲学遮蔽或遗忘了"存在"，我疑心这是想象。除了巴门尼德等少数人，古希腊人恐怕很少想起作为哲学问题的"存在"，也就谈不上被遗忘。如果我没有理解错的话，"存在"之所以成为根本问题，是因为出现了基督教，上帝成为问题，存在才成为需要被解释的问题。本来存在是不需要解释的给定事实，只有当有了创世的问题，存在才成为被解释的对象。事实上正是中世纪才发展了"存在论"。

我的意思是，以概念为核心的哲学史有一种表面假象，概念形成的连续性传统是哲学史的表面现象，其实概念背后的问题已经改变了。描述了连续性传统的哲学史恐怕是在要求问题靠近概念，就是说，当问题和概念出现了距离甚至鸿沟的时候，就试图迫使问题去贴近概念，这种做法比较可疑，因为真正重要的事情是问题，如果迫使问题去适合概念，那是削足适履的行为。这种哲学史写法在我看来是怀古式的，就是把哲学史从头按照概念再走一遍，沿着概念把各种理论的历史演变写下来,好像人们总是一直在讨论同样的问题,其实每个时代的人讨论的是不同的问题。哲学在思想的基层,因此,哲学问题的变化正是思想变化的一个主要表现,哲学问题的断裂性可能比连续性更反映基本问题的变化。哪些问题导致了思想格局的变化,这是更重要的事情。既然哲学是思想的基础,哲学就总是表现为思想的重新开始,思想格局总是被重新设置,可以说,哲学的演变方式更主要是"重构"而不是"进化"。哲学未必进化,倒是经常发生重启。因此,我想寻找另一种哲学史路径,是以问题为路标的路径,即"问题史"而不是"概念史",这样,哲学史就与哲学汇合了,是同一件事情的两个方面,而不是与哲学分开的一种"单独的"哲学史。

2. 问题路径的追溯

另一条哲学史路径,按照我的设想,是以问题为路标的路径。路径总是分叉的,去追溯哲学的本源,会发现许多本源,而不是一个本源。概念的意义不稳定,没有恒定的保证,而问题就是问题,不可能被误读,老问题是老问题,新问题是新问题,不管新问题还是老问题都有相应的客观事实来担保。问题与事实之间有着稳定的相关性,就是说,问题与事实之间有着无中介(immediate)的直接性(无中介和直接性是同一个事情)。人不会故意思想,如果故意胡思乱想也基本上无效,有效的思想总是直接起源于不得不对付的难题,而不是宏伟漂亮的概念。概念只是工具,是为了思考问题而制造出来的。如果没有问题,就没有什么可想的。所以,问题是第一性的,概念是第二性的。最有趣的是,尽管不断出现新问题,但任何具有本源性的问题却一定会递归地存在于所有时代和所有地方,就是说,根本问题总是普遍递归的(recursive),那些递归的问题应该就是最重要的哲学问题。为什么这么说？因为在所有的生活时空内展开的任何可能生活都会有类似的根本问题，这些根本问题是每一种生活无法回避的，也不可能一劳永逸地解决，准确地说是永远不可能解决，所以永远递归地存在。所有的根本问题，或基本问题，都标示了本源问题，都是永远而普遍在场的。

问题的路径可以从两个方向去看。从古代的问题慢慢演化到今天的问题，这是树状的发散演化，有人走这条岔路，有人走那条岔路，有一定的随意性、特殊性和时代性，还有语境性，不断展开的问题形成树状分叉，因此，沿着从古代到当代的方向走过来的路径一定是衍生的、发散的路径，可称作树状衍生路径（discursive tree paths），这是充满想象力的路径，走到哪儿算哪儿，有些路走着走着就没有人走了，每条路都留下了问题。

与衍生路径相反的是一个回归的或反思的方向，即回过头去追溯本源，就有了返回的路径，但返回的路径却不是衍生性的，而是衍生性的反义，不是思想的自由散步，而是沿着一些确定的路标走回去，因此是一个递归的路径。递归路径既然是往回走的，也就具有了"考古学"的性质，也具有逻辑学的性质，混合起来，我愿意称之为"侦探的"方法，即破案的方法。追问本源问题就是要返回到初始问题，初始问题也相当于基本问题或根本问题，意思相近，都有一个重要性质，即本源问题必定也是始终在场而永远具有当代性的问题，就是说，如果一个问题消失了，那它就一定不是本源问题。本源问题永远都是每种生活或每个时代的根本问题，永远在场，永远具有当代性。

思想史已经累积了太多的东西，如果要让那些掩埋在话语中的本源问题现身，来重新发现那些根本的困惑、困境或悖论如何塑造了生活和思想，就需要溯源的路径，这样的思想"走法"，相当于思想的逆运算，就像要证明一道题的解答是否正确，可以做一个逆运算。我们需要分析如何证明能够回溯到本源的问题。假如沿着哲学的分岔道路往回走，可能会发现有的道路走着走着就到了某个节点或分岔点，某个问题在那里停住了，那个问题就是一条分岔道路的起点，也就是某个本源问题，或者说，那个岔路口一定是某个问题的创建点，当然也就是这个问题的回归点。有的道路可能通得很远，甚至回到了最古老的问题，那么它的问题很可能就是最根本的本源问题。如果一条思想道路，在溯源往回走的时候很快就走不通了，一步两步就停住了，那么很可能只是一个不重要的分支问题。甚至有的思想无法逆行，相当于无法完成逆运算，是中断的道路，或单向的道路，这就意味着，这条道路设定的问题的演化能力很弱，不能通达足够多的问题，也就难以说明世界和生活。总之，从当代问题出发可以回溯很远，那些超越所有时代而在场的问题，就是本源问题。比如，我们穿过任何时代都会遇到权力、真理、利益、价值等问题，这些问题从未退场，无论什么样的生活，这些问题都绕不过去，那么它们便是本源问题。

生活绕不过去的那些"问题"是从哪里来的？很显然，如果生活、社会、制度、思想系统或价值观没有出现不协调、不合作、自相矛盾或悖论，就不会形成问题。俗语说"不作就不会死"，虽然是俗语，但"作"这个词用得高级。"作"是任何新生活和新制度的开端。《周易》的系辞就提示了这个思路，我的 facio 理论就是讨论"创作"的行为如何制造了问题。就是说，问题都是被制造出来的，但这不是贬义的意思，创作（作）既是对问题的解决也同时制造了新问题。可以说，问题都起源于创造性的行为或事件。也可以说，"不作就不存在问题"，但是，创作问题是人类的命运，不作就没有意义。

一个事情本是整体，尽管可以从各个方面去看。"各方面"事实上是人为的分类，我们把事物分成政治、经济、语言、技术、社会、文化等，其实这些所谓的方面都是一个事情整体的合成因素，它们在动态中互相塑造，互相解释，同时又互相矛盾，但也相辅相成。事物总是在动态中形成整体性，可是思想却必须相对固定才能够建立对事物的理解，这与事物的动态性无法同步。因此，某一种知识很可能因为跟不上事物动态而陷入自相矛盾或错位，比如哲学、经济学或社会学或什么学，许多命题就命题本身来看都很有道理，但与事物联系起来就没什么道理了，一个原因就是那些问题的答案很可能飘落在另一个领域里，并不在"本领域"——事物是整体，问题也是整体性的。所以，很多现代学科尤其是人文社会科学的各个学科如果不联合工作的话，就经常找不到合适的答案。比如说，有些经济问题的答案很可能是政治或者技术，而政治问题的答案很可能是经济或社会，哲学问题的答案有可能在语言或者文化上，而文化问题的答案有可能是在思想和社会里，诸如此类。问题在此处，答案在别处，这样一个现象说明了在整体性的事物那里，所有问题都是相通的，都有一种动态的无穷性、不确定性和未完成性，准确地说，属于生活的问题都有着未完成性，问题都尚未完成，更别提答案了。

正如休谟定理所表明的，不可能根据已知事实来推论终极原理，也不可能设定先验概念来预定终极原理。生活不接受先验哲学的订单，生活像精神病一样不确定。世界或生活的统一性，并不在于绝对原理，而在于一个能够容纳无穷变化和无穷可能性的动态系统，所以形成了永远在场、永不退席的问题，也是永远没有终极答案的绝对问题。简言之，没有绝对原理，只有绝对问题。问题必定是系统性的，而系统性的问题蕴含着一切链接，所以哲学能够寻找的本源肯定不是原理,不是某种存在,也不是某种精神,而只是绕不过去的问题。

具有本源性的问题的产生来自一些"存在论事件"(ontological events)。就是说,有一些翻天覆地的存在论事件制造了问题,而问题必须解决,于是产生思想,思想发展为理论,理论看上去很像真理,却终究不能彻底解决问题,所以只能不断思想,这意味着根本问题始终在场,成了永远的本源问题。从追溯的路径来看,思想出自问题,而问题产生于存在论事件,所以哲学要寻找存在论事件,以便理解本源性的问题。要追溯存在论事件,就需要溯源的方法。方法的重要性可以理解为:如果没有方法,就没有任何思想,甚至一切都没有了,所以必须寻找方法。

二、问题的递归性

1. 方法

为了确定什么是本源性的问题,就需要一个有效的溯源方法,这个溯源方法首先需要明确的路标,就是说在道路上必须有标识,并且还需要一种搜索法,才能知道哪条路走得通,哪条路走不通,能够走到哪里。这样的话,就至少需要以下一些条件:

其一是如何确认问题的创建点。本源问题必须能够成为某些问题甚至所有问题的创建点,如果是的话,它就会成为哲学里无法回避的一个基本问题,所谓绕不过去的问题,走来走去总会遇到它。问题的创建点同时也就是递归追溯的归零点,相当于递归运算最后的归零点。

其二是无穷链接。思想沿着问题路径展开,问题生出思想,思想又生出更多问题,于是以树状路径的方式生长着,无穷链接就是树状生长的最大化。如果一个本源问题能够以树状方式连续地生成,通达尽可能多的问题,甚至到所有问题,那么它就是一个初始的或奠基性的首要本源问题。树状路径的分叉演变意味着从一个问题演变为另外一个或一些问题,但这种演变只是路径分叉,不是断裂,也不是跳跃,也不是互不相交的平行路径,而始终能够保持连续性和一致性的分叉展开,不然的话就不是链接了。

其三,需要一种可以重复操作的理性方法。重复操作的有效性意味着可信性,意味着用来追寻、分析和解释本源问题的方法必须是在理性上可共度的,即在逻辑上可以理解和解释。我们无法通过所谓的直观来直接判断哪一个哲学问题是本源,直观可以启示但不能算数,比如非理性的直观,据说一下子理解了或顿悟了,看到了一切事物的终极秘密或最后目的,是有趣的看法,但不是方法,没有验证。据说信则灵,可是"信则灵"的信念本身却未必信则灵,"信则灵"无法自证。还有理性直观,唯理论或先验论意义上的理性直观,直观加上理性,听上去比较靠谱,但还不是方法,因为不能保证可重复性。假如要让理性直观具有可重复性,就必须假设许多先验概念,比如先验范畴之类,可是先验范畴却不能证明自身是先验的,而且人们对先验范畴也有不同选择,可见先验概念不能证明自身的必然性和普遍性。无论理性直观还是非理性直观,即使偶然猜中答案也没有意义,因为我们不可能知道是不是猜对了,这是柏拉图的美诺悖论的变式。直观当然有用,但不足为证,我们显然需要一种方法来确定本源问题。本源问题都是由存在论事件制造出来的,而存在论事件都已经消失在历史中了,因此,在找到一种寻找本源的方法之前,本源就是个未知数,类似于,在探矿的工具之前,矿物未知。

2. 语言里的存在论位置

先要讨论一下语言，要讨论隐藏在语言里的那些存在论位置。为什么讨论这个奇怪的问题？是这样的，万物和问题都在语言里，语言就像一个世界，或者说语言就是一个世界，每个词汇就像其中的居民，在语言里都有语法位置，语法位置却不等于其存在论的位置，各种事情的存在论的位置往往被语法位置所遮蔽。

这里再说说理性直观，可以有一个比较简化的理解，不完全对，但或许切中要害，那就是，理性直观其实就是关于概念的直观。在哲学里使用理性直观的时候，本能地就去寻找那些最大的概念，在"普遍必然"的"终极解释"的诱惑下往往直奔最大概念，这似乎算是思想的本能，宏大概念最能吸引理性直观的注意力，哲学试图解释一切，就经不起最大概念的诱惑。哲学家们分别找到了一些最大的、完美的、绝对的、普遍的、无所不包的、终极的概念，并且以为就是本源。亚里士多德找到了存在本身，还有第一因，基督教找到了上帝，玄学家找到了太极或无极，黑格尔找到了绝对精神，诸如此类，要是你构词能力强，还可以编造许多"最大概念"。可那些最大概念在理论意义上是等价的，哪一个无所谓，因此每一个都无所谓，至多有文学性的差异，随便互相替换也不影响思想。

当年分析哲学批判传统形而上学，主要就是不满意那些宏大概念和命题，那些华丽的能指实际上大而无当。不过，分析哲学因此断言形而上学命题之所以没有意义，是因为没有真值（truth value），这却是莫须有的罪名。形而上学本来就定位在经验知识之外，本来就不是经验描述，从来没有承诺真值，其意义也就与真值无关。没有真值不等于没有意义，虽然形而上学不是对世界的描述，但却是解释生活和世界的必要假设，那就是意义所在。但传统形而上学确实另有一个可疑之处，它并不是解释生活和世界的必要假设，就是说，思想需要形而上学，但不需要基于最大概念或万物命题的那种传统形而上学。那些终极或绝对的概念对于哲学来说，既无必要也不重要。问题在于，大概念不一定就是重要概念，重要性也不在于概括性。传统哲学似乎有一个错觉，以为能够概括一切东西就很厉害。假定有一种哲学说一切存在都是物质，另一种哲学说一切存在都是精神。在我看来这两个命题同样没有理论意义。一个人如果没有听说过这两个命题，完全不妨碍思想，在思想上一点损失都没有。总括性的概念貌似无所不包，但没有视力，看不见什么东西。为什么在语言里会有总括性概念？一定有其功能，我相信是语法性的功能。

总括性的概念不是思想的对象，而是语言和逻辑用来建立"万物仓库"所需要的分类学功能。在分类学上，总括性的概念分到了规模最大的位置，但大位置不等于那里有相应的问题。语法上的位置不等于存在论上的位置，语法上的主语不等于就有相应的存在，比如说 being 可以是主语或宾语，但不等于那里有个东西是 being。事物自有存在论的位置，语言世界里也有与之相应的存在论位置，只是存在论的位置不是分类学的位置或语法的功能位置。举个例子，有个学者叫瓦尔堡，建了一个图书馆，不按照学科分类，不按照大小概念，不按照"种加属差"的方法来对图书进行分类。他的图书分类是按照"问题"及其相关性，由核心主题而波及其他。假定他对神学问题感兴趣，就会把神学的书摆在最容易拿到的中间位置，然后上下左右就会摆上与之相关的其他主题图书，如哲学、人类学、历史学、图像学、符号学之类。这是一个更符合事物本身关系的链接，不是分类。语言仓库中那些在语法上比较大的位置，很容易令人产生大问题的错觉。维特根斯坦早就发现思想经常受到语言的误导。

有什么样的语言词汇,就会引人信以为存在什么事物,这是个有趣的人类学问题。在文明早期,刚刚发明语言,可以想象人们会为语言的神奇和伟大而震撼,于是把语言感受为事实。文明早期的人们说的话几乎都是真话,那个时候的语言几乎等于真理或者诺言,语言具有神圣性,谎言和骗子是文明和社会发展到相当复杂的程度才形成的。如果社会关系和利益或权力的问题没有达到足够复杂的地步,就没有必要说谎,也尚未形成计谋或阴谋的空间,可能还想不出说谎的技巧。假定这个推测是正确的,那么,早期的语言就几乎对应真实。按照荣格的心理学,语言与真实的对应关系就很可能成为思想的一个集体潜意识而一直继承下来,于是人们说到主语或宾语的名词就以为有一个相应的存在。中世纪的唯实论(realism)恐怕就是这种语言潜意识的后遗症,而与唯实论对立的唯名论则真正具有反思意识。我会支持唯名论。

我给出过一个唯名论风格的分析:"存在"(being)这个概念,只是在某种语言里能够成为一个语法上的主语,只有语法功能,却没有真实的对应物,也就没有构成一个问题。"存在"是用来讨论存在论的一个有用词汇,本身却不是一个存在论的问题,而是伪装为问题的一个语法功能。并非所有自然语言都需要这个名词化的"存在"词汇,而且在逻辑语言里,存在(being)是被省略的,p就意味着"p存在",只有当需要表达事物数量时,才需要存在量词,但不是作为主语的名词。逻辑语言揭示了真正的主语及其存在论位置。换个角度来看,比如说给"存在"本身加一个问号,来测试"存在"是否成为一个存在论问题,不难发现,"存在"加上问号之后,好像是一个问题,可是这个问题的唯一答案就是"存在即存在"(being is being)这样一个重言式,只不过是同义反复,而同义反复正是由

"存在"这个概念唯一能够分析地获得的必然含义,其他含义必定是"综合"产生的,即添油加醋产生的,那是思想走私。就是说,"存在"就其本身分析地得出的含义只能是同义反复,因此不是一个需要解决的问题,而是一个语法功能。这个例子说明,不是什么概念只要加个问号就能够把它搞成问题,对此可以有一个非常简单的奥卡姆式证明:如果我们不去思考某个问题a而思想无损失,那么问题a或者是无意义的,或者是不重要的。

3. 生成问题的发散路径与问题溯源的递归路径

现在说说溯源的递归方法。思想生成问题走的是任性的分叉路径,是发散的(discursive)路径,而问题溯源却需要递归的(recursive)路径。哲学关心本源,但传统方式不是以溯源方法去寻找本源,而试图借助理性直观直接发现本源。常见的直达方式就是刚才说的直接寻找最大概念,然后以最大概念来推演出一些结构性的原理。一个典型的例子就是黑格尔,他从最大的概念,最纯粹的、没有内容的概念,居然推论出整个世界和历史,虽然表述方式非常哲学,甚至是晦涩的哲学,但实质是文学,因为是想象的,与真实世界、真实历史或真实的问题都缺乏一致性。像这种做法,可以说很有创造性地定义了一个可能世界,可是没有说明真实世界。

还有另一种分析本源问题的做法,也不是溯源,而是直接设定一个初始状态作为起始问题。例如,霍布斯就设想了自然状态,他的设想虽然与历史事实有明显的出入,但涉及了一些真实问题,所以很了不起,他提出的重要问题直到今天仍然有效。另一个很有名的初始状态设想是罗尔斯的"无知之幕",这在我看来就比较可疑了,因为与真实世界的差距太大,以至于问题不通用,于是,无知之幕的问题和原理对于真实世界无效,条件不匹配,属于一个不现实的可能世界。虽然罗尔斯的分析水平很高,但我还是感到困惑,我们为什么要讨论一些不能说明真实世界的事情或问题?比如说,也许可以设想存在另一个宇宙,那里的物理学规律与我们的宇宙有着根本差异,不能互通,这样的宇宙可能很有趣,可是不能用来解释我们的宇宙,因此不是思想问题而是艺术。

与此不同,我要寻找的是历史形而上学,或者说是有历史性的形而上学,是形而上学,但有历史性,并非基于语法概念或与真实无关的可能世界。有意义的形而上学必须研究能够通达真实生活的本源问题,我选择的是一个递归路径,相当于一个思想的逆运算。从当前的问题逆向追溯,去寻找与当前问题有着连续性和一致性的初始问题。本源性的问题必须与当代问题是递归一致的,或者说是本质一致而始终在场的,否则就肯定不是为所有可能生活奠基的根本问题。已经消失的问题就消失了,也许是历史研究的对象,但肯定不是哲学研究的对象,哲学必须研究普遍问题。初始问题、本源问题、当代问题必须达到重叠一致,才是真正的基本问题,所以说,本源问题既很遥远,同时又近在眼前,它必须能够穿越所有历史,才称得上是本源问题。

溯源要穿越历史,方法在于回路和路标,即通过递归而始终存在的问题去重新探索那些创造了本源问题的存在论事件。初始性的存在论事件不仅早已消失,甚至历史也没有记录,尤其是哲学史没有记录。在通常意义上的哲学史之前,人类生活早已提出了一些最重要的本源问题,只是没有被记载,这意味着本源问题的历史性伸延到了史前,属于史前史。被记载的因而我们能够学习到的哲学史中,那些"最早的"哲学家们关于世界或思想本源的想象只是幸运地被记录下来,但绝不等于真正初始的本源问题,初始思考要比他们早得多。记录下来的是 2 000 多年前的,但人类思想至少有万年历史，这意味着，本源问题一定是人类文明开始的时候就必然遭遇到的根本问题，这些根本问题也是在任何一种可能生活中递归存在而无法回避的问题。初始问题一定早于文献哲学史，它们存在于思想的初始状态中，存在于早期人类创建各种秩序的存在论事件的"关键时刻"（kairos），可见，人类思想远远早于哲学史，更准确地说，真正的哲学史远远长于被记录的文献哲学史即我们学到的哲学史。哪怕是毕达哥拉斯、柏拉图之类也远远不是起源，他们不是最早的哲学家，而已经是哲学中间的断代史人物，真正的哲学史要长得多，所以只能用"问题考古"的方式去探求本源。与"哲学即哲学史"的说法相反，我相信许多哲学问题没有被记录在哲学史中，而存在于人类的全部生活和思想过程中。举个例子，我做"问题考古"时有个发现，写在"第一个哲学词汇"的文章里，讲的是第一个哲学词汇是否定词（相当于 not）。否定词的发明应该是人类文明有史以来最大的存在论事件，否定词创造了可能性，创造了可能世界的无穷集合，反思性和创造性的思想因此成为可能。

　　本源不仅具有初始性，而且具有永远的在场性和永远的当代性，这就意味着本源问题始终贯穿地存在于全部的可能生活之中。这就是本源给我们留下来的溯源线索，相当于破案所需的犯罪证据，我们可以由这些线索出发去溯源，不然无从入手。当代的根本问题和本源问题是一致的，虽然因为时代语境而长相不太一样，但本质一致，有着穿越的一致性，这就是本源问题留下的路标。在这个意义上，问题考古学，同时也是问题的当代学，两者重叠起来了，这样就可以开始有迹可循的思想历险了。初始性和当代性的双重性或可比喻为光的波粒两象性，虽然现象不同，但本质一致。

　　在这个条件下，反思与溯源是一致的，是同一条问题回路，其路标就是问题的递归性。反过来说，假定本源问题与当代问题之间有着穿越的一致性，就意味着本源问题一定是递归的。递归的方法意味着在问题回程路上总能够发现某些问题在不断复制，类似基因在不断复制，因此不会迷路，那些递归的问题就是路标，沿着路标一直走到问题的归零点，那就是本源问题了。不过，哲学问题的递归不可能表达为数学上的严格递归。数学是一个以必然性为存在形式的纯粹世界，而真实生活是以可能性为存在形式的不确定世界，充满偶然性和乱七八糟的自由意志，每个问题都附带许多无法剥除又不可还原的语境，就是说总是不纯粹的，所以做不到严格定义，只能说，本源性的问题和每个时代的当代根本问题之间存在着某些一致的递归基因。我的想象是，哲学的溯源递归需要满足以下要求：

首先，在问题溯源的每一个步骤上都要求达到"溯因推理"（abduction）的能力。当年皮尔士提出溯因推理，就是发现在很多事情上没有条件进行必然推理，条件不够，但又必须推，于是人们会使用一种增强可能性的推理，就是溯因推理。溯因推理到今天也没有一个普遍标准公式，粗略地说，就是由结果去反推最为可能的那个原因。有一个最简单的形式是这样的：已知确实存在一个需要解释的事实 f，并且按照因果假定，我们知道，如果有 c 那么有 f，因此 c 就非常可能是对 f 的有效解释。需要再说一遍的是，这只是"非常可能"而不是必然，不过"非常可能"已经很有用了。溯因推理与侦探逻辑高度相似，比如说，存在着犯罪事实，但在找到铁证之前无法确定罪犯，于是需要收敛调查范围，也就针对这个问题来分析其相关性，把不成立的情况都排除，谁有不在场的证据谁就被排除了，如此等等，然后再把各种可能性按照相关度排序加以优化选择，再聚焦调查，然后就"非常可能"破案了。哲学理解一个问题也是破案，关键是找到问题的创建点。

其次，在溯源的回路上，要满足对溯因推理的重复运用，而可行的重复运用会发现哪些是具有递归性的问题，即哪些问题在每一轮溯因推理中都在场而不断被复制，相当于发现"老是有它"。既然本源问题普遍贯穿所有可能生活，那么，在递进的每一轮溯因推理中，就应该能够发现反复出现的相同问题，这就证明了那个问题从不退场，永远无法被删除，也无法被悬隔，那么这个问题就可以被确认为一个本源性的问题。相当于说，每一个时代的作案人居然总是同一个人。作案人穿越时代，这样荒谬的故事在哲学中不仅是可能的，也正是哲学寻找的目标。如果经过多轮迭代的溯因推理，始终存在着某个或某些始终重复的核心问题，这就构成了溯源递归，一直到归零点，那里就是生成本源问题的初始状态，或者说那里就是本源问题的产地。当然，本源未必只有一个，也许两个或多个。

除了本源问题，通过递归过程，还可以有额外的发现，即有一些问题不是始终递归的问题，而是历史语境或特定条件下的特殊问题，这些问题可以是重要问题，但不是根本问题。比如"个人"的问题，个人这个概念不是一个始终递归的问题，而是很晚近的发明，它的回路中断于启蒙时代。即使把预备状态也算在内，也最多追溯到中世纪，比如说路德。就是说，以个人为基本结算单位的那些哲学问题是以现代社会为限度的重要问题，但不是全部人类生活的根本问题，因为缺乏始终的递归性，因此就不是具有普遍本源性的哲学问题。始终递归的本源性问题有很多，比如真理、知识、利益、权力、信念、价值等等，都是一直递归到文明初始状态的问题。再举一个例子，福柯的知识考古学是一个很好的溯源例子，但福柯揭示的那些"知识型"都属于特定时代的支配性的认知结构，类似某个时代的潜意识或者潜结构，准确地说，基本上都与现代性有关。可见福柯的知识考古学不是全程递归的，只是解释了现代性的部分症候。

这里我们要开发的是对于思想来说全程递归的问题考古学。

四、存在论事件

1. 最基本的概念是名词还是动词？

在讨论存在论事件之前，先说说一个相关的语言问题，即最重要或最根本的概念到底是名词还是动词。对于语言，名词和动词同样重要，都不可或缺，但在思想的意义上，是否同样重要？语言学家沈家煊先生分析过这个问题，他发现欧洲语言里名词和动词分立，而中文里名词和动词可以互相包含，其中必有思想性的差异。我们可以在思想意义上来分析，欧洲语言以动宾结构来形成一个描述，被描述的名词即语法上的主语就很容易被理解为是核心问题；对于中文，在名词动词互相包含的关系里，到底是名词还是动词代表了核心问题就要看具体情况了。我倾向于认为，如果不以语法为准，而以思想关系为准，那么动词所代表的才是思想的核心问题。有一个旁证，在存在论的"语法"中，只有动词才是需要思想的问题，因为名词表达的事物都是给定的存在，而针对事物的行为是做出来的而不是给定的，这意味着，事物是已知条件，而行为是未知变量，行为在被描述之前，必须先做出来。即使是表达行为的名词也是动词的结果，就是说，先有创造性的动词行为，然后才有名词化的行为。动词意味着一切事情的产生或者被创造，动词就是搞事情，不搞事情就没有问题，搞事情就形成问题，所以，一切问题都来源于动词。

在这个意义上，我认为存在论和创世论必须是合一的，是同一个问题，或者说，如果一种存在成为一个问题，必定有一个创作的问题，如果一种存在论是有意义的，就必须同时是创世论，即真正的存在论必须是关于创世问题的存在论，否则只是知识论。在这种意义上，存在论的语法就有别于语言的语法，存在论语法里的"主语"不是名词，而是动词。动词创造任何关系，在任何 xRy 关系中，问题的所在地是关系 R，不是主体，也不是对象。单独的主体或对象本身没意义，也不可能单独形成问题，而在关系中变成问题。在存在论的语法里，单独的"我在"（I am）无法解释任何存在，甚至不能解释自身，同样，单独的某物（x is）也不是一个问题，甚至不具有对象性（objectivity），无论我还是对象，都是因为关系才具有意义并且变成问题的。因此，存在论的问题必定来自创造了关系的行为或事件，是一个由"我行"（facio）和"所为"（factum）构成的问题结构，也就是说，所有的"存在"（beings）只是自在，不会自己制造问题，所有需要反思的问题都来自"我行"（facio，I do/I make），都是被自由行为创造出来的。facio 改变了给定的存在秩序而创造了问题，因而具有存在论上的初始性和本源性，因此创造性的 facio 先于反思性的 cogito（"我思"），或者说，创作先于知识。如果以存在论的语法来理解语言，就必须说，动词优先于名词，所有问题都来自动词，万物和世界的意义、时间和历史都始于动词。正因为动词具有创造性和生成性，是一切存在之所以具有意义的根源，因此，以动词为本的哲学比以名词为本的哲学更接近本源。

　　以名词为本的哲学总是找到作为主语或宾语的最重要概念，例如柏拉图找到了理念，康德找到了先验形式，黑格尔找到了绝对精神，海德格尔找到了此在，如此等等，都是强大的思想出发点，但都是名词性的，而名词代表的事物必须被动词所解释才成为思想问题。名词只说明了如其所是的事物，事物摆在那里，各就各位，相安无事，无事就没有问题。只有动词代表的行为事件，无论是积极的还是消极的，建构性的还是破坏性的，都会导致对事物和秩序的改变，而有变化才有问题。在这个意义上，易经的哲学视域是对的，即存在的所有问题都在于变化，只有变化才值得思考。可以说，柏拉图、康德、黑格尔、海德格尔找到的哲学出发点都不如笛卡儿的cogito高明，尽管他们的哲学理论可能比笛卡儿丰富得多。笛卡儿的cogito是动词哲学思路上的一个伟大创见，是一个非常高明的出发点。我试图找到一个比cogito更好的出发点，即facio（"我行"），基本命题是"我行故我在"（facio ergo sum），与笛卡儿命题构成一对。Facio在通达所有问题的能力上要强过cogito，因为facio是创造问题的根源，因而最接近本源，facio因此蕴含着所有的"存在论事件"。

2. 什么是存在论事件？

最后来解释什么是存在论事件。存在论事件不是对事件的一种知识分类，而是标识了事件的能量级别。无论什么样的事件，知识的、技术的、经济的、政治的诸如此类的事件，只要其创作能量或革命性达到了改变存在的秩序，或者说达到对人类存在方式的整体性或系统性的改变，那就是一个存在论事件，相当于一个"创世性"的事件。古人说过"天不变，道亦不变"，那么反过来意味着，万一达到了道的改变，就是变天事件，也就是存在论事件。存在论事件创造了本源性的问题，也是人类生活的根本问题。应该说，大多数事件能量很小，对存在秩序几乎没有影响，就消失在历史中了。存在论事件并不是很多，在我看来，以下是几个最大的存在论事件：

第一是语言的发明，包括文字，而语言的发明最关键的一步是否定词的发明。否定词发明了可能性，发明了所有可能世界的无穷集合，这样就为思想创造了无穷大的空间和反思的条件，准确地说，没有否定词，就不可能形成对思想的反思，而没有反思的思想其实只是经验意识。就是说，在否定词被发明之前，只有经验意识，还没有真正意义上的思想。语言的发明或者否定词的发明是一切创作的可能性前提，因此我把否定词定义为思想的第一词汇或哲学的第一词汇。

第二是生产技术的发明，包括农业、畜牧业、手工业等，这些是后来一切技术发明的基础。关键在于，技术把自然过程纳入了人的秩序，或者说为自然建立了人为秩序，而且还发明了未来的概念，在技术之前，生活只有过程，无所谓未来，而发明了未来就等于发明了属于人的时间。

第三是逻辑和数学的发明，这是思维为自身建立的普遍必然的秩序。数学和逻辑能力产生在逻辑学和数学比如说欧几里得几何学的发明之前，是更为远古的存在论事件。亚里士多德的逻辑学和欧几里得的几何学都是非常重要的知识论事件，但似乎不是初始存在论事件，其实我会倾向于把亚里士多德和欧几里得理解为逻辑和数学的存在论事件的一个关键环节。逻辑和数学几乎定义了理性，而理性是思想的最大能量。如果没有逻辑和数学，思想做不出惊天动地的事情。

第四是制度的发明或社会秩序的发明，包括政治制度、伦理制度、公共规则等，这是人类为生活建立的合理化秩序。发明了秩序等于发明了社会，没有秩序就没有社会，如果没有社会，生活就是低效率的自然生存，更准确地说，没有制度就没有生活，只有存活（survival）。秩序的发明或制度的发明意味着发明了在技术上可以描述和操作的信任形式，比如说政府，进一步说，秩序的发明还意味着发明了合作的效率。

第五个是科学的发明，这是思维为知识建立的秩序。科学不仅是最重要的知识，更重要的是，科学发明了可以重复验证的知识形式，以及可以必然追溯的知识的证据或证明链条，正是有了可重复验证性和必然性，知识才能够成为真理，否则知识就只是知识。不可能成为真理的知识其实只是信息、叙事或记录。

这几个大概就是最大的存在论事件了，都是彻底改变人类存在方式的事情。还有许多量级稍低但同样改变了人类命运的存在论事件，比如火的使用、水的灌溉、房子、车轮、衣服、农具、工业、蒸汽机、电力、核能、互联网，以及现在还在突破的人工智能、基因技术、量子技术，还有可控核聚变等。可以看到，存在论事件多半属于技术革命，其次是思想方法论的革命，然后是制度革命，而艺术和文学类的革命看来不足以成为存在论事件，但也许在未来会成为存在论事件也未可知。

新近的一个可能性是元宇宙（Metaverse）。如果关于元宇宙的技术设想没有被夸大的话，元宇宙也可能会成为一个存在论事件。元宇宙本身不是一项技术发明，而是多种技术的汇集和协作方式，包括逼真经验技术、互联网、区块链、大数据、人工智能、量子技术等综合到一起，元宇宙发明的不是某种技术，而是一个技术容器或一个无穷平台，是一个"技术+"的无限开放形式，任何可以兼容的新技术都可以添加到元宇宙，因此元宇宙或可能成为一个技术汇集中心，所有技术都向它集中，这样元宇宙就可能有能力建设一个新世界。

不过，元宇宙有可能成为一个负面的存在论事件，虽然未必算是第一个负面的存在论事件，核能的正负作用就有些可疑了，互联网的意义也是正负参半。据说元宇宙会实现生活的迁移，人类生活的很大部分会从真实世界迁移到元宇宙中去，那么会导致什么问题，就是个疑问。元宇宙的技术很容易提供在真实世界中不可能去体验的极端经验，这可能是个后患无穷的诱惑。真实生活中的极端经验总是危险的，而在元宇宙的虚拟世界里，极端经验都变成不危险的，全部都变成了审美经验，于是，真实世界和真实经验都会面临着很大的贬值。这些事情的代价到底是好事还是坏事，需要讨论。还有，元宇宙里的利益和权力游戏会是什么样的？一厢情愿的乐观主义想象是，在元宇宙里，每个人都可以自由选择很多个身份，像孙悟空一样变成很多个人，变成自己真正想成为的那个人，好像每个人都能实现自我。但这个想象疑点很多，元宇宙是技术和资本的聚集地，也就成为最大的权力基地，也就不可能超越资本和权力的问题及其逻辑。由于元宇宙的技术优势，很可能会导致比传统的专制主义更强大的新型专制主义。

当然，元宇宙有能力做一些好事，但资本和权力想不想做是另一回事。我设想的一个"真正的好事"是一个元宇宙图书馆，元宇宙的技术优势能够用来建构新的知识论模式，我称之为"新百科全书"，是一个以问题为中心的无限链接和无穷叠层的知识体系。这在真实世界中是做不到的，但在元宇宙里可以实现，虚拟世界、大数据加上人工智能，还有无穷无尽的低成本资源，无穷知识链接就能够瞬间被建立。

3. 存在论溯源的可能结果

简单的结论是，每个存在论事件都会创造出新的本源问题，而最根本的存在论事件创造的是起始的本源问题，即哲学的出发点。如果以递归溯源的方法去寻找本源问题，我相信哲学的出发点就是facio，这是一个几乎能够通达所有哲学问题的本源问题，或者说，几乎所有哲学问题都能够由此生成，都能够在其路径分叉处找到问题的创建点。与我思，或者存在，或者此在，或者绝对精神如此等等其他选项相比，facio 有着更大的生成问题的能力，因为 facio 是包含所有动词的动词。但也有个别问题是 facio 似乎未能充分解释的，这是我现在还无法克服的局限性。

其中一个局限性就在真理的问题上。facio 能够通达大部分真理，但未必能够解释所有类型的真理，比如说难以充分解释数学。数学自己创造了一个纯粹的形式世界，数学里很多命题都是超越了实践的，超出了实践范围就超出了 facio 的解释力。不过这个局限性不是严重问题，因为数学基本上是自立的，几乎能够解释自身的合理性，不需要哲学帮忙。

另一个局限性在于关于私人性的问题。facio 的行为主体虽然是个人，但所产生的问题都是关于两个人或以上的关系问题，对私人性却无所说明。可以这样想象：假如世界上只有一个人存在，一人模型下的所有事情都是关于个人生命的私人事情，这种情况下，facio 等于生命经验，没有思想问题；但如果有两个人，就进入了二人模型，事情就比较复杂一些了，每个人都必须面对"他人不同意"这个最基本的可能性，于是，二人模型必然会产生出伦理问题；如果存在三人或以上，三等于多，三人模型已经蕴含了所有的社会问题，在逻辑上，三人模型蕴含了政治问题、经济问题、法律问题、战争和竞争问题以及人类社会里的所有问题。facio 能够解释二人模型和三人模型中的所有问题，但不能解释一人模型里的私人问题，这是一个局限性，但我赞同维特根斯坦的看法，私人经验就只是经验，不是思想问题，也就无所谓了。总之，facio 在解释力上好过哲学的其他出发点，即使是 cogito，其解释力仍然弱于 facio，我现在还找不到比 facio 更好的哲学出发点。

第六讲
儒家博爱视野下的"天下一家"与"一体之仁"

◎ 向世陵

时间：2021 年 11 月 4 日
地点：中国人民大学公共教学一楼 1302 教室

　　向世陵，中国人民大学国学院教授、博士生导师，中国人民大学中华文明武夷研究院学术委员会主任；中国政法大学国际儒学院兼职教授。中国哲学史学会副会长、中华朱子学会副会长、《中国哲学史》杂志副主编，中华孔子学会常务理事、中国周易学会常务理事、尼山世界儒学中心学术委员等。著有《宋代经学哲学研究·基本理论卷》《理气性心之间——宋明理学的分系与四系》《理学与易学》《中国学术通史·魏晋南北朝卷》《中国哲学范畴精粹丛书·变》《善恶之上——胡宏·性学·理学》《儒家的天论》等十余部学术专著，发表学术论文 180 多篇。先后获教育部、北京市和中国人民大学多项优秀科研成果奖。2019 年度国家社科基金重大项目《中国仁学发展史》（多卷本）首席专家。

两千多年前,《礼记·礼运》告诉我们:当子游向老师请教礼之运转事时,孔子就五帝三王相变易和阴阳转旋之道作了长篇的回答。其中,出现了一个重要的观念,即"以天下为一家,以中国为一人"。

"天下一家"针对的是不同地域、部落、氏族的和睦相处和民心凝聚的问题,关注的是"群"的关系;"中国一人"则侧重于君王个体对所治地域的主管、引导和教化,突出的是"己"(我)应担负的责任。但二者其实又密切关联:基于"为仁由己"和"仁者爱人",天下有一人不被爱,都可以说是"我"(执政者)的责任,问题集中在"我"如何能以民众之感受为感受,而不抛弃任何一人。

整体宇宙的情怀是天下一家、中国一人最根本的出发点。《礼运》以为,"一家""一人"的视野是"非意之也,必知其情"。在了解人情的基础上,为避免争夺相杀的灾患,圣人就需要"讲信修睦,尚辞让,去争夺"的爱与善的教化,博爱理念的播撒于是提上了日程。

一、传统儒学的"一家""一人"观

《礼运》讲"一家""一人"是并行的,但就古代社会的实际来说,"一人"的自我责任往往是建立在天下观的基础之上的,重心在我与周围世界,主要是不同的人伦关系所构成的群体环境,处理的是亲疏长幼的关系,从而使"天下"与"一家"直接关联起来。

如此的"天下"观,可以说就是古代中国人的世界观,这与其他民族立足于各自的视野而提出自己的"世界"观,在立场方法上并没有根本性的不同。中华天下观的特点或重点,不在于这个世界是什么,而在于如何去看待这个世界,并从而形成了中国人特有的家国天下观。但是，偌大的天下，凭什么说可以是一家呢？对此需要有充分的理论发明。

从经典的依据和史实的支撑来说，在《礼运》之前，《诗经·北山》宣称"溥天之下，莫非王土；率土之滨，莫非王臣"。如此的家国天下同构制，对"天下一家""中国一人"提供了某种理论支持，但这一支持的力度明显不大：

一则较之于《礼运》的时代，《北山》所言已是旧时的情景，并不适用于礼坏乐崩的《礼运》时代及其后来的社会。

二则即便是《北山》作者的时代，此"天下"归王之一人而非"一家"，突出的是王权的统治，并无关爱的成分在其中。而且，联系到前句的"王事靡盬，忧我父母"，诗作者是将自己和父母之家放在了王之天下的对立面的，即在情感上，"天下"与"一家"已无法打并为一。

从《礼运》的分析看，人类社会在"大道既隐"之后，形成的是"天下为家"而非"天下一家"的状态，而且，"天下为家"是为"各家"而非"一家"。就是说，"天下为家"的"各家"，在"大人世及以为礼"的"家天下"统治下，或许仍可说是"天下一家"；但在其治下的百姓，则只能说是"各亲其亲，各子其子"，实际形成的是天下"各家"，而非"一家"。

不过，《礼运》对其"以天下为一家"的观点，似乎抱有充分的信心，说"以天下为一家"是"非意之也，必知其情，辟于其义，明于其利，达于其患，然后能为之"。即"天下一家"观念的提出，不是主观任意的测度，而是在了解事物实情的基础上予以开启引导，并斟酌其情义利害的结果。按孔颖达的疏解，这本来意味着孔子希望铺陈的道理，即"问其所能致之意"。结果便是知民之喜、怒、哀、惧、爱、恶、欲"七情"；开辟父慈、子孝、兄良、弟弟（悌）、夫义、妇听、长惠、幼顺、君仁、臣忠"十义",彰明讲信修睦之利事以安定之,晓达争夺相杀之祸患而防护之,然后在知此情义利患的基础上,使天下人皆感义怀德而归之,从而实现"以天下为一家"的理想目的。

就此来看天下一家:"七情"属于人之天性,"弗学而能",具有某种必然的性质。但此必然基于个体,要使不同人等能黏合为一家,离不开圣人的教养调治,后者显然已脱离了必然的界域。"十义"则再向前推进,因为它们本来都生成于圣人的开导教化之中。圣人对人晓以利害,倡导诚实和睦,即"讲信修睦,尚辞让,去争夺",然后才可能使天下大众凝聚起来,《礼记·大学》所谓"尧舜率天下以仁,而民从之"也。如此以开导教化的后天手段实现"以天下为一家",结果只能是或然的,并不具有必然的效力,虽然其价值导向仍然值得肯定:尧舜彰显仁爱于天下,天下之民受其熏陶而以爱回报,遂使天子下民合为一家。

《大学》作者对此回报怀有充分的信念,一国与一家也因此沟通起来。所谓"一家仁,一国兴仁;一家让,一国兴让",按孔颖达的发挥,这是"言人君行善于家,则外人化之,故一家、一国,皆仁让也"①。但是,即便如此的教化有极大的收效,问题却也很明显,即"家内"人与"家外"人(一国之人)存有明确的界限,二者是相对的关系。

仁善关联到个人,与"人"的生成有关。人作为气化的产物,《礼运》的规定是:"故人者,其天地之德、阴阳之交、鬼神之会、五行之秀气也。"郑玄注此语为"言人兼此气性纯也"。"气性纯"即气性之美善,人即兼具这气与性之美善。孔颖达据此将《礼运》这一段话区分出属气与属性的两部分:气指天覆地载和天(阳)地

---

① 李学勤. 十三经注疏:礼记正义. 北京:北京大学出版社,1999:1600,1606.

（阴）之气的相交，性则指鬼（形体）神（精灵）和生成仁义礼智信的五行秀异之气，人即产生于此气、性的感合[①]。但孔颖达的区分，事实上存在含混不清之处：性所指的"鬼神"和"秀气"，实际仍属于气的范畴，性并没有自己独立的地位；同时，"天地之德"被视为天地的形气，看不到性相对于气所具有的独立的价值，故后来理学家们并不认同。

人虽然气性美善，但仍然需要圣人的教化才能"成人"。圣人的教化，其实并不限于仁德、道义、情感等方面的引导和感召，他还有规范化的手段，这就是礼制。在儒者，通过礼来约束人们的行为，并使其规矩有序，是一条可行的道路。因为礼来源于天地的秩序："在天成象，在地成形。如此，则礼者，天地之别也"；"天高地下，万物散殊，而礼制行矣"（《礼记·乐记》）。礼制生成的前提既然是天象地形的成立，人类社会有君臣上下之分就是理所当然的。从天地定位进入社会秩序，界限和区别已客观预定，它们奠定了不同物类生成的前提。

在此基础上，通过划定界限，区分上下等级尊卑以使人顺从，便能达到天下大治的目的。礼制的意义也正在于此。所谓"礼至则不争，揖让而治天下"；"礼义立，则贵贱等矣"（《礼记·乐记》）。在礼的约束下，天下固然可以实现稳定和太平，但并不直接具有"一家"的意义。因为礼制作为"天下为家"的"各亲其亲，各子其子"的产物，并为维护这个天下"各家"而非"一家"的社会尽力，又何以能使尊卑各异的百姓合为一家呢？

要想走向天下一家，人的认识必须要有所突破，即只有超越个体的小家才可能走向天下的大家。在一定意义上，这也可以说是"无家"而有天下。《周易》损卦䷨上九爻辞，有"得臣无家"之说，

---

① 李学勤. 十三经注疏：礼记正义. 北京：北京大学出版社，1999：690.

王弼注为:"居上乘柔,处损之极,尚夫刚德,为物所归,故曰'得臣';得臣则天下为一,故'无家'也。"①孔颖达再补上一句,便是"'无家'者,光宅天下,无适一家也"②。

就卦义说,损卦上九爻(刚)位于六五(柔)之上,处于损卦之极,在下之爻崇尚上九刚德,如同万物所归,故有君王得臣之象。君王得臣辅佐,便能使天下安定,一统于君王。由于君王的恩德是光耀和安定整个天下,小家的界限遂被打破而成为一整个大家。如此一种天下归于君王的"一家"景象,是儒家理想的"明德惟馨"的效应。君王实即圣人的德行是天下一家所以可能的根本。

同时,圣人的德行教化固然是就小家引出的人伦关系而言,但由于它已成为家家通行的普遍性规范,就大家都遵从这同一的人伦规范看,天下也可以被解释为一家。《尚书·舜典》载舜为改变当时百姓不亲睦而伦常不顺的局面,命契作司徒,"敬敷五教",《左传·文公十八年》将此具体化为"使布五教于四方,父义、母慈、兄友、弟共、子孝,内平外成"。"五教"的基点是一个小家庭内部的关系,但推至"内平外成"的"内外",按杜预注是"内诸夏,外夷狄",实际上已扩展到整个天下。既然诸夏、夷狄皆遵从其教,整个天下无别,那么,在"五教"之友爱关系氛围下,天下虽大,却与一个家庭无异,天下一家的前景也就可以期待。

二、宋儒对"天下一家"的解读

从先秦到汉唐,天下一家虽然可以从伦理关爱的角度去考量,

---

① 李学勤. 十三经注疏:周易正义. 北京:北京大学出版社,1999:175.
② 同①176.

但终究缺乏一种必然性的效力。因为圣人的教化和劝善,并不必然会收到愿意依循而从善的效果。天下一家的期待也就是或然而非必然。从文献的层面说,《礼运》虽然提出了"天下一家"等观点,但就如同《礼记》其他篇目的情况一样,它们在当时并没有引起足够的注意。宋代以后,随着新儒学——理学的兴起,思想家们开始重新利用这些经典的史料,并给予了新的解读。

1. 从《礼运》到《太极图说》和《西铭》

宋代理学产生,"天下一家"的观念也发生了深刻变化。形而下的道德劝善,开始具有了形而上的理论支撑。南宋中期,朱熹与其学友黄道夫之间,围绕《礼运》所论性气关系问题进行了讨论。

黄道夫原信不可见,从朱熹的引述看,基本上依循的是传统《礼运》注疏的讲法,即将天地之德与阴阳之交、鬼神之会一并视为气,朱熹于此进行了反驳,阐明:"所引《礼运》之言,本亦自有分别,其曰'天地之德'者,理也;其曰'阴阳之交,鬼神之会'者,气也。今乃一之,亦不审之误也。"[①]朱熹严格理气二物之界限,认为双方不能混同,并引《诗经》和周敦颐语辅助发明。黄道夫可能在一定程度上接受了朱熹区分性气的意见,故朱熹第二封信首先就言"示喻性气之说,甚善"。但其以"则"为"人之所以循乎天"者,朱熹却不认可。因为"则"在朱熹是人所受乎天者,而黄道夫所说的"养之以福"才是循乎天者。

在此基础上,朱熹正面阐述了将传统注疏与周敦颐、张载之说整合为一的自己的观点。朱熹说:

---

① 朱杰人,严佐之,刘永翔. 朱子全书:第23册. 上海:上海古籍出版社;合肥:安徽教育出版社,2002:2756.

《西铭》"天地之塞",似亦著"扩充"字未得。但谓充满乎天地之间莫非气,而吾所得以为形骸者皆此气耳。天地之帅,则天地之心而理在其间也。五行,谓水、火、木、金、土耳,各一其性,则为仁、义、礼、智、信之理,而五行各专其一,人则兼备此性而无不善。及其感动,则中节者为善,不中节者为不善也。[1]

按张载《西铭》,"天地之塞,吾其体;天地之帅,吾其性"。既谓之"天地之塞",气已充塞乎天地之间,"扩充"的问题便已不再存在,人受得此气而构成其形;但"天地之帅"说明,充塞之气有内在的原因来支配或主宰,在朱熹这便是天地之心,而其内核就是理。

联系到水火木金土五行和仁义礼智信五常这些观念,在《礼运》及其注疏者,是人立于天地之中,其动静呼应天地,天地有人,就如同人腹内有心一样。那么,《礼运》"天地之心"的概念在传统儒学只是一种对人在天地间的地位的推崇,并没有更为特殊的意义;而五行虽已联系到仁义礼智信五常,但仍然是以气去解释,强调的只是仁义礼智信为五行之端首。

到张载,天地间人物同禀一气一性而得生,气性的一致构成为"民胞物与"的客观基础。但张载的《西铭》只是讲了一体之气性构成的现状,并不涉及气化生生和五行流布;要解释天地之心,朱熹以为还要引入周敦颐的《太极图说》,以五行论气,以"各一其性"讲理。

从"各一其性"出发解释《礼运》的相关思想,仁义礼智信就成为五行各自专守的性理,人则能兼备五性,所以性无不善;当其

---

[1] 朱杰人,严佐之,刘永翔. 朱子全书:第23册. 上海:上海古籍出版社;合肥:安徽教育出版社,2002:2756.

为外物所感而发，则中节者即符合礼义规范者为善。朱熹推论说：

> 所以，《太极图说》"五行一阴阳也，阴阳一太极也，二气交感，所以化生万物"，这便是"天地之塞吾其体，天地之帅吾其性"。只是说得有详略，有急缓，只是这一个物事。所以万物到秋冬时，各自收敛闭藏，忽然一下春来，各自发越条畅。这只是一气，一个消，一个息。只如人相似，方其默时，便是静；及其语时，便是动。那个满山青黄碧绿，无非是这太极。①

《太极图说》讲阴阳气化的特点，整合了动静、收发和一万关系等结构范式。从此来看"天地之塞，吾其体；天地之帅，吾其性"，就是阴阳二气、满山青黄都归因于纯一之性或太极，万物的收敛闭藏（由万归一）与发越条畅（由一生万），说的正是帅性（一）与塞体（万）互动的生长消息的过程。

朱熹将周敦颐太极—万物的生成关系架构，与张载天地人物是同气同性存在的规定整合起来。人兼备五性，不只是存在意义的五性之全，也是生成意义的收发消长。从此出发，人自然要爱（孝顺）生成了自己的天地，也同样要爱与自己同作为天地之子存在的万物。当然，朱熹也要强调其间的差别。他称：

> "……许多人物生于天地之间，同此一气，同此一性，便是吾兄弟党与；大小等级之不同，便是亲疏远近之分。故敬天当如敬亲，战战兢兢，无所不至；爱天当如爱亲，无所不顺。天之生我，安顿得好，令我当贵崇高，便如父母爱我，当喜而不

---

① 朱杰人，严佐之，刘永翔. 朱子全书：第17册. 上海：上海古籍出版社；合肥：安徽教育出版社，2022：3142. 其中标点有更正.

忘；安顿得不好，令我贫贱忧戚，便如父母欲成就我，当劳而不怨。"徐子融曰："先生谓事亲是事天底样子，只此一句，说尽《西铭》之意矣！"①

孝在《西铭》表现得十分突出。但朱熹以为，张载并不是说孝本身，而是通过孝来形容仁，以事亲的道理来说明事天。这里重要的问题，是不能以我的实际处境来判断我是否当爱天，因为父母欲成就我的贫贱忧戚，在根本上仍然是爱我。这可以说是从孝的角度去理解仁的普遍之爱，一切都是从仁中流淌生成出来。由五性合一、气塞天地回溯到"以天下为一家，以中国为一人"，"人"本身便是由自然气化和理性本质等多重因素构成。人身之理与气、性与形的组合乃是天下无人不有的共性，天人上下，一气一性。

气性之和合对所有人都是公平的，其特点即在以公共性替换个别性。在此前提下，既然我之气即天地之气，我之性即天地之性，"民胞物与"就是必然的结论。如果用朱熹看重的"天生烝民，有物有则"（《诗经·大雅·烝民》）的逻辑，既然"大家"无不禀赋此"则"，那么就从形上的层面设定了普遍之爱的可能。

从张载的气化统一性出发，人与天地万物原本就是一体，但是张载又附加了主体自觉和与天地鬼神相合的前提，即"一体"是心与天地同流的结果，因而这只能是"大人之事"："'大人者与天地合其德，与日月合其明，与四时合其序，与鬼神合其吉凶'，如此则是全与天地一体，然不过是大人之事，惟是心化也。"②张载的"大人"，到了二程则成为"仁者"，程颢明确提出了"仁者以天地万物

---

① 黎靖德. 朱子语类：卷九十八. 北京：中华书局，1986：2526.
② 张载. 张载集. 北京：中华书局，1978：77.

第六讲 儒家博爱视野下的"天下一家"与"一体之仁" 113

为一体"和"仁者浑然与物同体"①的观点。陈来先生认为这是两种不同的万物一体思想：前者作为"博施济众"的人道主义关怀的内在基础，需要落实到社会关怀和忧患上；后者则是儒学精神性的一个表达，要人培养和追求一种精神境界，并落实到内心生活中来②。

这无疑是有见地的观点，但是还可以再做分析，即两个"仁者"的含义有别："以天地万物为一体"的"仁者"是人、是主体，所以此"人"可以"以"天地万物为一体，并能够"认得"为己，而且，"认得为己，何所不至"，如果拥有充分的物质资源，就可以使爱普撒，无所不在。"与物同体"的"仁者"却不同，它承前"识仁"而来，故不是指人，而是指"仁"这种德性，它与物浑沦而同体，可以从仁的生物流行——生意去理解。在此意义上，物的存在本身就是仁的现实，并具体展开为义礼智信的四德五常。

朱熹分析说：

> 且以仁言之：只天地生这物时便有个仁，它只知生而已。从他原头下来，自然有个春夏秋冬，金木水火土。故赋于人物，便有仁义礼智之性。仁属春，属木。且看春间天地发生，蔼然和气，如草木萌芽，初间仅一针许，少间渐渐生长，以至枝叶花实，变化万状，便可见他生生之意。非仁爱，何以如此。缘他本原处有个仁爱温和之理如此，所以发之于用，自然慈祥恻隐。③

"生"为天地之大德，这也正是仁之本意，从天地五行到人之五常都

---
① 程颢，程颐. 二程集. 北京：中华书局，1981：15, 16.
② 陈来. 有无之境：王阳明哲学的精神. 北京：北京大学出版社，2006：239.
③ 黎靖德. 朱子语类：卷十七. 北京：中华书局，1986：383.

是同一个生气流贯。从生生去看仁爱，爱意就是生意，最后都归根于本原的仁爱温和之理，故发于日用而有慈祥、恻隐、羞恶等等。从"原头"下来，一切都是自然流行，无须人力安排。五常既然是随五行生而禀有，人性源于天地之和气，那天地万物一体就是理所当然的。

天地万物的"一体"可以指向"博施济众"的境界和圣功，其价值在博爱的具体落实和由此带来的社会效应；而与物"同体"的归结则在"反身而诚"的精神快乐，它集中体现为立于民之爱戴和成就感基础上的心灵愉悦。但二者又是可以协调的：前者说"认得为己，何所不至"，后者说"天地之用皆我之用"，最终都需要关联天地与"我（己）"以体现出价值。

2."天下一家"的殊途同归

生生之德不仅体现在天道的四时流行，更体现在人事的仁爱关切，这可以说是理学家最为关注的"生意"或仁意。程颢称："万物之生意最可观，此元者善之长也，斯所谓仁也。人与天地一物也，而人特自小之，何耶？"[1]万物的存在，以其生生流行的样态即生意最为可观，正是它充分揭示了元作为众善之首的价值，而这也正是仁的内涵。

仁者人也，仁之生意流淌于天地之间，人之爱人、爱物便应当不设界限，博爱众生。在此意义上，万物都成为了我之"大身"的组成部分。他又云：

> 是以仁者无对。放之东海而准，放之西海而准，放之南海

---

[1] 程颢，程颐. 二程集. 北京：中华书局，1981：120.

而准，放之北海而准。医家言四体不仁，最能体仁之名也。①

"人与天地一物"在程颢是生生论的自然结果，体现的是通行于东西南北海的同一个仁理。中医所说的"四体不仁"，是指手足痿痹，血气中断，人不能知觉其体干四肢，整体的人身事实上招致破坏，"不仁"的结局也就不意外了。

程颢于四体有爱的"大身"，建立在生气流淌、无处不在的气化一体基础上。二程哲学虽然主张以理为本，但在仁说的层面，其与张载以气化流行说天道表现出一致性。《西铭》提出"民胞物与"的"大家"说，其中心就是讲天下与一家之关系，生成（气化）论的客观根据与道德论的主观自觉相互发明。我之气即天地间气，我之性即天地之性，故父母与我的小家，同时就是天下一体的大家。

"大家"不再以血缘辨亲疏，而是以体（气）性相关联。张载文中所举不同个案，已不再关联到"国"。"国"的概念实际已被消解，我与君王、大臣的关系，变成了我与兄长、监护人的关系。人物生存的所在，就是家和天下。上下尊卑的严格界限，被相互扶助的亲子和兄弟关系所取代。由此来看"仁者爱人"，就是非常自然之事。

从同气同性的"亲情"出发，"博爱"就不仅是对人，也是对己：在前者，生存状态各异的老幼、孤寡、残疾等不同族群，都能享受到必需的关爱；在后者，不论是"富贵福泽"还是"贫贱忧戚"，都是天地父母对自己的厚爱。人应当"安所遇而敦仁，故其爱有常心，有常心则物被常爱也"②。安所遇而接受别人"爱"己，敦厚仁而诚心实意地爱人，这不是临时起意，而是恒在的常心，实际就是同仁同

---

① 程颢，程颐. 二程集. 北京：中华书局，1981：120.

② 张载. 张载集. 北京：中华书局，1978：34.

爱。一句话，"仁统天下之善"①也。

在"天下"问题被归并到一家之父子关系和仁爱与孝道成为《西铭》的中心思想的前提下，君王或执政者就理当真爱天下之民。君民关系协调，政治便可能日新，王道亦可能因此而成就。张载称：

> 大都君相以父母天下为王道，不能推父母之心于百姓，谓之王道可乎？所谓父母之心，非徒见于言，必须视四海之民如己之子。设使四海之内皆为己之子，则讲治之术，必不为秦汉之少恩，必不为五伯之假名。巽之为朝廷言，人不足与适，政不足与间，能使吾君爱天下之人如赤子，则治德必日新，人之进者必良士，帝王之道不必改途而成，学与政不殊心而得矣。②

"王道"的根本点在以父母之心视天下，视四海之民如己子。以如此之心治天下，君王不再会缺少恩爱，也不再会博取假名，更不用担心贤良的进用和帝王之道的改进，道学与政术从而完美地融合为一。天下一家的亲爱关系，不仅是一种情感和德性的调适舒展，而且能够引向王道政治的贯彻和圆满，所以也最为张载所期待。

君王固然都有欲望，但这并非就会与理想政治对立，完全可与爱民相协调。孟子当年游说齐宣王，要求其好货好色之欲能够做到"与百姓同之"。张载据此要求，"大人"之心必以天下为度。他之"凡天下疲癃残疾、惸独鳏寡，皆吾兄弟之颠连而无告者也"的"大家"观，正是承接孟子又再加推广③。张载渲染"兼爱"的"天下一家"观，在程颐被概括为"理一分殊"，并在朱熹之后成了朱学的

---

① 张载. 张载集. 北京：中华书局，1978：50.

② 同① 349.

③ 张载言："大人所存，盖必以天下为度，故孟子教人，虽货色之欲，亲长之私，达诸天下而后已。"张载. 张载集. 北京：中华书局，1978：32.

经典构架，从而影响到后来的其他理学家。朱熹自己阐释说：

> 天地之间，理一而已。然"乾道成男，坤道成女，二气交感，化生万物"，则其大小之分，亲疏之等，至于十百千万而不能齐也。不有圣贤者出，孰能合其异而会其同哉！《西铭》之作，意盖如此。程子以为明"理一而分殊"，可谓一言以蔽之矣。盖以乾为父，坤为母，有生之类，无物不然，所谓"理一"也。而人、物之生，血脉之属，各亲其亲，各子其子，则其分亦安得而不殊哉！一统而万殊，则虽天下一家、中国一人，而不流于兼爱之弊；万殊而一贯，则虽亲疏异情、贵贱异等，而不梏于为我之私。此《西铭》之大指也。①

同样是为"天下一家"提供形而上的理论支撑，但张载的天地一气已被朱熹更换为天地一理。理的世界统一性从根本上决定了"一家"之可能。"一理"又存在于分殊之中，理的世界统一性不否认气化生物的差异性，气化本来就包容万有不齐。朱熹感慨，正赖于张、程等圣贤的智慧，才终能融合差异而返归同一。异同之间：差异的意义在承认现实，人物血脉"各亲其亲，各子其子"；但如果只讲这一点，一切为我而自私，则社会共同体将无法生存。

从体用关系说，"理一分殊"就是体一而用殊，亲疏贵贱的差异不能超越理一的最终本体。不论是二程的继生成善还是张载的"民胞物与"，天道之善都为人道之爱提供了客观性的支撑。但仁爱不仅需要客观性的支撑，也需要主观性的自觉，"大其心则能体天下之物，

---

① 朱杰人，严佐之，刘永翔. 朱子全书：第13册. 上海：上海古籍出版社；合肥：安徽教育出版社，2002：145.

物有未体，则心为有外"①。人与天地一物，实有赖于心与天地合一。

二程要求"体仁"，张载则讲"大心"，因为不论是天地人一物还是天人同气同性，其所以相通的根本点仍不出人之一心。此心不仅是个体的，更是普遍的，是心同、仁同、理同而善必同。这从根源上讲，仍是接续的孟子"心之所同然"的心、理同一的逻辑。自诩为"遥接"先秦孔孟的张载、二程以至朱熹等理学家，注重的主要是天地生物和仁意流行之善的普遍必然；而号称自己的学说是"因读《孟子》而自得之"②的陆九渊，则更多的是立足主观方面阐扬自己的同心、同理而同仁说。

相较于程颢只讲到东西南北海无不感的空间，陆九渊则加上了上下千百世的时间。心学主张以心为本，从心出发去感悟世界，从而东西南北海、上下千百世都是心同理同，而其实质，其实都是一个仁，所谓"仁即此心也，此理也"③。陆九渊规定心、理的普遍必然或超时空的性质，不是泛泛而论，而是具体彰显为仁心的流淌。所以，仁不应只是自我之仁，而是应扩展到天下之仁。他说：

> 仁也者，固人之所自为者也。然吾之独仁，不若与人焉而共进乎仁。与一二人焉而共进乎仁，孰若与众人而共进乎仁。与众人焉共进乎仁，则其浸灌熏陶之厚，规切磨砺之益，吾知其与独为之者大不侔矣。故一人之仁，不若一家之仁之为美；一家之仁，不若邻焉皆仁之为美；其邻之仁，不若里焉皆仁之为美也。"里仁为美"，夫子之言，岂一人之言哉？④

---

① 张载. 张载集. 北京：中华书局，1978：24.
② 陆九渊. 陆九渊集. 北京：中华书局，1980：471.
③ 同②5.
④ 同② 377—378.

"为仁由己"自孔子以来一直是儒家的经典教条,但"由己"并不等于唯己,而是正相反,是要将己所为之仁推广开来,使天下人共进于仁,这才是真正的亲切熏陶之爱。

陆九渊将本指选择适宜居住的乡里环境的"里仁为美",推广到了人人、家家为仁而共进于仁的普遍之仁、普遍之善的氛围。这种邻里皆仁美的景象,在陆九渊其实不难实现。孟子先就讲过"耳有同听,目有同美,口有同嗜,心有同然","此理所在,岂容不同"。[①]

孟子谓心之同然是同理义,实际只限于一种经验的类推,尚不具有普遍必然的效力。而陆九渊反对仁的"独为之"而主张共进乎仁,其可能性已经建立在了其所主张的"塞宇宙一理耳"[②]的本体论基础之上。天地人物既然"同此心同此理"[③],则天下自然是一家。故与朱熹从理一分殊出发推导天下一家不同,陆九渊是从东西南北海、上下千百世圣人心同理同的角度看问题的。譬如:

> 宇宙无际,天地开辟,本只一家。往圣之生,地之相去千有余里,世之相后千有余岁,得志行乎中国,若合符节,盖一家也。[④]

朱陆相较,朱熹立足于"合异反同"归纳出理一,同时就肯定了气化的差异。而且,体一既然是在用殊之中,"天下一家"就只是理性抽象的产物,现实所见都是万殊的世界。陆九渊的视角明显与朱熹

---

① 陆九渊. 陆九渊集. 北京:中华书局,1980:177.

② 同① 201.

③ 同① 273.

④ 同①.

不同。从他"宇宙便是吾心，吾心即是宇宙"①的立场看天下，天下自然"只是一家"。心志的相通是全部问题的根据，不论空间上的千余里还是时间上的千余年，从此心看出去，前后圣人得遂其志并行其事于中国，都是若合符节，这已经远远超越了人际的亲疏异情和贵贱异等。人们观念中"自家"与"他家"的间隔，乃是"自用其私"而"妄分俦党"的产物。

陆九渊会有如此的论断，不只是有心本论的立场，更有价值观的判定，所谓"古人但问是非邪正，不问自家他家"②也。在以价值观为评判标准的前提下，亲疏贵贱之分已经没有了意义。周围都是家人，里仁之善美本已在前提之中。从而，"故凡弃人绝物之心，皆不仁也"③。陆九渊不仅仅是在本体论上以自己的一心替换了张载的一气和朱熹的一理，而且加上了"是非邪正"的标准，从而与儒家传统的伦理本位衔接了起来。

三、王阳明的"一体之仁"与亲民情怀

从宋儒到明儒，传统仁学的资源被重新解释。建立在同气、同性、同心基础上的两宋"天下一家"说，作为理学博爱论最基本的观点，在明代学者那里得到了进一步的继承和发展，王阳明便是其中著名的代表。王阳明的仁说，启迪了明中后期思想家们在宇宙观、境界论和生生仁学等方面的智慧萌发和理论构建，并在实践层面产生了十分深远的影响。

---

① 陆九渊. 陆九渊集. 北京：中华书局，1980：483.
② 同① 178.
③ 同① 191.

1. "一体之仁"视域下的博爱论说

天地万物一体的观念，在王阳明这里受到了普遍性的关注。在被弟子钱德洪推为"师门之教典"的《大学问》中，阳明开篇便讲"以天地万物为一体"：

> 大人者，以天地万物为一体者也，其视天下犹一家，中国犹一人焉。若夫间形骸而分尔我者，小人矣。大人之能以天地万物为一体也，非意之也，其心之仁本若是，其与天地万物而为一也。岂惟大人，虽小人之心亦莫不然，彼顾自小之耳。是故见孺子之入井，而必有怵惕恻隐之心焉，是其仁之与孺子而为一体也；孺子犹同类者也，见鸟兽之哀鸣觳觫，而必有不忍之心焉，是其仁之与鸟兽而为一体也；鸟兽犹有知觉者也，见草木之摧折而必有悯恤之心焉，是其仁之与草木而为一体也；草木犹有生意者也，见瓦石之毁坏而必有顾惜之心焉，是其仁之与瓦石而为一体也；是其一体之仁也，虽小人之心亦必有之。是乃根于天命之性，而自然灵昭不昧者也，是故谓之"明德"。①

程颢讲"仁者"以天地万物为一体，阳明则又回到了"大人"以天地万物为一体。其"一体"的内涵，便是天下一家、中国一人。所以，首先需要破除的，就是"间形骸而分尔我"，它不能上升到普遍如一的天下情怀。

阳明所以要立足"大人"开始其论述，在于"大人"相对于"仁者"，含义更为宽泛。"大人"在这里，可以理解为在良知呈现状态下具有"大家"意识之人，同时也便于与"小人"相对而展开

---

① 王阳明. 王阳明全集. 上海：上海古籍出版社，1992：968.

叙述。就是说,"仁者"以天地万物为一体本身没有问题,阳明在他处也有使用,但毕竟"仁者"在儒家是一个德性和境界极高的称谓,阳明还要考虑到一般士人所具有的情怀。同时,"一体"不仅在大人是常态,在小人也是如此,只是他们自己不以为然罢了。

阳明的论证,基点仍是孟子普遍性的不忍人之心,但又充分地扩展,将怜悯顾惜之心播撒到天地间的一切物事,可以说是把孟子当年一般性的"爱物"观念普及了具体的草木瓦石。更重要的是,程颢的"一体"以"仁者"的境界和情怀为基础;而在阳明,"一体"却成为爱物的前提和仁的内涵。在阳明学"心外无物"的语境之下,天地万物都在我心(感应)之中,"一体"已成为仁心本来的预设。从而,"一体之仁"的概念,就特别昭示了在"一体"基础上的普遍之爱,它因其光明不昧而被叫作"明德"。

阳明的"明德"仍需要天命之性的客观性,但依此客观性确立起来的心体——"心之体,性也"①,离不开主观层面的德性自立,大人需要通过内在性的锻炼实现"立体",所谓"明明德"也。同时,"明明德"不只在内在德性的彰显,更重要的是明德(仁德)必须发用于天下,使民人物类都能够享有其所爱,仁的作用和价值才能真正体现出来,这便是阳明大力弘扬的"亲民"思想。他说:

> 故明明德必在于亲民,而亲民乃所以明其明德也。是故亲吾之父,以及人之父,以及天下人之父,而后吾之仁实与吾之父、人之父与天下人之父而为一体矣;实与之为一体,而后孝之明德始明矣!亲吾之兄,以及人之兄,以及天下人之兄,而后吾之仁实与吾之兄、人之兄与天下人之兄而为一体矣;实与之为一体,而后弟之明德始明矣!君臣也,夫妇也,朋友也,

---

① 王阳明. 王阳明全集. 上海:上海古籍出版社,1992:277.

以至于山川鬼神鸟兽草木也，莫不实有以亲之，以达吾一体之仁，然后吾之明德始无不明，而真能以天地万物为一体矣。①

在阳明，"亲"之对象不仅指父兄，也适用于天下人，"一体"的观念通过我对天下人的普遍关爱而最终确立起来。这虽类似于孟子亲亲、仁民、爱物的推恩说，但后者的爱物仍是单向性的，尚没有回答己与天地万物是否已融为一体。同时，孟子的推恩只是一种道德的律令，缺乏其所以可能的本体论基础。直到张载等理学家基于同气同性的"民胞物与"说建构出天下一家观时，才在理论上阐明了这一问题。

阳明吸纳了这种由"一气"支撑起来的"一体"观，认为正是天地间的一气在根本上奠定了万物一体。"只为同此一气，故能相通耳。"②那么，由此"亲民"而来的"明"明德，就主要不是个人对内在德性（仁德）的体验，不是只有道德的自我挺立，而是我之德性在亲爱天地万物的实践中彰显出来，即"明"于博爱民人物类的实践。这也可以说是在德性论意义上的"致良知"说。

天地人物"同此一气"，说明作为生物体的人在与周围事物和环境进行物质交换的过程中，已建立了实施层面的相互关爱关系。但在此基础上生发爱人的情怀和职责，又依赖于人心的"一点灵明"。"灵明"发现最终造就了对周围世界一视同仁的意识。所以在后来，他更多的时候是要求淡化爱人的次第先后，以强调一体之念。在答顾东桥的书信中，他说：

夫圣人之心，以天地万物为一体，其视天下之人，无外内远近，凡有血气，皆其昆弟赤子之亲，莫不欲安全而教养之，

---

① ② 王阳明. 王阳明全集. 上海：上海古籍出版社，1992：968—969.

以遂其万物一体之念。①

"一体之仁"在这里首先是"一体之念"。作为一种内在的理念，它发出的不是差等之爱，而是明确要求视天下之人"无外内远近"。

阳明以血气作基点，应当承接了张载的气化一体观，即由同气而有同亲。人无论其德性和境界如何，从气的层面讲是本来一体的。但这又只是就可能性而言，从现实性看，人能否实际具有一体之念，则与其修养的境界和德性有关。如果被私欲蒙蔽，于天地人物不能出以公心，区隔和私爱就不可避免，甚至于最后视父子兄弟如寇仇。因此，只是奠定本体论层面的同体同性，并不能直接导致同仁同爱的社会性效果，后者仍然需要圣人教化的条件。就是说，它不是当然而是应然。

阳明实际上是将汉以来博爱说的注重教化与张载同气同性的本体论基础、程颢天下一体的仁者情怀整合了起来，并同时融进了宋儒克己去私的大公观念，以求回复到人本来的"心体之同然"。"心体之同然"渊源于孟子，但孟子并无"心体"的观念，这是阳明心本论哲学在博爱观上的反映。"心体"属于未发之中，"同然"则对本体附加了事实的判定。阳明"复"心体之同然，预设了一个"一体之仁"的先天本体。

为了澄清心体或仁体，宋儒先前已对汉以来的博爱说（例如，韩愈的"博爱之谓仁"）进行了检讨。朱熹以为这是混淆了性情体用，故不能讲"以爱为仁"。朱熹将韩愈的"博爱之谓仁"与周敦颐的"爱曰仁"进行了区分，认为后者是在爱的实施中指出其本性是仁，即已发之中有未发，而不同于韩愈的直接以博爱规定仁。参看《朱子语类》记载：

---

① 王阳明. 王阳明全集. 上海：上海古籍出版社，1992：54.

> 问韩愈"博爱之谓仁"。曰:"是指情为性了。"问:"周子说'爱曰仁',与博爱之说如何?"曰:"'爱曰仁',犹曰'恻隐之心,仁之端也',是就爱处指出仁。若'博爱之谓仁',之谓,便是把博爱做仁了,终不同。"①

周敦颐本人并未解释他此语的含义,这里实际是朱熹自己的观点。朱熹的看法在阳明弟子遭到质疑,如黄勉之便对朱熹所说不以为然,认为:

> 性即未发之情,情即已发之性,仁即未发之爱,爱即已发之仁。如何唤爱作仁不得?言爱则仁在其中矣。孟子曰:"恻隐之心,仁也。"周子曰:"爱曰仁。"昌黎此言,与孟、周之旨无甚差别。不可以其文人而忽之也。

王阳明回答说:

> 博爱之说,本与周子之旨无大相远。樊迟问仁,子曰:"爱人。"爱字何尝不可谓之仁欤?昔儒看古人言语,亦多有因人重轻之病,正是此等处耳。然爱之本体固可谓之仁,但亦有爱得是与不是者,须爱得是方是爱之本体,方可谓之仁。若只知博爱而不论是与不是,亦便有差处。吾尝谓博字不若公字为尽。大抵训释字义,亦只是得其大概,若其精微奥蕴,在人思而自得,非言语所能喻。后人多有泥文著相,专在字眼上穿求,却是心从法华转也。②

---

① 黎靖德. 朱子语类:卷二十. 北京:中华书局,1986:464.
② 王阳明. 王阳明全集. 上海:上海古籍出版社,1992:194—195.

从"一体之仁"出发，阳明肯定从孔子到韩愈再到周敦颐言"爱人"的一致性，并认同存在因韩愈的文人身份而使他的思想受到轻视的问题。事情的起因是宋儒以爱之本体规定仁，阳明认为此说固然不错，但更重要的问题在于博爱的情感和行为必须受是非、善恶的价值判断的制约，即"须爱得是方是爱之本体，方可谓之仁"。爱得不是，例如因其私意而爱恶人恶行，就只能给予否定。相较而言，西方基督教的博爱观有所谓"爱你们的仇敌"的训诫，但这不但不可能真正通行，而且走向了不恰当的价值选择，这在阳明就是爱得不是。

在儒家学者，对恶的正常情感应当是憎恶而非关爱，"恶恶臭"可以说是通行的原则。因为若是相反，可能导致严重的社会价值导向的扭曲，所以绝不可能谓之仁。"夫仁慈以惠良善，刑罚以锄凶暴，固亦为政之大端"[①]，阳明信守的，是奖善罚恶这一社会最通行的原则。换句话说，博爱是有边际的，性善的指向是博爱虽未言明，但却是必须预设的前提。人的情感、意志和德行在这里是一个统一整体。它不能越俎代庖去处理本当由刑罚施行的领域。就是说，爱有自己的内容限定，那就是爱善："见人之为善，我必爱之；我能为善，人岂有不爱我者乎？见人之为不善，我必恶之；我苟为不善，人岂有不恶我者乎？故凶人之为不善，至于陨身亡家而不悟者，由其不能自反也。"[②]

"爱善"自孟子以来可以说是"心体之同然"，在阳明则是良知发用的结果，故爱不善、爱仇敌都是不可能的，可谓是人同此心，心同此理。据此推论，我爱人，则人必爱我，故"为善之人，非独其宗族亲戚爱之，朋友乡党敬之，虽鬼神亦阴相之"。然其理据，仍

---

① 王阳明. 王阳明全集. 上海：上海古籍出版社，1992：615.
② 同① 917.

是基于《周易》"积善之家，必有余庆，积不善之家，必有余殃"的善良愿望①。在此愿望下，"我能爱之（民）如子，后亦焉有不爱我如父者乎？"②

阳明对此抱有的信念应当说是相当坚定的，其中也可能糅合进了佛教因果报应的因素。一般来说，互惠与因果报应的结合有助于博爱理念的推行，但考虑到其效力的非必然性，最终的结果仍然要依赖于个体自身"善反"的道德自律，张载"变化气质"的"善反"说对阳明应当具有影响。"凶人"之类的覆灭便可以认为是不能"自反"的结果，也正因为如此，劝善兴爱的德行教化就始终是必需的。

在此意义上，阳明认为讲"博"字不如讲"公"字透彻，因为讲"博"只是明确了泛爱的要求，讲"公"才附加了价值的认定，即它突出了大公无我、去私奉公、天下一心的崇高境界，最能体现"爱得是"的仁体的价值。

2. "千万人惟一心"的一家观

王阳明的博爱论述，从坚持"心体之同然"到强调出以公心而爱，一个基点是一心与众心的同一，这是从孟子到陆九渊一线贯穿的。如果能从一心或同心出发，自然会生成天下一家、中国一人的亲民爱民的情怀。

从实践的层面看，明正德二年（公元 1507 年），王阳明与吴清甫同样以弹劾宦官刘瑾落职，二人志同道合，所谓"心一遇同，相得欢甚，朝夕谈道"。后吴清甫邀阳明为其家谱作序，其宗族的共患难、行仁爱在阳明正是天下一心的真实表现。故其序称：

---

① 王阳明. 王阳明全集. 上海：上海古籍出版社，1992：917.

② 同① 615.

> 夫一族千万人，其初兄弟也，兄弟其初一人也。一人之心，固以千万人之心为心，千万人之心其能以一人之心为心乎？谱之作也，明千万人本于一人，则千万人之心当以一人之心为心。子孝父，弟敬兄，少顺长，而为父兄长者亦爱其子弟。少者贫而无归也，富者收之；愚而无能也，才者教之。贵且富者，不以加其宗族患难恤而死丧赙也。千万人惟一心，以此尽情，而谱善矣。世之富贵者自乐其身，留遗子孙，而族人之饥寒，若越人不视秦人，略不加之意焉，焉用谱为哉？①

祖上一人而后世千万人，家谱的意义正在让后世的千万家庭能追溯到起初的祖先一人。千万人本于一人，可以说就是千万人心本于一人之心。如此"千万人惟一心"的构架，在于利用生物之心意义上的天下一心，辅助发明心本论哲学的以心为本和社会人伦意义上的同心同爱。"以此尽情"，基于本心良知的发现，同心同理而能共患难。从而，富贵接济贫贱，族人间嘘寒问暖，就是修订家谱最重要的价值所在。

家谱的修订在传统社会已绵延了上千年，但称"千万人惟一心"而阐扬仁爱，则只有在以心为本的理论基础上才能成立。爱的情感有了形而上的基础，就更能彰显其普遍和一般的性质。但是，若就其路径而言，由亲及疏、由一至众的推恩仍是一个基础，但同时也体现了长幼内外相互亲爱的互惠特征。推恩是前提，互惠或互爱则是结果。吴清甫的祖父当年"赈穷周乏，施惠焚券，先亲族而后仁民"，此仁爱之风传扬下来，积善之家就必有余庆。利益的回报在阳明是有期待的，"故善保其国者可以永命，善保其族者可以世家"②。

---

①② 王阳明. 王阳明全集. 上海：上海古籍出版社，1992：1198.

博爱的施行并不拒绝利益的回报，这本是一切行善施爱的人们应当享有的福祉。

互惠作为施行博爱的理想结果，本身不是生发爱的动机，爱之产生仍基于不忍人之心的恻隐。阳明强化的，是一个有天下情怀的儒者的担当和职责，再加上"心体之同然"和"一体之仁"的形上基础，理性和情感在这里是融合为一体的，从而其救民于水火的道德责任和使命感也就更为强烈。阳明强调"世之君子惟务致其良知"，则能"公是非，同好恶"。基于同一的是非、好恶情感，于是跨越了人际的界限，走向"视人犹己，视国犹家，而以天地万物为一体"的博爱实践①。

"视人犹己"不仅是出于一种大公无私的关爱，更是一种视民苦如己苦的崇高精神境界和道德情怀。在内在良知的驱动下，生民的困苦荼毒通过"一体之仁"的心理架构而转移到我的身上，不忍人之心已转换成义不容辞的救济职责，阳明也因而有救民疾苦的最急迫的呼号。即便是超出了自己的能力，也要尽一份义务和责任。"是以每念斯民之陷溺，则为之戚然痛心，忘其身之不肖，而思以此救之，亦不自知其量者。"②天下一家、中国一人的"大人"意识在阳明身上展现的这种自我担当，表现得十分鲜明。学生元善感慨呼应说：

> 甚哉！大人之学若是其简易也。吾乃今知天地万物之一体矣！吾乃今知天下之为一家、中国之为一人矣！一夫不被其泽，"若己推而内诸沟中"，伊尹其先得我心之同然乎！③

---

① 王阳明. 王阳明全集. 上海：上海古籍出版社，1992：79.
② 同① 80.
③ 同① 252.

孟子当年回答万章问伊尹如何实现自己的抱负时，阐明伊尹之心是"思天下之民匹夫匹妇有不被尧舜之泽者，若己推而内诸沟中"，故因此帮助商汤实现了王天下的事业。元善将此运用到阳明的大人之学，并作为天下一家、中国一人的注解。此种解救天下人出疾苦之心，是伊尹之心，也是阳明之心，伊尹乃是先得我心之同然耳。

学生对阳明的推崇是一方面，另一方面，从孟子到阳明，都认为天下人心中存有同一的理义或道德，这是天下一家和中国一人说共有的心理基础。天下若有一人没有感受到圣人之道的恩泽，就好像是自己将他们推到山沟中一样。在此心境下理解一家一人的观念，充满的是博爱的情怀和应当肩负的道德责任。在阳明师徒的心中，上古圣人治理天下之所以美好，就在于它是天下一家的现实写照。

张载早先阐发他的"民胞物与"说时，主要还是在铺陈以顺天孝父和爱赤子为中心的关爱伦理；到阳明则推进到按才质高下分工和各尽所能，使和睦亲爱的家庭关系能够在物质生活层面各得其所、各遂所愿。这实际上补充进了社会公正的内容。不论是"各勤其业以相生相养"，还是圣贤"出而各效其能"，均"若一家之务"，"以求遂其仰事俯育之愿"①。人际、物我之间的障碍被根本打破，"天下一家"已经在不言之中。

相较于朱熹道学更为注意分殊之别，阳明"心学"的"一体之仁"则更为看重同一之爱。同时，阳明所期盼的天下之人"皆相视如一家之亲"，不但是人类社会最美好的境遇，也是他强调"亲民"在社会救助层面的反映。联系孔子回答"博施济众"之问的"何事于仁"，意味"为仁"主要在己之德行和境界，并不必然要求物质手段的辅助。不论是子贡的泛泛一问，还是孔子的就问而答，都只限于抽象的谈论，师生双方尚不具有切身的感受。而王阳明作为一方

---

① 王阳明. 王阳明全集. 上海：上海古籍出版社，1992：54—55.

执政大员，已有一定的物质手段作为后盾，能够在一定条件下支撑其博爱的理念。但毕竟资源是有限的，同时还有一个解一时之急与舒长久之患的问题，故常平赈济之类的制度措施就应当跟上。

阳明在批复《吉安府救荒申》的函件中申明，将陈腐仓谷赈济给贫民是地方官员本来的职责。强调"诚于爱民者，不徒虚文之举，忠于谋国者，必有深长之思，故目前之灾，虽所宜恤，而日后之患，尤所当防"，真正的爱民必须爱在长远。先前崇仁县知县呈文，"要将预备仓谷，凶荒之时则倍数借给，以济贫民；收成之日则减半还官，以实储蓄"，阳明对此办法给予肯定，并认为各县情况大体相差不远，要求"各属遇灾地方，凡积有稻谷者，俱查照此议而行"，但掌握的原则和尺度是"使贫民得实惠之沾，官府无虚出之弊"[1]。践行博爱必须实事求是，眼下尚不能做到"博施济众""官民两便"，有慈善爱民之心并能为应对灾荒筹措尽可能长远的办法，就是恰当的选择。

友人黄敬夫赴边远的广西履职，阳明在为他所写的序中，回顾其先前的爱民事迹，是"宰新郑，新郑之民曰：'吾父兄也。'入为冬官主事，出治水于山东，改秋官主事，擢员外郎，僚采曰：'吾兄弟也。'盖自居于乡以至于今，经历且十余地，而人之敬爱之如一日。君亦自为童子以至于为今官，经历且八九职，而其所以待人爱众者，恒如一家"[2]。

天下一家的观念在阳明和他的同僚这里，已不仅仅是形上层面同体一气的理念设定，而是通过爱意的真实播撒，通过"一体之仁"的具体发用，其所治下的民众能真实感受到"一家"的亲情。随着

---

[1] 王阳明. 王阳明全集. 上海：上海古籍出版社，1992：597—598.

[2] 王阳明. 王阳明全集. 上海：上海古籍出版社，1992：1045. 其中"僚采"，原文为"僚寀"并标为人名。"寀"不通，当为"采"。"僚采"即同僚。

黄敬夫的就任，阳明真诚地相信："岭广之民，皆其子弟；郡邑城郭，皆其父兄宗族之所居；山川道里，皆其亲戚坟墓之所在。而岭广之民，亦将视我为父兄，以我为亲戚，雍雍爱戴，相眷恋而不忍去，况以为惧而避之耶？"[1]黄敬夫并不具有充裕的物质手段，他也不可能完全满足民众所需，但基于同心同理和互惠报应的信念，民众是能够体会到我之爱心和回报我的。从而，偏远之乡民，可以经由互相关爱而与我联系为一个整体："夫以天下为一身也，则八荒四表，皆吾支体，而况一郡之治，心腹之间乎？"[2]这也是弘扬博爱在他的时代的真实期待。

四、湛甘泉的"家天下"说

在阳明心学流行的同时，甘泉心学也颇有影响。湛甘泉实际是将张载的气学、朱熹的道学、象山的心学等融为一体来抒发他的天下一家说的。

承宋儒而来的本心、宇宙"一致"论，为甘泉的天下一家观提供了必要和基本的理论支撑。他在诗赠阳明并《序》中，从同情阳明立志于"天德王道之学"而不被理解的境遇出发，不断向上提升和扩充，最后达到"天地"的境界和情怀：

> 然后能与天地为一体，宇宙为一家。感而通之，将无间乎离合，虽哀而不伤也，故次之以天地终焉。[3]

---

[1] 王阳明. 王阳明全集. 上海：上海古籍出版社，1992：1045.

[2] 同[1] 1025.

[3] 湛若水. 泉翁大全集. 台北："中央研究院"中国文哲研究所，2017：1017.

天地一体在甘泉不只是理论的前提，也是人境界提升的现实写照。在此天地一体一家的境界下，人间的或离或合便没有实质上的区别。推广开去，古来那些感叹离群索居之人，实际都是没有能认识到这一真理。当然，"一家"不论是气化基础还是境界提升，最后都是要在"心通"的层面才能真正获得解释：

> 天地我一体，宇宙本同家，与君心已通，离别何愁嗟？①

作为心学的天下一家观必需的理论预设，"心通"离不开象山以来天下古今圣人同心同理的基础，同时也需要关联着实践的自我尽心功夫的加入。自天子至乡邑大夫，如能各自尽心，各自能以一家之观治其所管辖之地，则整个天下得治便在不言之中。他说：

> 尽心者莫如家，太上家天下，其次家一省，其次家一郡，其次家一邑。故卿大夫百执事，以君相之心为心，如一家焉，则天下治矣。参藩而下，以方伯之心为心，如一家焉，则一方治矣。府佐而下，以太守之心为心，如一家焉，则一郡治矣。丞簿以令尹之心为心，如一家焉，则一邑治矣。诚使天下之丞佐视其君长如家长，则德意下布，下情上达，上下交通，惠泽流行，虽欲不治，可得乎？②

"尽心"无疑从孟子而来，但甘泉的"尽心"显然已不重在内在的心性修养，而是已扩展到君臣上下的治国安民之策。治理一地的关键，就看各级官吏能否站在其上级主官的地位上去视其属地为一家。"一

---

① 湛若水. 泉翁大全集. 台北："中央研究院"中国文哲研究所，2017：1018.
② 同①833.

家"就不仅体现在上之君相视下民,更体现在下之臣民视君相。倘若臣民能视君长和上级长官如家长,敬重与亲情融为一体,仁惠恩泽流布,无处不浸润沾染,则天下有何不能治呢?

天下一家的观念落实到各级职守,首先要处理好的,便是其上级主官和治下之民的关系,"家"在这里就是一个基本的衡量准绳。张载当年倡导"民胞物与",已经提供了一个一般的原则,甘泉则要求具体落实到每一位臣僚身上:

> 为县之臣簿者,视其尹如其兄长,视其民如其子弟,视其邑如其家,则无不理矣。子弟之有疾痛寒饥,必以告于兄长,兄长之有德意恩惠,必承之以施布于子弟,则家有不理者乎?如是以达于一邑,则上下氤氲,远近洽和,邑其有不理者乎?[1]

对于刚走上仕途的基层官吏来说,天下一家观是将博爱的情怀和治天下的良策关联在一起的。甘泉希望他的学生和友人对此能够真切地予以体验和推行。子弟与兄长的关系固然也存在上下尊卑,但原有的顺从和忍让的说道在这里已不见踪影,友爱、救助与和谐的乡间邻里关系成了主要的考量。

甘泉认可"心外无物"的言说,人需要"大其心,包天地万物而与之一体,则夫一念之发,以至天下之物,无不在内"[2]。这里无疑可看到阳明心学的影子,他认可"心外无事、心外无物、心外无理三句无病";但是,张载对他的影响亦不容忽视,他的心包天地万

---

[1] 北京大学《儒藏》编纂与研究中心. 儒藏:精华编:第253册. 北京:北京大学出版社,2009:104—105.

[2] 四库全书存目丛书编纂委员会. 四库全书存目丛书:《集》部第56册. 济南:齐鲁书社,1997:605.

物一体，同时也兼顾了张载"大其心"的路数①。民、物既不出心外，天下一家、中国一人就是理所当然。甘泉可以说无时无处不在着力贯彻和推广"民胞物与"的理想，认为各级职官都应当怀有爱民济民的情怀。他并感慨道：

> 维明天子父母天地而家天下，大臣其家相，监牧其家正，民物其同胞，疾苦无告其兄弟之颠连者，皆本乎一体。是故天地之大德曰生，圣人之大德曰仁。使痛痒之不关，则亦何仁之有？②

天下一家的"家天下"观，在甘泉不是一种威权和管控，而是一种宇宙视野，一种基于生生流行的人道关爱。如果说从"心外无物"去看天下一家主要是基于本体论的立场；从生生流行的天地大德讲"民胞物与"，则为"一体"之仁的贯彻提供了强大的宇宙论动力。人倘若能像知痛痒一般体认普遍之爱的仁德，人人都有爱民敬长之心，天下一家的观念落到实处就不再会是难事。

总起来看，从传统儒学到宋明理学，天下一家的观念固然不乏理想的成分，但两千多年的历史实践告诉我们，它的确在不同程度上影响了中国社会发展的进程。从王权政治到基层管理及乡间邻里关系的处理，都不难看到这些观念的落实。从而，统一的中华国土（天下）这个"大家"，既在理念也在事实上得以维持。

（整理：程嘉彤）

---

① 张载云："大其心则能体天下之物，物有未体，则心为有外。"张载集. 北京：中华书局，1978：24.

② 北京大学《儒藏》编纂与研究中心. 儒藏：精华编：第253册. 北京：北京大学出版社，2009：694.

第七讲
哲学的未来与未来的哲学

◎ 江怡

时间：2021 年 11 月 11 日
地点：中国人民大学公共教学一楼 1302 教室

  江怡，山西大学特聘教授，教育部高等学校哲学类专业教学指导委员会副主任委员，中国现代外国哲学学会名誉理事长，北京市哲学会名誉会长，多个国际学术组织执委，多个国内外哲学期刊编委。国务院政府特殊津贴获得者。主要研究领域：分析哲学史、西方哲学史、语言哲学、心灵哲学、维特根斯坦哲学、认知科学哲学等。主要代表作：《维特根斯坦：一种后哲学的文化》、《思想的镜像》、《分析哲学教程》、《现代英美分析哲学》（主编）、《走向新世纪的西方哲学》（主编）等，发表论文 300 多篇。

第七讲
哲学的未来与未来的哲学

今天，我的讲座题目是"哲学的未来与未来的哲学"。大家可能会觉得，这似乎有些空洞，不知是否能启发我们进一步思考问题？通过这个讲座，我想提出一些指向未来和当下的问题，其中包含两个核心问题，即什么是哲学以及何为未来，这两者之间的内在关系是什么。通过对这两个问题的回答，我想提供一种新的看待哲学的视角，它是以往哲学研究者们所忽略的，这就是以未来的视角看待哲学的性质、任务和走向。

关于未来，我们首先要问的是，何为未来？科学技术、文学历史、艺术宗教都会有对未来的讨论，但所有的这些讨论，都是基于我们已掌握的知识的推测和想象，基于从一种可见的东西推测到未知的东西。所以，未来对所有人都有魅力，其魅力在于它的未知性。因而，对于未来的判断，在很大程度上是基于我们的想象。基于想象的未来，如狄德罗所划分的，属于文学艺术的范围。所以，我们会在艺术的领域谈未来，因为其中充满了想象。科学的未来在很大程度上也是基于文学，是对未知却希望有知的事物的描述。这些领域中关于未来的讨论，可以激发我们的求知欲，有助于我们理解这个世界将走向何方。就目前科技达到的水平，我们能知道未来是一个可以达到的未来。最近的热点元宇宙代表着一种倾向，从1995—2005年出生的人对未来的认知来看，元宇宙为我们提供了一种可触及的未来，但是，并没有给我们提供对未来本身的认识。未来对于科学来说究竟意味着什么？对普通人而言，这样的未来意味着幻想、想象的产物，是现在不存在以后可能存在的事物的幻觉，但这样的幻觉有一定的科学依据，所以可以被看作是科学假说。但哲学的未来并非如此，哲学的未来意味着什么？哲学的未来不是一个简单的假设，而是一个对哲学的性质重新定义的命题。所有关于哲学未来的讨论都已然规定了我们对哲学性质的理解。

一、从提问方式说起

  对这个问题的回答分为几个部分。首先是从提问方式说起，"哲学有未来吗？"这个问题意味着什么？假设回答是肯定的，前提是有哲学这样的东西存在；反过来，假设回答是否定的，前提同样如此，因为我们不会对不存在的东西提出关于未来的东西。无论是肯定的还是否定的回答，这个问题都预设了有哲学这样的东西存在。对这个问题的回答，预设了哲学的存在，因而，这个问题的提问方式，规定了哲学的性质是被预先假定的。关于未来的哲学就是已然存在的事物的特殊的发展形态，这种发展形态就表明了我们已经卷入了对哲学的理解之中。每个人只要意识到哲学的存在，我们就已然被卷入哲学之中。我们必须承认，它已然规定了我们对哲学的理解，这种规定是一种预设，在句子形式上，谓词是对主词的断定，蕴含主词的意义和指称。

  其次，哲学的未来是对哲学性质的理解。没有一种科学会将未来作为自己发展的根据。谈哲学的未来不是在规定哲学的未来，而是用未来规定哲学的性质。这是哲学活动的独特标志：没有一种科学会像哲学这样，把自己的未来作为学科发展的根据，因为未来是哲学的专属关照，与其他学科相比，哲学是唯一面向未来的科学。哲学史研究是对自身历史的回溯式考察，但我们不可能完全基于历史来了解一门学科，这是哲学为自己留下的难题。唯有哲学是以哲学史作为讨论的基础，哲学史帮助我们认识哲学这套知识体系，但这样的方法恰恰掩盖了哲学的性质，这是一个陷阱，我们总以为学习哲学就是学习哲学史，通过对哲学家思想的解读来理解哲学本身。但哲学史研究的目的是总结经验，对哲学问题的研究是哲学自身的概念阐明，由此澄清概念的界限，以论证为手段，得出对问题的解决方案，目的在于打扫战场。哲学上有一种说法，叫哲学是无解的，所以似乎我们并不能回答哲学问题。这种说法掩盖了对哲学的误解。哲学的问题不可能用经验的、实证的、科学的方式来解决，但这并不意味着哲学的问题是无解的。这里的"解"是一种"solution"，为我们提供一种重新认识哲学性质的新的方向和道路。这样对哲学问题的解读方式，一方面是在打扫战场，即清除以往哲学家对这些哲学问题的误解；另一方面则是明确方向，即为哲学讨论确立基本范围。比如，哲学家对"真理"的讨论，形成了哲学史上不同的真理观，这些对真理的讨论基于各自的整个哲学立场和哲学体系，彰显了各自的内在理论要求。但当我们把"真理"概念作为一个哲学概念提出来时，比如，真理是否有绝对和相对之分？这些问题如何得到解决？一个重要的解决方法就是对以往所有关于真理的看法给出解释，如英美分析哲学对真理的解释就不同于传统哲学的解释。但要给出自己的解释，就要指出前者的错误，所以他们的工作就是清理以往哲学家在理论上、逻辑上的错误。这是对哲学问题的处理方法。另外，比较哲学是哲学对相关思想传统的镜像式考察，目的在于扩展视野。以往有学者提出，中国哲学可以放在比较哲学的研究之中，把中国哲学看作比较哲学，也得到了海外的汉学学者的肯定，在比较哲学的视野中讨论中国哲学的价值，但是我不同意这种观点。这种做法没有彰显中国哲学的意义，还贬低了中国哲学的价值。因为比较哲学的目的在于扩展视野，在西方的语境中，就是把不同于西方哲学的观念放在比较哲学之中加以讨论，结果不过是扩展了我们对哲学认识的视野，并没有对我们处理的哲学本身有深入的认识。但所有这些哲学研究，最终目的都是为了面向未来。哲学史研究是为了未来的哲学，对哲学问题的研究打扫战场也是为了未来的哲学，比较哲学同样是为了未来的哲学。应当说，哲学是一种最具有预言性的科学。这意味着，哲学从来不是关注过去发生的历史或现在正在发生的事件，哲学面向未来可能出现的状况，还要把对未来可能出现的状态作为反观当下和重新认识历史的标准，这才是哲学作为未来之科学的最重要特点。

最后，未来的哲学是对哲学特征的描述：不确定性、不可预见性和无限开放性。关于不确定性，未来因为有变数而不确定，哲学因为不确定而有争端，哲学的争端不在于观点的分歧，而来自哲学对自身不确定性性质的考量。不确定性是哲学的常态，是作为未来研究的哲学的一种特征，也是哲学的魅力所在。如果一种哲学已然被给定，那么这样的哲学不需要被研究，只需要接受。哲学是追求智慧、探求未知的永恒的过程，不是让我们掌握智慧，哲学家不会守着已然获得的智慧故步自封，唯有不断追求并以不确定性作为哲学思考的主要特征，这样的哲学才具有永恒的价值。经过两千多年的历史，哲学走过了非常曲折的道路，在这条道路上我们所看到的哲学都不是被当作已有的智慧、知识加以接受的，一定是被看作可以反驳的知识内容，只有这样，哲学才会发展。发展不同于进步，发展仅仅意味着自身的演变，哲学只有发展，不一定进步。

不可预见性是未来的主要标志。从时间上看，不可预见性是未来与历史和当下的最大区别，任何的预期事件在未来都有可能发生改变；哲学以其预见性而具有科学性质，哲学本身能预见未来，它能预见未来的法宝是它能够把握事物本身。只有当我们理解事物的性质和本质时，我们才能理解该事物的变化规律，但本质的把握并不是一蹴而就、轻易得到的，必须经过艰苦的探索。唯有通过对本质的规定，我们才能切入事物未来的走向。尼采是一个伟大的哲学家，他的伟大在于他能够告诉我们未来将会走向何处，他在19世纪预示了20世纪的哲学发展，尼采对未来哲学的四种规定是世界性、个体性、技术性与艺术性。哲学自身因其面向未来而具有不可预见性。

无限开放性是未来的最大优势。未来意味着开放、没有限制，从空间上看，无限开放性是未来的各种可能性，意味着同过去和现在的有限性相对的无限性；只有未来才有可能性，未来的哲学充满了这种无限开放性，无限开放性应当被看作是未来哲学的准绳。哲学区别于历史、文学等学科的地方就在于这种特点，所有科学能接受的可能性概念都是一个必然性概念，所有的可能性都已然包含在了人们对事物性质的认识之中了，这是一个必然的过程，而不是偶然的过程。但是当代哲学的最新成果就是把偶然性摆在了人类的面前，偶然性恰恰就是可能性的体现，因为是偶然的，所以是无法被琢磨的，所以是不可确定的、不可预见的。量子力学的"薛定谔的猫"、当今的数理逻辑都体现了对偶然性的推崇。

二、不同时代对这个问题的回答

"未来"与"哲学"之间的内在关系是什么？哲学史上不同时代对这个问题有着不同的回答。在《任何一种能够作为科学出现的未来形而上学导论》中，康德把形而上学看作是一种未来的科学，他揭示了他的时代对科学进行讨论的基础是错误的，所以他要清理这些错误，给出一个全新的形而上学的理解。康德的批判对象是沃尔夫的体系，康德的工作就是重新为形而上学的大厦奠基，用他自己的体系替换沃尔夫的形而上学。他把自己的形而上学称为未来的科学。奠定基础就是康德的工作。

黑格尔的《精神现象学》是作为一个未来哲学的纲要。黑格尔把整个精神现象的描述、对科学知识的描述看作是一个历史的发展进程。感觉进入意识本身，然后又上升到自我意识和精神的过程，是一个精神自我的发展过程，这个过程显现出了世界的变化。关于意识的发展过程也是人类社会和自然世界的发展过程。以概念的演变构架自然的演变被我们称作客观唯心主义，黑格尔向我们揭示了任何思想的进步、观点的形成不是靠简单的感觉、看到具体的事物形成的，思想本身的演变恰恰揭示了在我们能谈论思想之前，我们已然已经有了反思的能力，这种反思的能力不是从过去的经验、当下的学习获得的，而是因为未来的发展所要求的结果。所以这个过程不是从过去到现在再到未来的过程，而是从未来到现在再回到过去的回溯过程。

在《宗教与哲学》《西方哲学史》等诸多作品中，罗素认为哲学是一种未完成的科学，所以未来的哲学是一种追求满足理智上的求真和行动上的宽容的生活方式，简言之，是一种实事求是、求同存异的智慧形式。罗素把哲学带入了生活、政治领域，让整个世界因为他的哲学而有所变化。直到今天，我们依然在阅读罗素的各种思想，如他对社会观点、人生意义的看法等。

在《新世纪的哲学》中，塞尔提出哲学走向未来的三个条件，这是今天很多人无法接受和理解的：第一，不再以认识论作为哲学的核心。这实际上颠覆了传统对哲学的认识。传统哲学的出发点是，我们要认识这个世界。如果认识论不再是哲学的核心，那么哲学工作者还能做些什么？第二，放弃对怀疑论的讨论。然而，对怀疑论的讨论是当代知识论的一个重要内容，放弃这个讨论，是否就意味着可以不考虑怀疑论对知识的挑战？第三，在知识讨论中放弃对绝对确定性、客观性和普遍性的要求。如果放弃这三点，那么哲学何为？塞尔提出了未来哲学研究的主要问题，总结一下，就是未来的哲学一定要与科学的研究相结合，这是哲学与科学的联盟，但这并不意味着我们要按照科学的模式处理哲学问题，否则哲学就沦落为一门具体的科学，尽管很多人就是想做这件事，想把哲学从神圣的高高在上的位置上拉到普通科学的领域。但是，如此哲学就毫无价值，因为一切科学能够解决的问题是不需要哲学的，哲学能够解决的问题都是科学无法解决的。历史上重要的科学革命都与哲学家密切相关，换言之，哲学在科学的发展进程中所起的作用绝不是一个助手，相反，它是一个批评者，是一个清道夫，哲学必须承担起批判科学的重任。科学一旦不受哲学的批判，一定会为人类带来灾难。

今天的科学发展已经超越了人类所能控制的范围，科学技术所取得的成果超出了我们的观念所能接受的程度，比如元宇宙这一概念。未来世界的重要性不在于其不确定性，而在于它的无限可能性。当我们面对未来的世界时，如何看待未来世界的变化，如何把握未来世界对我们今天的作用，这不是科学能够做到的。只有伟大的哲学家才能看出科学自身发展的方向，才能够为科学的发展给出限定。塞尔还指出，未来人类面临的世界是一个不同于我们今天的世界，诸如新冠疫情所带来的影响，疫情之后，我们不能回到过去的生活，疫情改变了人、社会和世界。这个改变在今天还不能完全意识到，后疫情时代所出现的社会的改变将会是长久的而不是短暂的。过去的例外状态现在成了常态。所以，关于未来的社会是怎样的，塞尔试图从伦理学、社会学的角度引出对未来社会的思考。

三、重新提出这个问题的意义

接下来，我们要谈的是这个问题的意义，分为三个部分。首先，是对哲学性质的重新规定。重新提出这个问题，是对哲学性质的重新规定，长久以来，我们对黑格尔"哲学就是哲学史"命题存在着误读，实际上，黑格尔借这一命题要表明的是，哲学史属于哲学，而不是把哲学等同为哲学史，长久以来，我们误认为学习哲学就是学习哲学史，今天是应该清算这个观点的时刻了。这也是重新提出这个问题的第二个意义，亦即对哲学史的哲学反思。

最后，这也是从未来出发对哲学性质的重新理解。未来哲学是从未来出发对哲学性质的重新理解，以往的哲学都是"回溯式的"，是从历史中寻找哲学的价值和意义，用过去规定现在，用现在揭示未来；但从哲学性质上看，哲学应当是"预言式的"，是从未来中反观历史和当下的哲学，用哲学的预见性解释哲学的性质和作用。未来本身是对哲学的规定，以未来看待哲学的性质。对时间的重新解释基于对现象思维的放弃，以空间来解释时间的概念演绎，共时对历时的规定，未来被压缩在共时空间之中，成为规定哲学性质的标尺或准绳。

四、未来哲学的可能形态

最后，我们要谈的就是未来哲学的几种可能形态。第一，作为规范的哲学研究。包括作为语言规范的语法研究、作为推理规范的逻辑研究、作为社会规范的道德研究和作为行为规范的合理性研究。这些构成了哲学的重要形态，表现为哲学是为所有的思想观念、道德规范、社会准则提供一个行为标准。

第二，作为科学清道夫的分析，包括对概念意义的语言分析、对命题推理的逻辑分析、对意识现象的心理分析和对科学问题的哲学分析。这是哲学对科学的反思，推动科学的进步。

第三，作为人类希望的精神科学，我特别推崇这一点。包括尼采的未来哲学、胡塞尔的严格科学、海德格尔的未来形而上学、维特根斯坦的哲学治疗。面对科学的发展、世界的变化、自然环境的恶化，人类还有希望吗？人类是否有希望这一点并不取决于科学意义上、生物学意义上的存在体是否能面对自然的恶化，而取决于人类必须以一种精神状态即希望来面对这种挑战。由于有希望，才能支撑人类继续应对挑战。希望是构成每个人生活的动力，人类共同的希望应该建立在这种精神科学上。不同于其他人文学科，哲学作为一门人类希望的精神科学设定了人类面对未来的勇气和胆量，人能以自己的能力实现完成人类的目标。

第四，作为道德推理的伦理学，揭示了未来哲学所面对的人类。包括从理论哲学到实践哲学、从道德律令到全球伦理、从人类中心到动物权利以及从理性之人到末世人类。未来的世界将会见证人类的渺小，正因为人类渺小，才要重新理解人在宇宙中的位置，例如，从理性之人到末世人类，这是对人类未来的全面揭示。1945年原子弹的爆炸表明，地球是人类的地球，人类拥有的核弹足以毁灭地球很多次，但人类没有毁灭自己，是什么让人类还能幸存到今天？这是因为人类能够自己决定自己的命运，这个能决定自我命运的方法就是道德律令。所以，未来的哲学更多是从理论哲学进入实践哲学的领域，主要关注人类在未来如何与其他物种共存。人类需要智慧，这个智慧建立在对人类自身的理解和认识的基础之上、建立在对人类位置的重新理解之上。未来不是遥不可及的，总是掌握在人类自己手中。哲学未来的命运也掌握在哲学家的手中、愿意学习哲学的人的手中，这需要我们共同的努力。让我们用自己的能力拥抱未来，但更重要的是以未来重新认识哲学。

（整理：骆宣庆）

第八讲
从否定神学到否定哲学

◎ 谢地坤

时间：2021 年 11 月 18 日
地点：中国人民大学公共教学一楼 1302 教室

  谢地坤，江苏南京人，哲学博士。现为中国人民大学"杰出学者"特聘教授。中宣部全国宣传文化系统"四个一批"人才评审专家，国家社科基金评审专家，全国科技名词审定委员会委员，哲学名词审定委员会主任，《东西方哲学年鉴》（中、英文版）中方主编，大百科全书哲学卷第三版常务副主编。曾任中国社会科学院哲学所所长，《哲学研究》《哲学动态》《中国哲学年鉴》主编，中国社会科学院研究生院哲学系主任、博士生导师。主要研究方向为欧洲大陆哲学，代表性成果有《费希特的宗教哲学》《走向精神科学之路》《求真 至善 唯美》等。

第八讲
从否定神学到否定哲学

今天主要讲这么几点：第一个讲否定的神学，即库萨的尼古拉，这是一个很关键的人物，可以说他是整个德国哲学的开创者，也就是从否定性的角度来谈神学问题；第二个讲康德，真正确定哲学是以否定性思维为基调的人是康德，康德说，我的批判哲学就是否定哲学；第三个讲黑格尔，特别是黑格尔在《精神现象学》中谈了很多这种否定性思维，现在的研究文章也不少，但它是从哪儿来的，有哪些不足，可以讲一讲；最后讲阿多诺。所以讲到这儿，我的研究特点就是史论结合，以史带论。

一

现在开始讲第一个方面。我们知道，欧洲是在公元476年进入中世纪的，那么我们可以说，从那个时候开始，哲学所研究的本体论、认识问题就让位于神学的教义。这个时候影响最大的就是奥古斯丁用新柏拉图主义来论证基督教的教义，确立了以启示为基础，以上帝为中心的基督教神学体系。我们可以看到，"理智服从信仰"这种奥古斯丁主义迫使神学只能扮演一个很卑微的角色，或者说哲学扮演着一个很卑微的角色。即使这样，在公元6世纪，也就是在奥古斯丁主义最盛行的时候，亚略巴古的狄奥尼修斯（Dionysius Areopagita，约公元6世纪）这个人——当然，要对他做讨论很困难，因为他到底生于哪一年、死于哪一年，都没有准确的记载，所以我们在他的名字狄奥尼修斯前面加上一个"伪"字，但他的书就很明显地摆在那儿——提出了否定神学的思想，这同奥古斯丁主义大相径庭。他否定神学并不是想否定基督教，而是想说，当人的有限理性不能证明上帝的存在时，你用人间的东西来证明上帝这种至高至上的存在，实际上是降低了上帝的性质，把一个神拉低到一个"人"（person）的位置上来。所以，对神的最好表达是用否定性的语言去表达，我们作为上帝的创造物，不对上帝做出这种规定，这不表明我们不尊重上帝、不信仰上帝，恰恰表明是我们无知。这种无知是否定性的表达，恰恰是有学识的表现。在奥古斯丁主义占绝对统治地位的时候，他不可能引起大的重视。但是在文艺复兴思潮开始涌动的时候，15世纪的库萨的尼古拉（Nikolaus von Kues, 1401—1464）发挥了狄奥尼修斯的思想，其中所蕴含的以否定性思维为主的批判品质，对近现代哲学发展至关重要。所以18世纪的康德在大概200多年以后，高举批判的大旗，直接就宣称：我的批判哲学就是否定哲学。此后，费希特、黑格尔、马克思、尼采，直到法兰克福学派的阿多诺等人就公开承认：我们就是继承了这种批判精神。我们可以看到，哲学从库萨的尼古拉开始（当然换句话来说是神学）就具有了一个非常明显的特征——否定性思维。从这个意义上讲，否定性思维使得哲学能够吹响思想解放的第一声号角，而且是在哲学面临各种危机的时候。但是，哲学为什么在这种思想条件下能够克服一切困难不断前行？那就是这种克服一切困难的否定性思维成了哲学的主要关切，成了时代精神的体现。

我们需要知道，为什么到了15世纪以后，这一直被忽略的否定性思维反而被重视起来了？这里有一个大的时代背景，我想应该承认，就是我们以前对中世纪的了解是不太全面的。所谓黑暗的中世纪是专指那几百年，有一段时间，特别是公元13、14世纪以后，科学技术得到很快的发展，推动了整个欧洲经济社会全面发展，同时也引起了政治体制和上层建筑的变革。这个时候，在很大意义上，以文艺复兴为代表的人文主义已经是思潮涌动，反映了人的主体意识正在觉醒。我用三句话来概括欧洲社会局面的变化。

第一句话是"从创世到进化"。所谓的"从创世到进化"是说，欧洲人在此前的一千多年相信基督教的上帝创造世界、创造一切，但是从公元14、15世纪起，发现有些自然现象、自然生物是逐渐变化、逐步进化的。我们如果注意研究他们的思想和制度变化就会发现，无论是大阿尔伯特（Albertus Magnus）还是爱克哈特（Eckhart），都很关心自然界的现象，这和宇宙中心问题以及亚里士多德的思想有关。我们知道19世纪中叶才产生了进化论，但在这个时候的一个说法是自然万物都是不变的。不管怎么说，在15世纪，从创世到进化，促进了人们对自然的研究，奠定了否定神学方面的基调，出现了一个很强的以人为主体的研究倾向。

第二句话是"从魔法到化学和物理学"。魔法就是过去欧洲人只是相信这种神奇的变化，没法解释清楚。但是化学、物理学的出现改变了人们的这些看法。

第三句话是"从奇迹到医学"。应当说生物学的变化，特别是医学的变化，和欧洲人吸收了阿拉伯人的思想、科学技术，尤其是医学方面的技术，有很大关系。研究这一变化可以看到，"十字军东征"在这方面发挥了很大的作用，以基督教为中心的欧洲人一方面想要强迫阿拉伯人、伊斯兰教，另一方面他们发现围绕地中海这一带的阿拉伯人有着很多比他们欧洲人更先进的思想、科技之后，从中学习了不少东西。如果承认"从创世到进化""从魔法到化学和物理学""从奇迹到医学"这些自然科学方面的过渡，我们可以看到，不少知识分子借助于特别新的知识得出了显然不同于宗教神学的结论。

恰恰是在这个时代，也就是在15世纪的时候，库萨的尼古拉登上了历史的舞台。为什么叫库萨的尼古拉，因为他生活在德国摩塞河畔一个叫"库斯"（Kues）的小城，但是因为拉丁文的发音方式就成了"库萨"。他曾经当过红衣大主教，甚至想竞争当教皇，只是没竞选上。不论是在宗教方面还是在政治、神学方面，甚至在哲学方面，他都做出了很大贡献，所以后人也以他家乡的名字来称呼他，就叫作库萨，但实际上他真正的名字叫尼古拉·克里弗茨（Nikolaus Cryfftz）。他不光在意大利的大学任教，后来继续在鲁汶大学任教。出于一个偶然的原因，当时的红衣大主教朱利安很欣赏他，他也努力协调教皇与各地主教的关系，甚至帮助教皇调整天主教与东正教的关系。有一次在他的协调下，两个教派达成了一致意见。他的主要著作有《论学识的无知》（De docta ignorantia，1440）和《论猜测》（De coniecturis，1440）。关于前一本，商务印书馆有一个中译本，叫作《论有学识的无知》，再早的时候，中国社会科学院世界宗教研究所的尹大贻先生翻译成《学者的无知》，还有《学问的无知》。因为是拉丁文，翻译成"knows ignorance"或"knowledge of ignorance"，实际上都可以。我之所以把那个"有"去掉，就是觉得尼古拉实际上是在讲，前面所说的在人间所习得的一切学问，在上帝面前都显得那么渺小，所以加上那个"有"，我觉得没有必要。但是他讲的不是"有学问的人无知"，因为讲有学问的人无知的话，那没学问的人就有知了吗？这在逻辑上站不住，所以我把"有"字去掉了。实际上他主要是讲所有以前的人，不论是奥古斯丁还是阿奎那，关于上帝存在的证明这一命题，都是毫无意义的，因为他们把讨论直接推论到上帝与整个无限大的宇宙到底是什么关系。当然在他心目中，无限大的上帝是绝对无限大，这个宇宙是相对的无限大。这本来是一个我们搞哲学的都知道的本体论问题，但是他不是从本体论问题入手，而是从我们如何去认识这个上帝，认识这个宇宙入手，这就把本体论问题转化为了认识问题。他的一个基础的、最基本的疑问是，以前苏格拉底曾经说，我们人对自己知道得太少了，所以我们要不断地去追问,以期知道更多的东西。

实际上,尼古拉的做法就为整个近代哲学研究开创了以认识论为主题的先河。我们知道,认识论问题是贯穿在整个欧洲哲学发展中的,虽然古希腊哲学中本体论和认识论都出现了,到中世纪就是对上帝存在的证明,但实际上,真正在培根之前谈论这个问题的(当然,是从神学的角度来谈的)就是尼古拉。他考察认识的目的与后来的康德等人不一样,他的宗旨是:人们不能用传统的肯定神学的方式去证明上帝,也不能像他的导师爱克哈特那样去用体验的方式认识上帝,而是要用全新的方式去理解上帝。理解标志着和暗示着宗教信仰与哲学的理解有某种共通之处,在这里信仰放在第二位。虽然《论学识的无知》这本书好像是对人类知识的否定,但是我们注意看他在开篇的时候说:"我们对事物的知识并不是完全不顾到它们的物质状况而取得的,不问物质状况,不可能形成事物的任何形象;但也不是全盘都依靠于这些事物的一切可能变化而取得;而是我们越从感性状况中进行抽象,我们的知识就越是确定和可靠。"我们很难想象这句话出自一个神学家之口,实际上他是把知识分为不同类型,首先是讲感性知识,通过对感性之抽象达到理性认识,而且还进一步认为理性认识的基础是感性认识,只有通过对感性事物的抽象,我们才能进入理性认识。但是理性认识比感性认识更全面、更深刻,所以更可靠。

但是作为一个神学家、一个红衣大主教,如果这样发展起来,他就成了康德了。他接着就往回转了,他说人类这些学识只是对某一类或某个事物的相对认识——这有点像黑格尔的《精神现象学》,讲相对认识——理性思维和知识逻辑并不可能让我们通过类比的方法去了解"物质事物中相互结合的精确度",不可能了解"已知事物对未知事物的适应程度"。也就是说,按照西方自然主义传统的说法，不是像中国传统那样"推天道以明人事"，而是由已知推未知，这是非常典型的区别于我们东方的西方传统思维，当然是来自以亚里士多德为代表的古希腊哲学家。在信仰方面，也就是在上帝方面，我们的知识实际上是无知，他有这样一个比喻：人的理智与理解境界就好像是在黑暗中看不见任何东西一样。那么，在我们的知识中，一方面是对感性知识和有限知识的理解，另一方面在信仰上，我们只能信。信仰要理性，实际上在这个地方他表示他是和基督教一样的，这就重新回到了新柏拉图主义的观点上来。也就是说，从这一点上来看，他是在亚里士多德主义和柏拉图主义之间徘徊的。我们由此可以概括出，尼古拉并不否认基督教信仰，而是说人的知识在把握、证明精神层面的活动方面不如信仰。对于这种既有学识却又无知的非常尴尬的境地，尼古拉就用苏格拉底的名言"自知其无知"来说明人类知识的狭隘。他在这里还讲，我们人类中可能出现的最有知识的人亚里士多德，他最后对自然有那么多深刻认识，不是也不了解、不认识那个上帝吗？

所以，这并不是数量上的差距，我们现有的自然知识无法让我们去认识上帝。因此，要"依赖于一种不同于我们所拥有的任何知识的其他知识，依赖于一种我们在知识中所发现的知识的悖论，它有一个悖谬的名字——'学识的无知'"。这就是说，我们虽然存在着这种有学识却无知的情况，但追求知识的愿望却不会停息，在我们将自己的知识与探索的对象联系起来时，无论这个对象是属于自然层面的知识探索，还是属于精神上的追求或信念，我们会发现，"有一个引起惊异的主题，也就是有一个引起哲学研究的主题，存在于渴求知识之前，目的在于使理智（它存在于理解力之中）可以通过研究真理而更加趋于完善"。所以，承认自己的无知，不是单纯的谦逊，而是在追求真理方面的进步。换言之，承认自己在知识上的无知，本质上是在完善我们的知识。在这里，他实际上偷换了概念，将宗教神学命题转化为哲学命题，将一个本体论问题转变为认识论问题，这让人不禁想起康德在几百年之后所发动的"哥白尼革命"，在其中所提及的否定理论理性与肯定实践理性的矛盾，以及由此带来的认识论革命所蕴含的重要意义。当然他们两者是不一样的，尼古拉表明上帝是绝对无限大的实体，超乎理性之上，人们用有限的理智来证明上帝的存在，实际上是把上帝变成有限的了。但是他又提出，一切事物就是凭借这个极大存在才成其为自身的，宇宙的存在是一个杂多的相对统一，"所以，为了发现这一个极大，我们就得研究事物的杂多性本身"。实际上他承认人的理智是达不到绝对真理的，而哲学家总是把真理当成自己始终不渝的追求目标。

追求绝对真理，却又无法把握绝对真理，这是个悖论，只能迫使我们改变我们的思维方式，从这样的极大与极小的关系上来思考问题。所以，尼古拉由此走上了一条非常独特的道路，我们达不到绝对真理，也不能通过这样的比例来说明这个绝对的极大存在。因此，人类认识就无法达到我们认识的顶点，因为我们的认识对象不同。在这时候他就接受了古希腊人的观点，强调数学的作用，承认数是创造一切事物的基本范型，或者我们翻译成"基本范式"。他以绝对无限长的线为例，有各种变化，无论是三角形、圆还是球，实际上都是那个无限长的线的变化，极大与一切事物的关系也可以比作无限的线与一切有限的线的关系，不同的线条与几何图形表明了我们可以用什么样的尺度和准则去说明无限大的事物与有限事物的关系。在这个时候他又接受了亚里士多德的观点："第一存在物是一切存在的准则和尺度，因为这是一切事物的本质性解释。"但如果我们再追问下去，让他回答这个第一存在物又是从何而来的，他说我也回答不上来。因此，他这里就强调"悟性"（understanding）的作用，我们把它译作"悟性"，也有人译作"知性"。在他看来，"对上帝的理解，与其说是向某物的推进，不如说是向'无'推进；神圣的无知还教导我，对于悟性来说似乎是'无'的东西，正是那不可理解的极大"。这种无限的极大依靠的"悟性"，其实就是他所看重的"猜想"（coniectura）。

关于"猜想"，要从两个方面解释：一方面，人们形成了一定的知识模式，在一定程度上认识事物的本质，可以将杂乱、矛盾的事物分门别类地统一起来，形成概念，这当然是从亚里士多德的思想发展而来的。另一方面，通过猜想来理解自然，由于世界的基本特征是杂多性和差异性，所以我们在这方面的思想是不确定的，甚至是不真实的。因此，我们的知识开始于对自然事物的感觉经验，我们的理性由此得到唤醒，并通过理性的抽象，概述出事物的不同属性，并将它们分门别类并予以概念化，形成不同的范畴。但是他说，这种概念化的知识只是我们的精神自己创造出来的知识，好像很完美，其实并不完美。比如我们确定了三角形的定义，好像把握了它的基本属性，但在这个世界上并没有完美的三角形，这个三角形、世界上的数字和我们对事物的物理的了解都是我们自己猜测出来的。我们的猜想都是依赖于我们有限的理性知识，我们达不到对事物的完美理解，尤其是涉及无限大的宇宙和绝对极大或者说上帝的时候，我们的知识并不够。按照德国最新出版的哲学史来说："学识的无知是依靠猜想来补充，这个库萨人是用怀疑和批判去面对他那个时代的知识，有意识地去阻挡被他视为无知的经院哲学的教义，这种教义虽然可以度量和比较，但只能获得相对的知识。"实际上，尼古拉用的这种方法不仅持有了苏格拉底对无知的讽刺，而且还表明，凭借经院哲学有限的理性——逻辑的认识方式不可能证明上帝的存在，人类只有自我超越，甚至要超越到对立面才有可能认识上帝。所以

"猜想"在这方面宣告了一切知识，包括关于上帝的知识，都处在矛盾之中。所以，矛盾原理不应当被放弃，而是要限制在有限的知识逻辑范围之中。我们看到德国古典哲学后来讲矛盾无处不在、矛盾普遍存在的黑格尔命题，在尼古拉这里已经出现了雏形。

实际上我们也可以由此说，尼古拉是以一种非常隐晦而曲折的方式将基督教神学命题转化为哲学命题，即使他口口声声讲信仰上帝，不能用人间的知识去理解这个无限的上帝，但用"猜想"这个概念实际上已经使得这个无限大的上帝打了折扣。他的真正意图是要讲他的否定神学，也就是说，人类的有限理性不仅不能证明上帝的存在，反而降低了神的性质，因此对神的最好表达就是否定表达，我们对上帝无知，恰恰说明我们有知。这种"无知而有知"的说法，就好比无知就意味着深陷黑暗之中，就需要无限智慧、无限善良的上帝之光的照耀，就需要崇拜这个真理和生命的上帝，所以对上帝的信仰恰恰是"通过学识的无知得来的"。从这个角度上讲，"否定式神学是这样地不可缺少，如果没有否定式神学，上帝就不是作为无限来受崇拜，而是作为被造之物来受崇拜，这就是崇拜偶像了"。实际上他这番话无非就是在说，人作为有限的生命，永远不能认识无限的上帝，这就好像黑暗对于光明一样，这个绝对的矛盾存在于这儿。所以结论是：否定神学比肯定神学更真实、更充分，因为否定神学是从无限完善性中排除不完善性，所以"绝对真理以我们无法理解的方式启迪了我们无知中的晦暗"。这有点像海德格尔和现代哲学的讲法。

实际上，有知识的限度和关于上帝无限存在的证明，或者说存在的无限性，相当于同一枚硬币的两面——认识论考察和本体证明——都展现在人们面前，他的立足点无非是表明上帝作为现实的最大值是人类知识所无法论证的。这种观点在表明科学知识与人类精神追求有着巨大差别的同时，实际上也与基督教神学原先关于人格化上帝的论证大相径庭。即使他在这本书的最后部分承认基督教的"三位一体"教义，但他同时也激发了哲学思辨的活力，开始恢复古希腊哲学的形而上学的灵魂。其中关于有知与无知、无限与有限、同一与多样、统一与差异、绝对真理与有限真理、运动与静止、极大与极小、无限存在与个体实存等方面的阐述，实际上在很大程度上都回复到了古希腊哲学的传统，推动了人们从认识论思考进入本体论证明。我们由此可以说，库萨的尼古拉的思想虽然复杂难懂，而且神学的讨论遮盖了他哲学思辨的光辉，但正是他通过对认识论问题的探讨，把崭新的思辨思想光芒投射到经院哲学的终结之处，从而开启了哲学的新时代。从这个意义上讲，最近出的牛津哲学史、近代哲学史都认为，《论学识的无知》是德国第一部经典哲学著作，即使它讨论的是经院哲学的问题。所以德国哲学的真正奠基者不是爱克哈特，而是库萨的尼古拉。当然现在大家对爱克哈特讨论得比较多，认为他是德国哲学的真正奠基者，但也有人说不是，这是个争议比较大的问题，大家可以讨论。这是我要讲的第一部分，也就是否定神学。

二

现在开始讲第二部分。我们知道从15世纪直到18世纪，欧洲哲学经过文艺复兴、宗教改革洗礼，得到了充足的发展。但是，无论是从培根到休谟的经验论学者所运用的归纳法，还是从笛卡儿到莱布尼茨和沃尔夫的唯理论学者运用的演绎法，都不能保证作为一门科学的哲学所要求的客观内容和普遍必然的有效性，无法证实知识的有效性和真理性。所以,经验论的结果是怀疑论、不可知论,而唯理论的结果就是我们现在所谓的"观念论",当然也可以用传统的翻译:唯心主义(Idealismus)。在这个方面,我给学生上课的时候也反复在说,可以根据上下文(Kontext)来翻译,实际上有时候把德国哲学叫作"观念论"、"唯心主义"或者"理念论",都是有争议的。我们的老师贺麟先生坚决反对我们用"观念论",而是用"德意志理念论",当然这是根据哈曼·尼古拉(Harman Nikolaus)的那本书《德意志观念论》,或者叫作《德国唯心主义》。我们也知道,康德在这个时候恰恰就面临着这些问题。面对他那个时代的各种思潮,比方说启蒙运动、经验论、怀疑论和神秘主义,他认为一方面要限制休谟的怀疑论,另外一方面要限制沃尔夫的独断论,实际上包括了莱布尼茨。他认为,一直到现在为止,哲学是独断的,各种哲学流派没有预先批判他们自己的能力,所以现在必须批判,不偏不倚地考察理性的一般能力。所谓批判就是针对传统的哲学,无论是哪一家——我们知道,前期是从否定开始的——批判的前提是否定,不破不立,唯有根据我们这种否定性思维提出怀疑,再到分析、批判,才能达到建构。应当说康德是开辟出否定哲学的第一人。康德一开始提出的关于认识的基础和界限,这个我们要提到《纯粹理性批判》。在《纯粹理性批判》出版的将近二十年之前,他在一篇短文中提出要把负数引入哲学,以此作为批判的出发点。他认为,所谓的负数乃是表示一个与现实相对而立的概念,但它又不同于逻辑的对立面,在这一点上他不同于亚里士多德和莱布尼茨。因为我们知道,不论是亚里士多德还是莱布尼茨,更多地讲矛盾律、同一律,而康德在这方面更多的是讲因果性。他认为,同一律并不能说明事物发生的原因和结果,因为世界上很多事情的发生并不是像同一律解释的那样,一个东西一定跟着另一个东西,必定会发生。在这个点上，他在下面讲得特别明显：我们说上帝的意志成了世界原因的时候，我们就会发现这两个东西在逻辑上、在事物的性质上是根本不同的。当我们把相同事物的对立面引进来时，我们就可以考虑到对事物本质的分析和解释，就可以清楚明白得多。比方说在心理学领域，可以说疼痛是否定的快乐；在道德领域，恶是否定的德性。这样我们可以想到黑格尔的一句话：否定是推动世界前进的动力。在物理学方面可以说，排斥是否定引力。

因此我们可以说，在18世纪60年代，康德已经充分认识到否定这个概念不仅在哲学中，而且在社会各个领域中都具有特别重要的意义。康德十分重视矛盾原则运用于因果律的重要性，并且特别强调其中的否定性元素。但是那个时候康德并没有完成他的否定哲学思想，直到《纯粹理性批判》的出版，他公开宣称自己的哲学是批判哲学的时候，实际上就等于在说"我自己的哲学就是否定哲学"。这一思想主要体现在以下几个方面：

第一点，康德在《纯粹理性批判》的序言里就断言，他的任务就是克服两种世界观，两种关于认识问题的片面且错误的观点，即独断论和怀疑论——前者是以莱布尼茨—沃尔夫为代表的唯理论，后者是以休谟为代表的怀疑论。他自己提出了第三条道路，即批判的道路。这种批判是对采取纯粹形式的，亦即不以任何经验为转移的理性本身的批判，就是对我们的认识途径、认识方法予以分析。"纯粹理性作为理论理性，首先经受的是一种消极的批判，而作为实践理性批判则展现的是积极的批判。"这种消极的批判就是否定批判，这种积极的批判就是肯定的批判。"积极"和"消极"这对概念也译作"肯定"和"否定"，到目前为止也没有确定哪一种翻译是完全正确的。康德的意图很明显，就是通过对理性本身，即对人类先天认识能力的批判考察，确定它有哪些先天的具有普遍性和必然性的要素，以及这些要素的来源、功能、条件、范围和界限，从而确定它能认识什么和不能认识什么，并最终对形而上学的命运——当然，在《纯粹理性批判》里对"形而上学"的定义不太一样——实际上就是对哲学的命运做出判决和规定。所以，我们说，《纯粹理性批判》始终贯彻的主线也就是这句话："人们只要浏览一下我们这部著作，相信就会看出，这种形而上学既然使我们的思辨理性永远不敢越出经验的界限，它的用处就只是消极的，而且事实上它这消极的用处也正是它的首要的用处。"这里的消极当然就是否定的意思，因为我们始终在说，康德开辟出了否定哲学的道路，就是在讲理论理性与实践理性的矛盾，理论理性必须加以否定，实践理性必须加以肯定。

第二点，在现象与本体的关系中，康德突出了本体这个概念的否定意义。在他看来，只要先验对象的概念是一个单纯有限的概念，本体就可以是理智直观的对象。但是在肯定的概念中，我们无法设想本体的可能性，这就是说，作为自在之物的本体概念或者理念虽然看似没有逻辑矛盾，但我们却看不到本体被当作直观对象的可能性。也就是说，康德在这里非常明确地说出来，自在之物是不能被认识的，想去找一个不可认知的理念对象进行考察，它属于理性的僭越或者说僭越了理性。因此，从这个意义上讲，本体在肯定意义上是不能被允许的，我们在理论上没法说清楚像上帝存在、灵魂不朽、意志自由以及我们到底存不存在这样的问题。我们不能对本体存在做出肯定的判断，相反，我们只能对本体概念加以限制，而不能把它与现象简单地凝聚在一起。从这个意义上讲，我们知道本体这个概念本身就包含了否定的意义，也就是说它不是我们感性直观的对象，而是依据本体来理解一个事物而言的，抽出了我们直观它的方式，同时我们并没有假定任何其他种类直观的可能性，所以我们只有否定意义上的关于本体的概念。这就是贺麟先生一直在说的，德意志哲学不能叫作"观念论"的哲学，因为我们没法说清楚，不能在肯定的意义上去说。再进一步讲，本体概念的这种否定含义是与它的肯定含义相对而言的，如果肯定意义上的本体可能只是一种理智的东西，而非直观的对象，那么我们只能放弃本体概念的肯定含义，而只在否定含义上使用它。这也是康德为什么和后来的谢林的分歧很大，或者说谢林和他的前辈康德的分歧很大。谢林说他的哲学是肯定哲学，或者我们过去翻译为"实定哲学"，当然近些年几位年轻一点的学者翻译为"肯定哲学"。就是说，把康德提出的不可知的东西当成对象，站在康德的立场上是绝对不能同意的。这是第二点，也是非常重要的一点。

第三点，康德在论证先天综合判断的可能性时对怀疑的观念论和独断的观念论都进行了尖锐反驳和否定，这当然是和第二点联系在一起的。他认为，观念论的最大问题就是把自我意识当作现实存在。对此他有一个非常巧妙的比喻：比如我的口袋里有200塔勒（Taler）——当时的钱币，现在200多欧元的样子——这是想象中的、观念中的，但口袋里没有，这不是现实层面的有。所以，主体的内在意识和外部世界的经验实在是不可分的。认知的两个元素——主体和对象不可能完全分开，我意识到我自己的活动必定意味着对外部事物的直观。康德在这里不仅为先天综合命题找到了充足理由，并且还由此达到对精神实体——上帝存在的著名的否定。由于康德是从否定的意义上去理解本体的，强调我们对于本体一无所知，那么康德就从过去的否定神学向着否定哲学过渡了。

关于上帝存在的主要证明有本体论的证明、宇宙论的证明和自然神学的证明，实际上都相当于把我们观念性的东西当作现实存在，把概念当作现实，把主观假定当作实在原因，把因果关系的臆想而非实实在在的现实当作现实性来看待。所以，一切想把理性纯粹思辨运用于神学的企图都是完全徒劳的，而且从其内在性质来说是毫无意义的，而把理性的原则应用于自然界也根本不会导致任何神学。康德由此明确提出：关于上帝，我们不可能知道任何东西，剩下的就只有信仰它。这一点和前面的尼古拉好像没有太大区别，关键是后面，什么是信仰？康德不仅在《纯粹理性批判》《实践理性批判》中，而且在后面关于宗教的著作——《单纯理性限度内的宗教》中说得很清楚：关于上帝，我们不可能知道任何东西，因为它是一种本体论、观念论上的东西，我们所理解的这种宗教信仰更多的是道德信仰。道德信仰与我们信仰上帝具有完全不同的性质，在这里我们不需要提出我们知识判断的真理性问题，因为这是实践优先的原则，即道德原则在康德这里是第一位的，任何东西也不能动摇这种信仰。我在这里就想插入几句话，就是说康德为什么提这样的观点。按照霍夫勒（Höfler）教授提出的观点，康德在明确地看到欧洲面对着科学技术的进步与原来那些道德规范以及实践自身的效果，因此为了挽救人类精神的危机，他提出了实践理性优先。过去我们只是认识到从尼采那里才开始，实际上我们现在看到，康德在工业社会开始形成的时候，就已经天才般地意识到这种危险的存在，就是说我们原来所确定的人类的道德规范与精神内容，实际上都面临科学技术的挑战。所以，《纯粹理性批判》看似只是一种认识论上的讨论，但实际上最后是与人类的精神危机联系在一起的。知识与信仰相比，在康德看来，我们强调这种信仰是为了保证一个至善道德的建立，这种信仰是实践得以可能的条件，所以康德讲了实践理性的三个公设，即上帝存在、意志自由、灵魂不朽，都是为了道德最终可以实现。那么知识应该消泯，如果真理性只是从主观方面加以论证，就像刚才说的，我们论证得并不清楚，而且客观性并不充分，那么知识就得让位于信仰。这点就和前面的尼古拉不一样了，正是在这个意义上，康德讲了一句名言，那就是大家都知道的："我不得不扬弃知识，以便给信仰留出地盘。"当然有人认为"扬弃"（aufheben）这个意思是直到黑格尔时才出现的，但我认为在康德这儿主要意思是"放弃"，这是最基础的东西，不然没法给信仰留出地盘。康德的目的是要使知识局限于自己的领域，而不能涉及超验领域，保证人类知识能够合乎理性地在现象界运用。康德一方面通过对观念的否定进入对宗教神学的否定，另外一方面也给知识保留了反题——否定在这里并不涉及道德信仰，不能把道德信仰与知识相提并论，道德信仰是体现在人类的实践行为中的。所以非常明显，康德正是遵循实践理性优先的原则，对信仰和知识予以双重限制，由此开辟出近现代否定哲学的道路。

第四点，康德在指出人类知识在涉及超验领域时缺少对客观性的充分论证方面，最明显的例证就是四组二律背反构成的矛盾命题。它们相互否定，相互排斥，每个看似言之成理的正题却又无法得到确切的证明，而反题也恰恰是言之成理的。如果思辨理性在这种意义上不可避免地导致自相矛盾，即我们说的"二律背反"（Antinomie），那么结论必定是：构造一门关于作为现象总体的科学的目的是错误的，其努力是白费的，哲学就不可能走上一条康庄大道。很明显，康德在这里提出了辩证的问题：理性在力图把世界作为整体来把握的时候，必然会遇到矛盾，在不可能提出本质的时候，就可以看到人类认识的界限。所以，我在上课的时候总是跟学生说，康德的《纯粹理性批判》，一言以蔽之就是"划界"，即对于理性，什么是可以认识的？理性可以应用到什么范围，不可以应用到什么范围？所以，在提出某个正题以后，看到它的界限及其制约作用，就需要超越它们，于是就产生相反的否定命题。没有这反题，正题便不充分、不明白，就会发生错误，这就是康德所说的否定的积极意义。应该说二律背反的学说是康德辩证法的顶点，虽然在康德本人这里并没有达到综合——我们知道，只有到费希特那里才提出了正、反、合，辩证法直到黑格尔才有完善的形式——缺乏综合的概念工具，但他毕竟提出了问题，经过费希特的正、反、合的补充和发展，到黑格尔这里就形成了矛盾普遍存在的思想，进而发展为否定之否定这条规律。

可以说，我们在这里接触到了批判哲学的顶峰，也接触到了它的起源。康德在晚年的时候明确地说，正是二律背反，特别是自由问题——人有自由，以及相反地，人没有自由，一切都是自然必然性——促使他从独断论的迷梦中苏醒过来，促使他转入理性的批判。因此，我们可以看到，在《纯粹理性批判》这本书里的基本问题"先天综合判断是怎么可能的"背后，实际上回响着一个康德更为重视的问题，即在肯定现象界某种事物的同时，应当洞视其反面问题，加以怀疑、分析和否定，再去尝试使用其他的理论和方法，这或许可以为哲学发展提供一条可靠的道路。否定哲学的意义由此显现出来。

三

康德哲学作为德国古典哲学的开创者，其否定思维的特征为后来的哲学打下了深刻烙印。那么我们在这里就简单提一下，费希特作为康德哲学的直接继承者，他的否定就是对康德的直接否定，就是不承认康德哲学中的二律背反。他的所谓综合就是以"自我"为核心的正、反、合三段论式的辩证法，这在黑格尔写的《费希特与谢林哲学体系的差别》中很明显。黑格尔继承和发展了由康德所开创的德国古典哲学的批判精神，坚持其中所蕴含的否定性思维的实质特征。可以说，黑格尔哲学中的否定性元素涵盖了黑格尔哲学的基本思想，特别是在被马克思称为"黑格尔哲学的真正诞生地和秘密"的《精神现象学》中十分突出。在《精神现象学》中，黑格尔首先就提出，真理不是片面的、抽象的、形式的，真理是一个有机的全体，是克服矛盾和克服片面性的过程。换句话说，在追求真理的过程中，没有分析、否定和批判，哲学的进步就是不可能的。这样，在黑格尔的眼中，人类精神的发展就是人类意识形态发展的历史，表现为精神现象、意识形态由于自身发展过程中的内在矛盾而造成的后者否定前者，并且逐步走向真理的漫长历程，前一种意识形态由于自身的矛盾而成为向后一种意识形态的过渡，而后一种意识形态就是对前一种意识形态的否定。这里再说明一下，我这里的"意识形态"和我们现在说的意识形态不是一回事，它指的是人的精神活动，或者德文所说的"格式塔"（Gestalt）。《精神现象学》中表现出的这种以否定为基调的批判主义精神，基本上突出了主体与客体的分裂、经过扬弃而又重新统一的思想发展的进程，同时也强调了思想逻辑与历史发展的内在统一性。因为这本书的篇幅很长，我不可能讲那么多，就讲两个方面：一个是"主奴关系"，另一个就是"异化和教化"。

关于"主奴关系"，黑格尔认为，自我意识与外在自然之间的交往只是一个方面，另一个方面是自我意识与另一个自我意识的关系。自我意识发展下去，这就是所谓的"自我意识的独立与依赖变成了主奴关系"。为什么会出现变化？因为自我意识作为一个主体，在面对另一个自我意识的时候，一定会把它当作另一物而加以排除，并试图消灭它。但另一个自我意识也不是完全消极地等待被消灭，不会这样等待命运，而是反过来同样排除你这个自我意识。就这样，在不同的自我意识之间会出现你死我活的这种相互活动，通过这种活动区分出弱者与强者，那么强者就成为弱者的主人，弱者就成为强者的奴隶，这是一个基本的道理。由此就形成了诸自我意识之间"独立与依赖的关系"，也就是主人与奴隶的关系。这样的主奴关系是矛盾的：一方面，主人虽然是独立的，他是奴隶的拥有者和支配者，但他却需要依赖奴隶的劳动来满足自己的消费，从这个意义上讲，他又是奴隶的依赖者；另一方面，奴隶被主人所支配，没有权利去占有自己的劳动产品，完全是个依赖者，但他直接面对自然，面对加工对象，从劳动中获得陶冶事物的乐趣，并且由此感受到自身的力量，因而从反面确认了自己具有独立性和主动性。主奴之间显现出的这种相互否定又相互依赖的关系表明：自我意识在意识到任何东西都是行将消逝的环节的时候，它更多地只是一个纯粹的自为存在的想法。就此而言，这里的否定还没有进入辩证法阶段，因为黑格尔认为："如果意识没有经受过绝对恐惧，而只是稍微感到一些紧张或者惶恐，那么，那否定存在对于它还是一个外在的东西，它的整个灵魂还没有彻头彻尾受到对方的感染或震撼。"这不是意识所要建立起来的否定，意识建立起来的否定有一项基本要求，那就是"保存并且保持住那被扬弃者，因而后者也可以经得住它的扬弃而能够活下去"。只有经过这个否定的中介过程或陶冶的行动，意识的个别性或纯粹自为存在的意识在劳动中外化自己，进入持久的状态，自我意识的确定性才最终获得了相互承认，每个人的自我意识才获得了保证。恰恰是在意识发展这个环节，否定是各个自我意识相互之间的否定和自我的否定，是人在社会中得以存在下去不可或缺的元素和中介，只有经过它，不同的个体作为主体才能达到自我扬弃，并进而确认相互间的存在。这是我们讲到的"主奴关系"，这个问题可以讲很多。

　　关于"异化和教化",在黑格尔这里是一种并立,是与"主奴关系"相提并论的。他认为,所谓"异化"就是个体对于其自然存在的否定,这就是否定;而"教化"则是指个体在社会现实中为了获取客观效果以及达到某种目的的现实性手段,就是要扬弃个体的自然存在状态。这方面既有公共集体的力量使其发生"教化",也有自己本身为了私人存在而运用手段发挥作用。在这个时候,对于个体来说,国家权力通过异化和教化两个阶段——国家权力是与你自己的本质相同的,但原来是不一样的,只有进入国家中,并且融入国家的教化中,你才能拥有自己的本质。这样的选择就导致了"高贵的意识"的出现,所谓的"高贵的意识"是因为个体受到国家重视而感到荣耀,受到君主的表彰而感到骄傲。但是必定也会相反地产生出完全相对的"卑贱的意识",就是认为我还是我自己,国家是国家,是公共权力,国家的权力和财富是一种异己的力量,因此就不与国家合作。这就是讲一个没有受到君主表扬的主体,实际上就是对前面所谓的"高贵的意识"的否定。从"高贵的意识"还会演变出"服务与建议"的自觉表达,并进而发展为"阿谀奉承"的姿态。由此可以看出,当时正值壮年的黑格尔的批判精神是很强烈的。这种"阿谀奉承"对于权力的普遍迎合,表面上粉饰太平,暗地里却是巧取豪夺。这种言行不一的分离,最终会造成人格上的分裂,所以就引入了"分裂的意识"。"分裂的意识"的出现就是对前面所说的"卑贱的意识"的否定,它已经意味着意识在克服异化,于是世界就由教化进入"信仰"的阶段。我们要知道,这里讲的"信仰"跟前面讲的"信仰"不一样,是讲的新教的信仰。新教改革的出现实际上意味着人类主体对此岸世界和彼岸世界新的理解和把握,突出了以启蒙思想为代表的"纯粹识见"(die reine Einsicht)——黑格尔在这里用了一个不太好翻译的词，我们把它译作"纯粹识见"，我觉得把它译作"洞见"可能更好一点——对迷信和传统信仰的否定和颠倒，提出了以理性认识来统一世界的思想。所以，"纯粹识见起初在其自身中并没有内容，因为它是否定性的自为存在；相反，信仰有内容而无识见"。也就是说，"纯粹识见"在启蒙中只是一种单纯的否定，但是没有信仰（黑格尔所认为的这个世界）就没有本质，没有内容。因此，在纯粹识见中，对象是自我确立起来的表象，意识通过否定宗教的表象而肯定自我。这样，黑格尔在这里通过对"异化和教化"的描述，就把启蒙与信仰联系起来。启蒙没有意识到自身与信仰之间的共同点，即它们具有共同的心理结构和观念性的特征。启蒙没有看到，它对信仰的否定实际上也是对于自己的否定，因为它自己也正是这种观念性的东西。所以，黑格尔在这本书里明确地说："（启蒙）既没有在这种否定物中，在信仰的内容之中认识自己本身，它因此也没有把它所提供的思想跟它提供出来的思想所反对的那种思想两者结合起来，联系起来。"这就为后来的《启蒙辩证法》开了先河，后者专门针对启蒙进行反思。也就是说，启蒙没有从概念上理解它自身的矛盾，其根本原因在于，它把感性东西当作有效的标准，当启蒙满足于现实世界的生活的时候，它就陷入了一种精神上的迷茫，因为它"失掉了它的精神世界"。黑格尔当时在写这本书的时候，正值拿破仑大军入境，他生活在耶拿这个地方，没有办法，很快就结束了这本书的写作。他最后结束得很仓促，但他讲了一句非常经典的话，他说"拿破仑只是马背上的精神"，真正的精神运动是谁，不言而喻，就是他自己。所以，启蒙只有在对颠倒世界的现实的否定中才能确立自我，才能把这些具体的、感性的东西当作是过渡到绝对本质的一个环节，才能达成对观念真理的追求这一抽象本质与自我意识的统一。这当然是黑格尔的话，很难理解。就是在强调自我必须有信仰，必须在精神上有一种自我确定，才能消除由启蒙造成的一种对生活世界的满足。黑格尔通过对"异化和教化"的分析，不仅对传统宗教同启蒙运动的关系予以梳理，更重要的是，他预见到启蒙所倡导的宗教批判还缺少精神内容，若是不由单纯的否定发展到扬弃，使对立面的双方达到统一，启蒙的结果只可能走向自己的反面。应当说黑格尔的这种思想是一种天才的预见。

黑格尔以后，德国古典哲学的这种否定、批判的精神得到继承和发展。如果说叔本华、尼采的意志哲学是从外部来对古典哲学予以否定，即是说用"意志"来代替"理性"，用"表象"来代替"概念"，并且进而否定整个西方文化传统，那么，到了20世纪中叶，以霍克海默和阿多诺为代表的法兰克福学派则从内部建构了这种否定哲学的思想。他们不仅在《启蒙辩证法》中证实了黑格尔的天才预见，而且通过建构否定辩证法，将否定哲学推向新的高度，从而对现代工业社会展开了深刻而尖锐的批判。

那么《否定辩证法》——我们不讲《启蒙辩证法》了，因为刚才已经将它的基本思想都概括出来了——虽然是阿多诺个人的作品，但却集中反映了那个时期法兰克福学派的基本思想。这本书的核心是彻底否定整个西方哲学传统——"同一性思想"（identity），其典型特征是"反逻辑""反体系"，集中表达了法兰克福学派对西方传统文化所采取的"大拒绝"的否定性立场。当然，阿多诺写作《否定辩证法》，或者说从中反映出来的彻底的否定性思维是和两次世界大战有关系的，这里就不是纯粹的理论性探讨了。事实上，法兰克福学派以及在此期间出现在柏林的二月学派这些人，前期基本上都是犹太人（哈贝马斯不是），而且都是犹太富商的孩子。他们在经济上有地位，但是在社会上没有自己的地位。所以，不论是霍克海默、阿多诺，还是其他的这些思想家，对于西方传统哲学，特别是由于这两次世界大战的悲惨教训，他们予以彻底的拒绝，这与海德格尔构成了完全相反的对立面。阿多诺相信，经历过两次世界大战，"已经发生的事件摧毁了思辨的、形而上学的思想与经验相统一的基础"。就是说，过去讲的存在，以存在为代表的这种西方传统文化与我们经验过的现实是完全不统一的。所以，"形而上学的能力已经瘫痪"，这里既指从康德到黑格尔的哲学，也指他的对立面海德格尔的思想。这就明确地表示出，在德国这个有着深厚悠久的理性传统的国度出现法西斯绝不是偶然现象，所以"现在任何关于存在的空谈，任何从大规模屠杀的悲剧那里得出的肯定意义都是无稽之谈"。这句话说得非常斩钉截铁。正是基于这样的思想，阿多诺提出这样一个基本命题：如果哲学思维想成为真实的理论，特别是在今天想成为真实的理论，哲学就必须进行自我反思，而且"必须是一种反对自身的思维"，所谓"反对自身的思维"就是否定自己。这个命题并非他的独创，我们只要读过马克思的书——马克思也是犹太人，特别是在本雅明的救赎努力中，都可以获得这样的意图，即"形而上学只有废弃自己才能获胜"。当然，这里的"形而上学"指的就是哲学。

所以阿多诺说，我要用"否定的辩证法"来称呼自己的哲学，"否定的辩证法是一个反对传统的表达。早在柏拉图时代，辩证法就已经意味着通过否定的思维方式去创造肯定的东西；否定之否定的图形（Figur）是后来形成的一个言简意赅的表达。本书试图让辩证法摆脱这些肯定的特性，同时又不减弱它的确定性"。他还是承认黑格尔的否定之否定的辩证法，承认黑格尔的哲学在逻辑上的这种确定是非常明显的优势，但是他的肯定的特性与现实经验不相符合。所以，对西方哲学传统进行否定是阿多诺一开始就对自己哲学规定的基本使命,但是他又想保持哲学本身固有的生命力。因此,阿多诺通过对同一性思想的清算,对体系思想的批判,对同时代哲学尤其是对海德格尔的本体论的分析和批评,表明他的哲学就是要放弃第一哲学,设定另一种彻头彻尾的非同一性、存在物、事实性,通过否定传统的和现有的理论模式,用辩证的观点去认识我们活生生的现实世界。在阿多诺眼里,哲学现在只有一条道路,即关注现象世界中那些无足轻重的、渺小的、没有意向的元素,并把它们置于相互交叉的星座(Konstellation)之中——我把它译作"星座",也有人译作"星辰理论",还有译作"星丛理论"的——直到它们构成一个形态。阿多诺认为,现实的世界可以由这种对传统的否定而打开,我们也由此可以洞见真理。

所谓洞见真理的方法就是否定辩证法。阿多诺承认黑格尔曾经是最重视差异和矛盾的哲学家,但在黑格尔那里,一切非同一的和客观的事物都被包含在一种已经被扩展和抬高到无限地步的绝对精神之中,并由此被矛盾地调和统一起来。而阿多诺所说的辩证法是直接面对差异和矛盾的,并不强求在某种更高的精神层面的同一性和肯定性,只是承认它们作为思维而被尊重的对象。"辩证法作为过程就意味着,因为在事情中经历矛盾而在诸矛盾中去思考这个所经历的矛盾。"就是说,他的否定辩证法始终是在谈他自己的矛盾,同时也是在思考中经历矛盾,就是从头到尾,否定辩证法都是在矛盾之中发生发展,没有终点。由此,阿多诺宣布,辩证法不是倾向统一性,而是怀疑统一性;不是遵循肯定的逻辑,而是奉行崩溃的逻辑。所以他说,我的辩证法是不可能与黑格尔"和好的"。黑格尔的辩证法是一个自我封闭的体系,同一性是这个体系必然的结局,而非同一性只是一个概念而已。除非黑格尔把他的思想体系在直接事物中展开,他的哲学才可能是非同一的,但这对黑格尔来说是绝对不可能的。因此,"黑格尔的辩证法在其失败的地方就变成了诡辩论的。把特殊变成辩证法的冲动的东西,即上层概念(Oberbegriff)中的不可消解性被说成普遍的事实,就好像特殊本身是其特有的上层概念,并因此是不可消解的"。黑格尔就是以这种"特殊不能构成概念而概念根本不是特殊"的借口,突出了精神的优势,并以此消解了特殊事物中抵制概念的东西,否定了矛盾的普遍性。阿多诺由此认为,他自己所设想的辩证法与黑格尔那种始终与总体性联系在一起的辩证法是不同的,他的辩证法是关于具体事物的辩证法,它是否定的,可以不断地修正自身,使其与思考的对象相符合,这就是直面矛盾。阿多诺是研究胡塞尔现象学的专家,他的博士论文就是研究胡塞尔现象学,他不像胡塞尔那样直接面对生活事实,而是直面矛盾,这是两者的差异,这种差异也是很根本的。所以,同一性不是被当作最终的东西,思想也不是高高在上的概念,"事实的对象"只有在思想的思考中才能被理解,但这个对象本身并不是思想。因此,"即使对象并不服从思维规则",但由于这种辩证的逻辑尊重对象,所以它就能够接近和认识非同一的东西。这种辩证法的概念是一种对象化的概念,而认识的主体首先就直接面对这种形态——认识对象。按照这样的理路,阿多诺对辩证法的设想就是:它既不单纯地属于主体方面,也不能被简单地推到客体一边,也不是主体与客体之间的中介。在阿多诺的眼中,事物的本质就是非同一的,矛盾则是这种非同一性事物的真实性的反映,所以任何勉强地把辩证法当作主体和客体的中介,当成主体和客体之间的联系,都是一种幻象,都是一种虚假的真实。所以,我们传统的哲学总是把总体设想为同一性,是一种意识的谬论,非同一性才是具体的真实。否定的辩证法就是要揭示事物的本质,接近客观真理。

以下说几点结论。否定辩证法虽然很难懂,但是它表明了否定思维在哲学中的重要性、必要性：既往的同一性思想、体系思想、本体论思想多多少少都与独断式的观念论、唯心论，甚至某种信仰教条有联系，如果我们承认哲学是一种"爱智求真"的学问，就应当坚持以这种怀疑的心态看待业已定型、似乎是千古不变的真理，用否定的态度去探究万事万物，这样，我们就可以不断地认识真理，接近真理。所以，阿多诺的否定辩证法为我们正确地认识事物增添了一条途径。

从古希腊的怀疑论，到中世纪初和15世纪的库萨的尼古拉的否定神学，再到德国古典哲学中的否定性思维，一直到20世纪中叶法兰克福学派的"否定的辩证法"，欧洲哲学的发展道路告诉我们这个道理：哲学是人们运用智慧去追求真理的学问，哲学本身就意味着对习俗和既定的意识的否定，哲学天生就具有这种本质性。

我们由此得出以下几点：第一，在西方哲学发展的两千多年中，否定性思维是推动哲学不断前行、不断丰富自身的理论自觉，没有否定，就没有肯定。哲学是一种理论自觉。从积极意义上讲，哲学不是一味地摧毁，否定也不是一味地摧毁，而是不断追求真理、探索真理、发现真理的过程，是为哲学范式的转换、哲学自身的建构和发展创造条件。第二，将这种以否定性思维为核心的哲学理论推向人类活动的实践领域，是哲学作为时代精神的体现，它为人类解放思想、打破一切陈规陋习的束缚奠定了理论基础，更为人类社会进步指明方向。所谓"不破不立"，讲的就是否定辩证法的这个基本道理。第三，哲学的本质是"爱智求真"，它的体现不在于某个人或某些人把握真理，而在于不断追求真理、探索真理、发现真理的过程。如果我们相信那种能够被绝对把握的真理，哲学也就没有存在的必要。所以我们要承认，哲学这门古老学问历经两千多年而不衰，面临各种各样的危机而能不断前行，其生命力之所在就是这种不断地自我批判、自我否定的思维！所以，哲学家不能自诩为真理的把握者，而是要努力实现由否定到探索，由探索再到建构的历史使命！

（整理：何启文）

第九讲
时代的理解和把握

◎ 丰子义

时间：2021 年 11 月 25 日
地点：中国人民大学公共教学一楼 1302 教室

  丰子义，1955 年生，山西应县人，北京大学哲学系博雅讲席教授、博士生导师，北京大学马克思主义哲学研究中心主任、北京大学中国特色社会主义理论体系研究中心主任，兼任中国人学学会会长、中国马克思主义哲学史学会常务理事等。被评为教育部跨世纪人才人选和北京市"百人工程"人选等，中央马克思主义理论与建设工程《马克思主义哲学》教材编写组首席专家之一。长期从事马克思主义哲学教学与研究，主要研究方向为马克思主义哲学史、社会发展理论、全球化理论等。主要著作有：《现代化的理论基础》《现代化进程的矛盾与探求》《发展的反思与探索》《发展的呼唤与回应》《走向现实的社会历史哲学》《马克思主义社会发展理论研究》等。发表论文 200 多篇。

第九讲 时代的理解和把握

之所以选择"时代的理解和把握"这一题目，主要有两点考虑：一是哲学与时代有直接的关系。从马克思、黑格尔关于哲学与时代关系的看法谈起：马克思曾谈及"任何真正的哲学都是自己时代的精神上的精华"[1]；黑格尔亦提过"就个人来说，每个人都是他那时代的产儿。哲学也是这样，它是被把握在思想中的它的时代。妄想一种哲学可以超出它那个时代，这与妄想个人可以跳出他的时代，跳出罗陀斯岛，是同样愚蠢的"[2]。在他们的表述中，都将哲学与时代联系在一起。也就是说，研究哲学不能离开时代。二是现实的背景。近年来，时代问题日益成为人们普遍关注的重点问题。从国内来看，我们现在进入了新时代；从国际来看，当今世界处于百年未有之大变局。就现实情况而言，任何一个国家都处于一定历史时代，其存在和发展不可能离开历史时代。要顺利推进我国的社会发展，必须对时代问题有一个清醒的认识和判断，然后才能做出相应的"谋划"。而要对时代有一个全面、准确的把握，必须增强时代意识、确立正确的方法论。

一、时代意识的当代凸显

"时代意识"实际上是伴随现代社会，尤其是全球化深入发展而凸显出来的。在传统社会，"时代意识"并不成为问题，因为人们世世代代生活在相对封闭的社会环境和文化环境里，很少与外界来往或受其影响，整个社会也是在这样的环境里延续与发展的，因而不会形成"时代"的概念。虽然中国古代也有自己的"天下"观，但

---

[1] 马克思，恩格斯. 马克思恩格斯全集：第1卷. 2版. 北京：人民出版社，1995：220.

[2] 黑格尔. 法哲学原理. 北京：商务印书馆，2018：14.

这种"天下"观与今天我们所讲的"时代"并非一个概念。当时，由于整个世界的变化对本国的发展没有多少影响，也无须作为本国发展的参照，故时代意识很难确立起来，且意义也不大。而在现代社会，情况则发生了重大变化。伴随"世界历史"的形成和全球化的深入发展，各个国家的联系日益紧密，以至形成一个你中有我、我中有你的有机整体，同时形成了特定形式的世界格局。这样的整体和格局一经形成，便直接成为影响和制约各个国家发展的巨大力量，由此滋生和增强了人们的"时代感"。由于每个国家都因其各种原因被纳入世界体系，因而其发展必然不同程度地受到时代和世界体系的制约，而且发展的方向、发展的道路、发展的方式等都会相应地发生重大变化。这样的发展现实，必然促使人们对置身其中的时代加以密切关注，从而形成时代意识。时代意识的要旨，就在于在全球化的竞争中克服社会发展的盲目状态，达到自为境界，以增强发展的自觉性和主动性。

增强时代意识，重要的是认清时代潮流，明确本国在时代格局中的方位。只有对时代潮流和自己所处的方位有一个总体的把握，才能明确自己的处境，发现自己的利弊得失，从而采取相应的对策和策略。否则，既难以在各种重大问题上做出准确的判断，也难以在各种具体发展上做出合理的抉择。今天之所以要突出时代意识，事实上就是由此生发的。

时代并不是一般的时间概念，而是一个社会历史范畴。它标识的是人类历史特定发展阶段，包含着该阶段社会历史的总体性质、基本矛盾、发展规律、发展趋势等基本内容，体现着该阶段社会历史发展的新特点、新变化。透过时代，我们可以明显地感受到社会历史发展不同阶段的节律、动感、规则、要求等，从而达到对社会历史基本的理解。对于时代的划分，可以有不同标准。因其标准不同，可以形成不同的时代系列，如依据生产工具和生产技术水平，可以划分为石器时代、青铜器时代、蒸汽时代、电气时代、信息时代；依据产业发展，可以划分为农业时代、工业时代、后工业时代；依据经济形态，可以划分为自然经济时代、商品经济时代、产品经济时代；依据生产方式特别是所有制形式，可以划分为原始时代、奴隶时代、封建时代、资本主义时代、未来共产主义时代；依据文明程度，可以划分为蒙昧时代、野蛮时代、文明时代；等等。尽管划分时代可以有不同标准，但在唯物史观视域里，生产方式及其社会生产关系是最为主要的划分标准。在《哲学的贫困》中，马克思就指出："社会关系和生产力密切相联。随着新生产力的获得，人们改变自己的生产方式，随着生产方式即谋生的方式的改变，人们也就会改变自己的一切社会关系。手推磨产生的是封建主的社会，蒸汽磨产生的是工业资本家的社会。"①按照这样的标准，马克思后来在《〈政治经济学批判〉序言》中又做出这样明确的表述："大体说来，亚细亚的、古希腊罗马的、封建的和现代资产阶级的生产方式可以看做是经济的社会形态演进的几个时代。"②

时代有大、小之分。所谓"大时代"，是就人类社会总体发展而言的。列宁认为，"大的历史时代"不是某个国家和地区的个别情形，而是人类社会的总体状况和总体格局。虽然"每个时代都有而且总会有个别的、局部的、有时前进、有时后退的运动，都有而且总会有各种偏离运动的一般型式和一般速度的情形"③，但其总的方向、性质、特点是基本确定的，这是时代划分的基本依据。所谓"小时

---

① 马克思，恩格斯. 马克思恩格斯选集：第1卷. 3版. 北京：人民出版社，2012：222.

② 马克思，恩格斯. 马克思恩格斯选集：第2卷. 3版. 北京：人民出版社，2012：3.

③ 列宁. 列宁专题文集：论资本主义. 北京：人民出版社，2009：91.

代"，是就大时代发展过程中的阶段性、地区性而言的，如资本主义是一个大时代，它可以划分为自由竞争、私人垄断、国家垄断、国际垄断等不同的小时代。社会主义作为一个大时代，也可以分为不同阶段，形成小时代。"大时代"与"小时代"的区分是相对的。随着参照系的改变，时代的大、小也是可以改变、转化的。

"大时代"与"小时代"是相互影响、相互促进的。一方面，小时代不能离开大时代。小时代虽然具有明显的特色，不同于其他时代，但其产生和发展并没有完全独立的历史，它孕育于大时代之中，是大时代的"产儿"。尽管小时代不是大时代自然而然发展的产物，而是人的活动的结果，但其产生和发展毕竟离不开大时代这样一个历史舞台，人的活动也只能在这一舞台上来进行，因而小时代是人的活动与大时代交互作用的结果。另一方面，小时代又会深刻影响大时代。在特定历史条件下，小时代的发展往往引起世界经济政治关系的深刻调整和世界格局的重大变动，改变国际力量的对比，给世界发展注入新的动力、新的内涵，从而塑造新的时代，引领人类历史大时代的发展。两种时代就是在这样的互动中形成和发展起来的。

中国特色社会主义的新时代也正是在这样的互动中形成和发展起来的。新时代的提出，明确了我国发展的历史方位。这一历史方位不是随意划定的，而是根据我国所处的时代坐标确定的。在其纵坐标上，我国的发展进入了一个新的时代。对中华民族来说，近代以来历经磨难，现在已迎来从站起来、富起来到强起来的伟大飞跃，迎来了实现中华民族伟大复兴的光明前景；对中国特色社会主义来说，现在又站到一个新的历史起点上，发展进入新的阶段。在其横坐标上，我国面临的国际环境与世界的关系发生了新的重大变化。今天的中国，已不再是处于世界体系边缘的旁观者，也不再是原有国际秩序的被动接受者，而是积极的参与者、建设者、引领者。我国的国际地位和影响力大幅提升，日益走近世界舞台中央。与此同时，面临的挑战也十分严峻。外部环境更加复杂，一些国家不断增大对我们的阻遏、施压，我们发展的道路并不平坦。总体来看，"新时代"是在科学把握我国发展的阶段性特征和国际局势重大变化的基础上加以确定的。它既依据中国的发展实际，又密切结合世界历史的大时代，是两者相互交织的产物。就此而言，我国的小时代没有离开大时代，小时代正是从大时代中走出来的。而我国新时代的开创，反过来对世界历史的大时代产生了巨大影响，如在世界现代化进程中，我国的发展道路与经验拓展了发展中国家走向现代化的途径，给世界上那些既希望加快发展，又希望保持自身独立性的国家和民族提供了全新选择，为解决人类问题贡献了中国智慧和中国方案。在一些重大问题上，我国所提出的主张和所采取的行动，受到世界的广泛关注和欢迎，给世界以有力推动。例如，高举和平、发展、合作、共赢的旗帜，恪守维护世界和平、促进共同发展的外交政策宗旨，实施共建"一带一路"的倡议，坚持经济全球化和多边主义的原则，尊重文明多样性、促进文明交流的主张等，都对世界产生了重要影响，受到各国人民的尊重。伴随中国的发展，我们的"小时代"将会深刻影响和改变世界历史的"大时代"，推动世界文明进程。这就是大、小时代的辩证法，也是"新时代"彰显的重大时代价值。

由于时代问题是和各个国家的具体发展密切联系在一起的，并且深刻影响着每个国家的发展，因而时代也自然成为各个国家发展研究的基本立足点和出发点。研究时代、强化时代意识，其意义尤其凸显于如下方面：

一是国情的认识。一个国家的发展必须从国情出发。何谓"国情"？这似乎是不言而喻的问题，但恰恰在这浅显的"常识"里蕴藏着深刻的内涵。这主要涉及"国情"与"世情"的关系问题。一般说来，在各国联系不是那么紧密的环境里，"国情"与"世情"的界限是非常清楚的。特定的时代对于一个国家来说就是所处的历史背景或国际环境，这种背景或环境的现实状况就构成了通常所说的"世情"。但是，自从历史走向世界历史之后，特别是全球化形成之后，情况就不同了。在全球化条件下，每个国家同世界体系的关系不再仅仅是部分与整体的关系，而更重要的是"器官"与"有机体"的关系。这样，世界格局与时代现实对于一个国家来说就不简单是一种历史背景或外部环境，而是通过交往与联系，直接或间接地变为"国情"的某种内在要素、某种规定性，成为"国情"的一部分，因而世情与国情交织在一起，难舍难分。就此而言，"世情"与"国情"的界限只有相对的意义，不可作绝对化的理解。

因此，要正确地认识和把握"国情"，需要有时代意识。应当承认，讲国情绝对不能离开本国实际，离开这样的实际谈国情没有意义。但是，同样应当承认，不能完全离开时代来孤立谈论国情。为什么我们常讲中国近代以来的基本国情是半殖民地半封建社会，贫穷落后、被动挨打？这种国情并不完全是本国土生土长出来的，而是国内外错综复杂的关系造成的。不从当时的时代来看问题，很难客观、准确地认识当时的"国情"。今天，要认识我们的国情，更是不能离开当今的时代。

二是战略的制定。全球化时代的国际竞争使得发展战略的重要性日益突出。面对激烈的竞争，许多国家都在制定相应的发展战略，诸如经济发展战略、科技发展战略、政治发展战略、文化发展战略乃至军事、外交发展战略等，力图占领相应的制高点。一般说来，"战略"具有整体性、前瞻性、重点性、目标性等特点。整体性意味着战略不是一种局部性的策划或某种适应性的策略，而是一种全局性的设计与谋划，事关发展的总体与大局；前瞻性意味着战略研究的着眼点不在眼前，而在长远，既立足现实，又超越现实，对发展的方向与未来予以充分的考虑，增强工作的预见性；重点性意味着战略规划的实施不是平均使用力量，而是要抓住关键性问题，确定战略重点，通过重点带动全面；目标性意味着战略设计与制定有其强烈的目标指向与价值追求，包括阶段性目标和最终目标，同时也包括目标与手段关系的处理。要应对当代社会的各种竞争，客观上要求我们树立战略思维。而要提高战略思维能力，必须对时代有一个清楚的了解和把握。只有对时代的基本态势和发展走向有一个比较全面准确的了解，才能对未来的发展做出正确的判断，进而制定出切实可行的发展战略。所以，战略思维必须有强烈的时代意识。

三是道路的选择。道路决定命运。走什么样的路，对于一个国家的生存、发展至关重要。道路究竟怎么选择、怎么走，这不是随意确定的，而是有其现实根据的。从唯物史观来看，道路的选择主要涉及历史发展规律与各个国家具体发展道路的关系问题。规律作为一般，道路作为特殊，二者各有所指，不可混为一谈。但是，二者又是内在地联系在一起的。简要说来，道路是规律在一个国家、民族的具体实现方式。有什么样的实现方式，就会形成什么样的道路。由于普遍规律在不同国家、民族以及这些国家、民族的不同历史发展阶段上所实现的方式不同，因而所形成的道路也不同。规律是怎样具体实现并形成具体道路的？这里又关涉到规律与道路的中介环节或结合点，即条件。因为任何规律的实现都是以一定的条件开辟道路、发挥作用的，人们虽然不能创造和取消规律，但可以利用和改变规律借以发生作用的条件，使规律为自己服务，这样的规律实现方式体现在社会发展上，便形成了一定的发展道路。简单来说，所谓讲条件，实际上就是讲国情，普遍规律与不同的国情相结合，就会形成不同的道路。条件涉及方方面面，对于国家而言，涉及历史条件、现实条件、自然条件、发展条件、社会条件等。既然道路的选择不能离开规律，那么规律又是如何形成和发现的？从根本上说来，规律不是先验设定的，也不是直接呈现出来的，而是需要通过对时代各种复杂矛盾、关系及其内在联系和发展趋势加以分析、概括才能发现的。离开了时代的具体分析，所谓的普遍规律也不过是一种空中楼阁。因此，道路的选择最终还是离不开时代关系的分析和把握。其实，不光一个国家基本发展道路的选择是这样进行的，就是各种具体发展道路，如工业化、产业化、信息化、市场化、城市化等发展道路也是如此，都是需要在对时代发展与本国实际情况的综合分析中予以确定。

四是机遇的把握。加快发展必须善于抓住机遇，这是现代化的通则。机遇是客观存在的，但不是直接赋予的。虽说在全球化条件下机遇越来越多，但是机遇的增多并不意味着机遇随处可见、随手可抓。一方面，机遇对所有国家而言并不都是等值的，对有的国家来说是机遇，而对其他国家来说则无机遇价值可言。另一方面，世界体系中各种关系也是在不断变动的，隔一段调整一次，可能出现机遇，再隔一段又会产生新的变动，机遇随之丧失。所以，机遇是有限的，有时甚至是转瞬即逝的。能否抓住机遇，就看反应能力、抓取能力如何。这些能力又是如何形成的？这不是关起门来靠"拍脑袋"所能决定的，而是要在打开视野、关注时代发展的基础上形成和发展起来的。掌握了世界发展的新情况、新信息，就把握住了发现机遇、抓住机遇的主动权。现在，伴随经济全球化的深入发展，我国面临的发展环境日益错综复杂，面临的挑战也日益加大。但是，总的格局还是没有改变，我国发展仍处于重要战略机遇期。如果说过去我国发展的战略机遇期主要来自比较有利的国际环境，那么，在现在深刻复杂变化的国际形势下，战略机遇期则具有了新的内涵：

加快经济结构优化升级，提升科技创新能力，深化改革开放，参与全球治理。抓好、用好这些新机遇，既是对我国发展的一大推动，也是对时代的一大贡献。

总的说来，增强时代意识，加强时代问题研究，不仅是审视各种社会历史问题的前提和基础，而且是制定各种政策、措施的依据。正如列宁所讲："首先考虑到各个'时代'的不同的基本特征（而不是个别国家的个别历史事件），我们才能够正确地制定自己的策略；只有了解了某一时代的基本特征，才能在这一基础上去考虑这个国家或那个国家的更具体的特点。"[1]这也正是我们研究时代问题的意义所在。

二、把握时代的方法论

增强时代意识、关注时代变化无疑是重要的，而要认识和把握时代，必须有正确的方法论。要不然，即使面对时代、研究时代，也不一定能够真正把握时代。方法不同、视角不同，研究的结果和得出的结论自然也就不同。因此，要切实有效地理解和把握时代，必须确立正确的方法论。回到马克思主义哲学，尤其是回到唯物史观，有关把握时代的一些基本方法是值得高度重视的。

其一，内在于历史的方法。在历史研究中，是坚持内在于历史的方法还是外在于历史的方法，这是唯物史观与唯心史观的一个根本区别。在西方哲学史上，尤其是德国古典哲学，不少哲学家都有强烈的时代意识，对时代问题予以高度关注。例如，黑格尔在其许多著述中都谈到时代，并使哲学与时代密切挂钩，将哲学称为"被把握在思想中的它的时代"[2]，尤其在《历史哲学》一书中，对时代问

---

[1] 列宁. 列宁专题文集：论资本主义. 北京：人民出版社，2009：91—92.
[2] 黑格尔. 法哲学原理. 北京：商务印书馆，2018：14.

题做了比较细致的宏观考察。但是，黑格尔的考察有一个明显的特点，就是不从历史本身出发，而是用外在于历史的方法来阐释历史时代。在黑格尔看来，所谓历史时代的演变过程，就是世界精神的漫游过程，演变的路线与太阳的行程大体一致。因其所表现的自由精神程度不同，世界历史可以划分为这样几个时代：东方世界是历史的幼年时代，希腊世界是历史的青年时代，罗马世界是历史的壮年时代，而日耳曼世界则是历史的老年时代[①]。可以看出，黑格尔完全是用绝对精神来图解历史时代。对此，马克思在《神圣家族》中予以深刻的批判揭露："黑格尔历史观的前提是抽象的或绝对的精神……因此，思辨的、奥秘的历史在经验的、明显的历史中的发生是黑格尔一手促成的。人类的历史变成了抽象的东西的历史，因而对现实的人说来，也就是变成了人类的彼岸精神的历史。"[②]在黑格尔之后，许多思辨哲学家尽管观点不同，但同样是用这样的方法来阐释历史。如施蒂纳就是用利己主义原则来阐释历史，并用以时代划分，将历史时代比附于人生发展的不同阶段及其成熟的不同程度：童年是现实主义、青年是理想主义、成年是利己主义，历史发展的不同时代就是对应于人生发展的不同阶段。这显然是对时代外在的、歪曲的解释。马克思在《德意志意识形态》中对此提出严厉的批评，认为施蒂纳的解释方式"不是'把握世界'，而只是把他关于世界的'热病时的胡想'当作自己的东西来把握并占为己有。他把世界当作自己关于世界的观念来把握，而作为他的观念的世界，是他的想像的所有物、他的观念的所有物、他的作为所有物的观念、他的作为观念的所有物、他自身所有的观念或他的关于所有物的观念"[③]。从哲

[①] 此处的"老年时代"并非指破败不堪的老年阶段，而是指成熟阶段。
[②] 马克思，恩格斯. 马克思恩格斯全集：第 2 卷. 北京：人民出版社，1957：108.
[③] 马克思，恩格斯. 马克思恩格斯全集：第 3 卷. 北京：人民出版社，1960：127.

学层面来看，诸如黑格尔和施蒂纳的方法，都是知性的方法。所谓知性的方法，是用某种原则或观念来解释历史，是一种外在的反思。

与这种外在于历史的阐释方法相反，唯物史观始终坚持用内在于历史的方法来阐释历史，即从时代自身来解释时代，不外加任何原则、想象。所谓"内在"的，就是"自身"的。坚持内在于历史，就是要尊重历史真相，按照历史本来面目来反映历史，不以任何幻想的联系和原则强加于历史。就时代来说，就是要真正按照时代发展的真实状况来阐释和反映时代。虽然时代因标准不同，可以有不同的划分和解释，但这些不同的划分和解释也不是外在的，而是依据时代本身进行的，不同的划分和解释无非是对同一时代内容不同程度、不同角度的反映。强调内在于历史的方法，事实上就突出了时代阐释的客观性，反对阐释的主观随意性。在对时代的理解和把握中，必然包含着主观因素，但不能因主观性的存在而完全否定客观性。

在对外在于历史的阐释方法的辨识中，特别要警惕某些狭隘民族主义对时代的强制性阐释。仍以黑格尔为例，他在谈论世界历史发展和时代演进时，完全持守的是一种"日耳曼中心论"或"欧洲中心论"。他对时代分析的理论前提，就是将所有民族分为"世界历史民族"和"非世界历史民族"，而后津津乐道于历史的"漫游"，最终为的是"停留"，即历史最后终结于"世界历史民族"——日耳曼世界，历史也由此达到了顶峰。这显然是一种外在的强制性阐释。前些年在国外一度兴起的"历史终结论"，实际上也不过是黑格尔终结论的翻版。这些解释均是对历史时代的歪曲和编造。真实的时代发展是各个国家、民族共同参与、共同努力的结果，每个国家、民族都是平等的，尽管有强弱之分，但无优劣之别，都在人类历史上发挥着独特的作用。把一种历史时代定位于某种民族的时代，绝非历史的真相。因此，考察历史时代，必须抵制"欧洲中心论"。

其二，整体性方法。在社会历史视域中，时代是一个总体性的概念，它是对特定历史时期人类社会发展状况的综合概括与反映。时代的内容和发展方式就体现于世界和历史的总体联系之中，时代特征就是这种整体联系的集中体现。无论是马克思主义经典作家还是当代一些重要的史学家，都对这种整体性方法予以高度重视。例如，法国年鉴学派对历史时代的考察就特别强调长时段的整体研究，布罗代尔认为，"马克思的影响经久不衰的秘密，正是他首先从历史长时段出发，制造了真正的社会模式"①，而不是从一时一事出发去认识和分析社会现象。该学派的另一代表人物布洛赫也认为，"唯有总体的历史，才是真历史"②，因而历史学家必须重视社会历史整体，而非细微的个别事件。

用整体性方法把握时代，主要涉及时间、空间两个维度。从时间维度来看，要把历史时代放到历史长河中来看待，对历史时代有一个客观的定位和评价，这就是不能割断历史，应从历史主义的观点来予以总体性的把握。例如，恩格斯在《路德维希·费尔巴哈和德国古典哲学的终结》中，对中世纪这一时代的诸多研究割裂历史和歪曲历史事实的做法，就提出强烈批评，认为非历史的观点把中世纪看作是千年普遍野蛮状态造成的历史中断，中世纪的进步完全被忽略和否定，"这样一来，对伟大历史联系的合理看法就不可能产生，而历史至多不过是一部供哲学家使用的例证和图解的汇集罢了"③。恩格斯在这里所强调的不能把历史剪裁成零散的"例证和图解"、不能割断"伟大历史联系"，就是旨在突出应对历史时代进行全

---

① 布罗代尔. 资本主义论丛. 北京：中央编译出版社，1997：202.
② 布洛赫. 历史学家的技艺. 上海：上海社会科学院出版社，2019：27.
③ 马克思，恩格斯. 马克思恩格斯选集：第4卷. 3版. 北京：人民出版社，2012：236.

面而准确的把握。从空间维度来看,时代关涉的不是某一个国家、地区,而是世界整体,因而考察不能限于地方性、民族性,而必须具有世界性。尤其是近代以来的时代考察,更是不能缺失这样的视野和方法。在马克思看来,近代以来世界历史的出现,不仅使各个国家连为一体,而且划了一个时代。在世界市场的刺激和推动下,"生产的不断变革,一切社会状况不停的动荡,永远的不安定和变动,这就是资产阶级时代不同于过去一切时代的地方"①。伴随世界历史的发展,代之而起的便是一个新时代的出现。世界历史既使各个国家、民族结成为一个有机整体,又使每个国家、民族的发展受其影响和制约,时代的影响非常明显。所以,关注时代就意味着关注世界历史。尤其在今天全球化条件下,考察时代必须增强这样的整体观念。

坚持整体的观点和方法,不仅可以比较全面而又准确地把握时代,而且有助于理解和把握时代中的各种社会历史现象及其内在联系。阿尔都塞在《读〈资本论〉》中曾从结构主义的视角对此进行过独特的阐发,认为"只有认真研究社会整体的结构,才能在其中发现历史概念的秘密,在这种历史概念中,社会整体的'生成'得到了思考;一旦认识了社会整体的结构,我们就能理解在历史时代概念中自身反映出来的历史概念同这个历史时代概念之间的表面上'毫无疑问'的关系"②。阿尔都塞认为,这种整体性的结构方法同样可以应用于马克思,"我们这样做的目的是为了从马克思主义关于社会整体的概念出发,建立马克思主义的历史时代的概念"③。由于历史时代的这种整体是由各个层次构成的整体,因而只有借助于这种整

---

① 马克思,恩格斯. 马克思恩格斯选集:第1卷. 3版. 北京:人民出版社,2012:403.

② 阿尔都塞,巴里巴尔. 读《资本论》. 北京:中央编译出版社,2017:104—105.

③ 同② 105.

体，才能了解各种社会历史现象和因素在其中的地位和作用，对其做出准确、深入的理解。阿尔都塞对历史时代的解释尽管夸大了结构主义，但其整体性的主张则是值得肯定和借鉴的。

其三，"普照的光"方法。在时代研究中，时代性质是一个不容回避的重要问题。时代性质的判断，关涉道路的选择、方略的制定以及蓝图的实施等，因而在时代研究中有其特殊的重要地位。如何看待时代性质？就其方法论而言，应当重视和借鉴马克思在《〈政治经济学批判〉导言》中提出的"普照的光"方法。在马克思看来，任何社会都是由各种要素组成的有机体，在这种有机体中，既有本社会自身特有的东西存在，也有以往社会的残片、因素和新生的因素存在，但其中占主导地位的还是居支配地位的生产和生产关系，它使社会各种生产及其关系、要素都从属于自己，并决定其在社会整体结构中的地位及其相互关系。这种占支配地位的生产和生产关系就是该社会的"普照的光"。"在一切社会形式中都有一种一定的生产决定其他一切生产的地位和影响，因而它的关系也决定其他一切关系的地位和影响。这是一种普照的光，它掩盖了一切其他色彩，改变着它们的特点。这是一种特殊的以太，它决定着它里面显露出来的一切存在的比重。"[①]正是按照这样的方法，马克思在谈论各种经济范畴在政治经济学体系中的顺序时，明确提出不能按经济范畴在历史上产生的先后次序来排列，而是要按其在资本主义社会结构中即资本主义生产关系体系中的地位、作用来安排。例如，地租虽然产生于资本主义社会之前，但它在资本主义社会中只是资本的产物。在现代生产关系体系中，"普照的光"就是资本。因为"资本是资产阶级社会的支配一切的经济权力"，故它"必须成为起点又成为终

---

① 马克思，恩格斯. 马克思恩格斯文集：第 8 卷. 北京：人民出版社，2009：31.

点"①。在这里，马克思实际上也阐明了这样一个观点：一个社会的性质是由该社会的"普照的光"决定的。

"普照的光"方法对于研究时代性质也具有同样重要的意义。当今时代，就其占重要地位的生产方式和生产关系而言，仍然没有超越资本主义历史时代。从自由竞争、私人垄断到国家垄断再到国际垄断，资本主义的形式和内容发生了很大变化，但其实质并未改变，当今时代还是受着资本逻辑的巨大影响，时代的性质并未得到根本改变。但是，伴随资本主义的深入发展，资本主义也日益暴露出深刻的矛盾和经济危机，进而引发了严重的社会危机。当年列宁在《帝国主义是资本主义的最高阶段》中就指出，垄断资本主义矛盾的尖锐化，"是从全世界金融资本取得最终胜利时开始的过渡历史时期的最强大的动力"②。而后在十月革命胜利后，指出十月革命开辟了"两个具有世界历史意义的时代，即资产阶级时代和社会主义时代，资本家议会制度时代和无产阶级苏维埃国家制度时代的世界性交替的开始"③。这实际上开始提出了"从资本主义向社会主义过渡的时代"的基本观点。现实的发展也表明，虽然资本主义在当今世界格局中仍占据主导地位，但资本主义越来越难以掌控整个世界，社会主义与资本主义将长期共存竞争，并在总的发展趋势上形成为由资本主义向社会主义过渡的时代。正如习近平所说，"尽管我们所处的时代同马克思所处的时代相比发生了巨大而深刻的变化，但从世界社会主义500年的大视野来看，我们依然处在马克思主义所指明的历史时代。这是我们对马克思主义保持坚定信心、对社会主义保

---

① 马克思,恩格斯.马克思恩格斯文集：第8卷.北京：人民出版社,2009：31—32.

② 列宁.列宁选集：第2卷.3版修订版.北京：人民出版社,2012：684.

③ 列宁.列宁全集：第36卷.2版增订版.北京：人民出版社,2017：208.

持必胜信念的科学根据"[①]。

其四,"规律性"把握方法。任何时代都是人类历史发展到一定阶段的产物,其产生和发展有其特定的基础和发展规律。时代的本质体现在历史发展的内在规律之中,时代的特征就是历史必然性的体现。从历史上看,不同的时代是由不同的生产方式决定的。马克思指出:"我们判断一个人不能以他对自己的看法为根据,同样,我们判断这样一个变革时代也不能以它的意识为根据;相反,这个意识必须从物质生活的矛盾中,从社会生产力和生产关系之间的现存冲突中去解释。"[②]恩格斯在《共产党宣言》英文版序言中也表达了同样的观点:"每一历史时代主要的经济生产方式和交换方式以及必然由此产生的社会结构,是该时代政治的和精神的历史所赖以确立的基础,并且只有从这一基础出发,这一历史才能得到说明。"[③]不同的时代具有不同的发展规律,正是不同的发展规律使得各个时代相区别。例如,资本主义时代之所以区别于封建时代,缘于资本主义商品经济规律取代了原有的自然经济规律,或者说资本主义生产方式矛盾运动规律取代了以往的封建生产方式矛盾运动规律。独特的发展规律,决定了不同时代的本质与特征。离开发展规律,很难对时代做出深刻的把握。也正是因为规律与时代有着这样的密切关系,所以马克思在《资本论》中剖析资本主义社会时,明确讲"本书的最终目的就是揭示现代社会的经济运动规律"[④]。

[①] 习近平. 习近平谈治国理政:第2卷. 北京:外文出版社,2017:66.

[②] 马克思,恩格斯. 马克思恩格斯选集:第2卷. 3版. 北京:人民出版社,2012:3.

[③] 马克思,恩格斯. 马克思恩格斯全集:第28卷. 2版. 北京:人民出版社,2018:530.

[④] 马克思,恩格斯. 马克思恩格斯全集:第42卷. 2版. 北京:人民出版社,2016:16.

历史时代不同于历史事件，它不是短暂的、瞬间的，而是由一个长期的历史过程构成的。既然是一个历史过程，那么其间就存在着内在的、必然的联系，要真正认识这一历史时代，必须对其有一个规律性的把握。例如，要认识资本主义时代，就要深刻认识资本逻辑①和资本主义经济运动规律，只有这样的认识，才是对资本主义时代的深刻把握。假如没有对历史内在联系和发展规律的探讨，仅限于玩弄历史的碎片，便永远达不到对时代的真正理解。因此，历史时代的书写不能仅仅停留于小叙事，应当有大叙事，有对历史规律的揭示。要不然，历史时代就是一堆碎片，就是各种历史现象的堆积，研究时代也就没有什么意义。

当然，强调研究历史规律对于把握历史时代的重要性，并不意味着轻视对历史事实、历史细节的研究。只要研究历史，不管考察的对象是什么、研究的视角是什么，绝对不能排斥史实的研究，抽象的历史哲学无助于问题说明。但是，纯粹的实证研究、细节研究又不能等同于科学的史学研究。这里关键是要处理好历史事实和历史规律的关系。一方面，不能用历史事实拒斥历史规律。历史规律是客观存在的，没有历史规律，历史事实必然是杂乱无章的事件而无内在的联系。另一方面，也不能用历史规律淡化历史事实。正如毛泽东所说，"规律自身不能说明自身。规律存在于历史发展的过程中。应当从历史发展过程的分析中来发现和证明规律。不从历史发展过程的分析下手，规律是说不清楚的"②。历史规律就是通过历史事实及其联系呈现出来的，没有对历史事实及其联系的考察，也就谈不上对历史规律的合理把握。

其五，"大局"把握方法。在谈及把握国际形势时，习近平指出

---

① 资本逻辑指的是客观逻辑，即资本主义社会发展的内在规律。
② 毛泽东. 毛泽东文集：第8卷. 北京：人民出版社，1999：106.

要树立正确的大局观。"所谓正确大局观，就是不仅要看到现象和细节怎么样，而且要把握本质和全局，抓住主要矛盾和矛盾的主要方面，避免在林林总总、纷纭多变的国际乱象中迷失方向、舍本逐末。"① 这里所讲的大局观，主要涉及本质与现象、全局与局部、主流与支流等关系问题，需要在把握时代时予以充分关注。首先，要善于区分世界大势中的现象与本质，透过现象看本质。认识时代时，呈现在人们面前的是各种各样的现象，这些现象既可能反映的是时代真相，也可能反映的是时代假象，而且现象与其背后的真实之间也会存在一定差异，这就需要加以辨别。因此，"分析世界发展态势和国际格局变化，要树立世界眼光、把握时代脉搏，要善于从当今世界的风云变幻中发现本质、认清长远趋势"②。其次，要善于分清世界形势中的全局与局部，从全局来看待时代。冷战结束后，虽然世界保持相对稳定，但是世界和平、国际安全和地区稳定受到多重威胁，大国竞争日益激烈，地缘政治冲突不断，局部动荡、战争此起彼伏，国际热点问题有增无减。面对这样的局势，应当对全局与局部予以区别对待。不能以局部动荡、战争否认世界总体和平，这是一个基本判断。当然，也不能由此轻视局部动荡、战争，它们有可能引发国际形势的严重危机。最后，要善于分清世界发展的主流与支流，从主流来看待时代。时代潮流汹涌澎湃，既有浪花，也有潜流，既有主流，也有支流。在现实发展过程中，时代发展呈现的并不仅仅是一个流向，主流、支流乃至逆流同时存在，有时支流和逆流还格外突出，以至世界变得扑朔迷离。例如，伴随全球化的深入发展，各种民粹主义、狭隘民族主义、保护主义、孤立主义、单边

---

① 习近平. 习近平谈治国理政：第3卷. 北京：外文出版社，2020：427.
② 《总体国家安全观干部读本》编委会. 总体国家安全观干部读本. 北京：人民出版社，2016：6.

主义、黩武主义、恐怖主义、分裂主义等不断兴风作浪，搅得世界不得安宁。面对这样的局势，还是要有一个清醒的认识和判断，不能被各种逆流、支流所左右，以至出现对时代局势的误诊误断。总体说来，看待时代应当有大局的思维方法，从大处着眼，有实质性的把握。诚如习近平所说，我们看世界，不能被乱花迷眼，也不能被浮云遮眼，而要端起历史规律的望远镜去细心观望。

用大局的观点和方法来看待时代，事实上就是要求深层次地看待时代。无论是历史现象还是历史的局部、支流等，都属于历史的表层，这些表层固然也是历史的表现，但其终究不能代表和反映历史的真实。这就客观上需要从历史表层走向历史深层，这样才能真实反映和揭示时代的本质。例如，列宁当年对于时代的分析，不是像霍布森、考茨基、希法亭等人主要从分配与流通、政策变化等表层来解释当时的时代，而是紧紧抓住垄断这一根本，提出帝国主义就是垄断的资本主义的论断，深层次地揭示了帝国主义的本质和基本经济特征，从而对当时的时代做出了正确的分析和判断。从历史的表层走向深层，需要深入的理论研究，需要科学的抽象概括，因为"日常经验只能抓住事物诱人的外观，如果根据这种经验来判断，科学的真理就总会是奇谈怪论了"[①]。从历史表层走向深层的过程，也就是发现科学真理的过程。

三、把握时代的着力点

把握时代，目的是要正确地观察时代、解读时代、引领时代。

---

① 马克思,恩格斯. 马克思恩格斯全集：第21卷. 2版. 北京：人民出版社，2003：187.

既然是观察、解读、引领,那就不仅仅是对时代的认知,同时包括在认知基础上的相应行动与作为。为此,应当加强把握时代的着力点。通过这些着力点,切实把握时代脉搏,解决相关重大问题,促进自身的发展,引领时代的发展。就其总体而言,要把握时代,应当重点抓住这样一些着力点:

一是时代主题与问题。任何时代都有相应的主题。但是,时代与主题又不是简单对应的,其关系是不断变化发展的。例如,19世纪末以来开始的从资本主义向社会主义过渡这样一个大的历史时代,就依次经历了三大阶段:战争与革命阶段、冷战阶段、和平与发展阶段,这些阶段因其不同的性质和特点形成相应的主题,即"战争与革命"的主题、"竞争与对抗"的主题、"和平与发展"的主题。可以说,时代的本质没有变,仍然是马克思主义所指明的"从资本主义向社会主义过渡的时代",但时代主题发生了变化。今天,我们所处的时代的主题是否还是"和平与发展"呢?对此,学界和社会上也有不同看法。鉴于目前国际形势的复杂变化,尤其是美国霸权主义的强势推行,不少人对世界还是和平与发展深表怀疑。应当说,这种疑虑是可以理解的,但是从世界的主流现实、总体态势来看,和平与发展不可改变。"当今世界正在发生深刻复杂变化,但和平与发展仍是时代主题,和平、发展、合作、共赢的时代潮流更加强劲。一大批新兴市场国家和发展中国家走上发展的快车道,十几亿、几十亿人口正在加速走向现代化,多个发展中心在世界各地区逐渐形成,国际力量对比继续朝着有利于世界和平与发展的方向发展。保持国际形势总体稳定、促进各国共同发展具备更多有利条件。"[①]把握时代,必须对这一主题有清醒的认识,不能以局部动荡、战争而否

---

① 中共中央宣传部. 习近平总书记系列重要讲话读本(2016年版). 北京:人民出版社,2016:260—261.

认和平与发展是世界主流的现实。尽管当今世界霸权主义和强权政治依然横行，尽管各种传统和非传统安全威胁不断涌现，但是，和平发展是不可阻挡的时代潮流，安全稳定是人心所向，合作共赢是大势所趋，开历史倒车是没有出路的。

主题又是和问题联系在一起的。不同阶段的时代主题往往是通过各种问题体现出来的。这样，各种问题与主题的关系就变成了具体问题与总问题的关系；相应地，具体问题的研究离不开总问题的研究。在这方面，应当借鉴、吸收阿尔都塞关于"总问题"的观点和方法。在对马克思思想发展的研究中，阿尔都塞提出了"总问题"的范式，认为总问题不同于卢卡奇式的"总体"概念，而是以某种根本性的问题为主导的具有特定结构的问题体系，各种具体问题都是发生于并服从于这一问题体系的，总问题的改变也就是这一具有特定结构的问题体系的改变。"任何理论就其本质来说都是一个总问题，都是提出有关理论对象的全部问题的理论的、系统的母胚。"[1]阿尔都塞提出的研究方法，有其一定的合理性。就时代研究来说，由于各种具体问题离不开总问题，故在时代研究中，各种问题的研究不能离开主题。只有对主题有深刻的把握，才能对相关问题有一个深入的理解。反过来，通过对时代问题的具体探讨，又可以深化对时代主题的认识，达到对主题的深刻把握。

"问题就是公开的、无畏的、左右一切个人的时代声音。问题就是时代的口号，是它表现自己精神状态的最实际的呼声。"[2]事实确实如此。时代就是通过问题的"声音"反映出来的，问题的产生和变化是时代的晴雨表。对问题考察、解答的程度，标志着对时代理解

---

[1] 阿尔都塞，巴里巴尔. 读《资本论》. 北京：中央编译出版社，2017：173.
[2] 马克思，恩格斯. 马克思恩格斯全集：第40卷. 北京：人民出版社，1982：289—290.

和把握的程度。因而对时代的把握不是抽象的，而是具体的；不是笼统的，而是深入细致的。尤其值得注意的是，问题往往成为一个国家与时代的重要"接口"，成为社会发展现实与时代的重要连接点。正是通过各种重大问题的提出与解决，一个国家融入世界与时代，因为许多重大问题的解决绝不是一个国家所能为之的，需要其他国家的协助与配合；而许多世界性、时代性难题的解决，又要求各个国家共同参与，从而使各个国家程度不同地融入世界与时代。问题引导着对时代与社会发展现实的深入思考，也促进各个国家与历史时代的深度融合。现在，随着世界大发展、大变革、大调整趋势的加剧，世界发展的不确定因素日益增多，诸如恐怖主义、网络安全、重大传染性疾病、气候变化等非传统安全问题持续蔓延，极端民族主义、孤立主义、单边主义、贸易保护主义等思潮日趋加剧，人类社会面临诸多共同问题。这些共同问题都是时代问题，因直接危及世界和平与发展，所以又属于时代主题的问题。要推进时代健康发展，必须有效地应对和解决这些问题。

二是时代的主要矛盾。世界不仅是过程的集合体，而且是矛盾的集合体；不仅矛盾有主次之分，矛盾的方面也有主次之分，事物的性质是由主要矛盾的主要方面决定的。时代的性质也是由时代主要矛盾的主要方面决定的。在不同历史发展时期，时代所内含的矛盾及矛盾主要方面不同，因而其性质也不同。把握时代，必须抓住时代的主要矛盾及其矛盾的主要方面。当今世界，存在的矛盾很多，但其主要矛盾是与时代主题直接相关的矛盾，即人类追求和平与世界霸权主义、强权政治的矛盾，追求世界经济普惠协调、合作共赢与单边主义、保护主义的矛盾。在这两种矛盾中，人类追求和平与追求世界经济普惠协调、合作共赢是矛盾的主要方面，代表着时代发展方向，决定着时代的性质。因此，抓住这两种矛盾的主要方面，并采取切实可行的措施加以解决，是推进时代发展的重中之重。其他各种矛盾只有借助主要矛盾及矛盾主要方面问题的解决才能得到可靠的解决。

坚持矛盾分析法，这是分析时代、把握时代的重要方法论要求。特别是社会基本矛盾的分析方法，不仅对于分析一个国家的发展是必需的，而且对于分析一个时代的发展也是必不可少的。马克思在《德意志意识形态》中指出，"一切历史冲突都根源于生产力和交往形式之间的矛盾"[①]，这一观点对于我们今天理解和把握"百年未有之大变局"具有重要意义。今天的世界变化之大，确实是"百年未有之大变局"。造成这种变局的原因是多方面的，但最主要的原因或根源还是世界性生产力和生产关系之间的矛盾。就中美的变局来看，随着中国生产力的巨大发展，特别是中国逐步从低端制造业开始向高科技进军，美国一些"精英"和政客错误地认为，中国生产力的进步必将打破美国高科技企业独享超额利润的垄断格局，所以他们要遏制以华为为代表的中国企业。中国生产力的进步引发了美国的反华民粹情绪，中国被认为是美国所谓的"战略对手"，这给世界经济政治格局带来了许多不确定因素，也使中国发展的外部环境发生了恶变。要有效应对这种变局，还是要回到唯物史观的立场上来，一方面要加快我们的生产力发展，提升发展质量；另一方面要重点关注不合理的国际生产关系、经济关系的调整，打破国际垄断，建立合理的国际经济秩序，进而建立合理的世界格局。只要把握得好，变局也可变为机遇。

在我国，要把握好新时代，同样必须解决社会主要矛盾。随着我国进入新时代，社会主要矛盾也发生了新的变化，由人民日益增

---

① 马克思，恩格斯. 马克思恩格斯选集：第1卷. 3版. 北京：人民出版社，2012：196.

长的物质文化需要同落后的社会生产之间的矛盾转化为人民日益增长的美好生活需要和不平衡不充分的发展之间的矛盾。这一转化，反映了我国发展的实际情况，指明了促进当代中国发展的根本着力点。它既是对新时代的内在规定，又对新时代提出了新的任务和要求。由于在社会主要矛盾中，矛盾的主要方面是发展的不平衡不充分，因此要在继续推动发展的基础上，着重解决好发展的不平衡不充分问题。这就必须要正确处理发展中的各种重大关系，促进经济社会协调发展，不断增强发展的平衡性；坚持以经济建设为中心，努力提高发展的水平、质量和效益，不断增强发展的充分性。通过这样的发展，可以更好地满足人民日益增长的多方面生活需要，更好推动人的全面发展、社会的全面进步。

三是人类文明的走向。伴随全球化的深入发展，人类社会进入了一个新的时代。"这是最好的时代，也是最坏的时代。"英国文学家狄更斯当年在《双城记》中对工业革命后世界的描述和评价，同样适用于今天的世界。现在，各国之间的联系从来没有像今天这样紧密，科学技术和经济社会发展从来没有像今天这样发达，人类文明确实发展到了历史最高水平。与此同时，人类也处于一个挑战层出不穷、风险日益加剧的时代，世界变得越来越动荡不宁。"世界怎么了，人类向何处去？"面对这样的时代现实，好多人不禁发出这样的疑问：现在人类还要不要讲文明？人类文明究竟向何处发展？这已不是危言耸听，而是活生生的现实，是摆在各国面前的尖锐的时代课题。尤其是近期美国的所作所为，已经在挑战文明的底线，将人类文明推到新的十字路口。人类文明确实需要新的引领。这是一个大话题，需要多方努力，共同解决。我只从哲学的角度说一下，基本观点是：哲学不仅要观察时代、解读时代，而且要引领时代。哲学对时代的引领，最重要的是对时代精神的引领、人类文明的引领。从洞悉时代精神到塑造

"文明的活的灵魂",这是哲学的使命与担当。

哲学对文明的引领,主要是通过"灵魂"的方式发挥作用的。"灵魂"看不见摸不着,但又无处不在,影响巨大。其影响和作用首先是方向的指引。人类社会究竟朝什么方向发展,在很大程度上是由该时代文明的性质决定的。现代社会发展之所以有别于中世纪,重要原因之一,就是神学导引的方向与理性导引的方向不同。神学导引的方向与理性导引的方向不同自然会带来两种截然不同的社会效果。虽然不能简单说中世纪就是"黑暗的世纪",但它毕竟是发展缓慢、落后的世纪,原因就是与其所盛行的文明直接相关。因此,我们要弘扬的文明,必须是符合人类进步方向的文明,健康的文明必然要求先进的哲学理念。

其次是价值的引领。价值观在文明体系中居于核心地位,对于文明的建设与发展起着支配作用。无论是价值目标、价值追求,还是价值标准、价值选择,都与文明密切相关,尤其是价值标准和价值选择,直接涉及文明的基本准则和具体运作。在当代社会,人类究竟选择什么样的文明形态,各个国家究竟选择什么样的道路、采取什么样的方式推进社会发展,国家间究竟奉行什么样的原则、进行怎样的交往,都涉及选择的标准。哲学,尤其是马克思主义哲学,应在这一问题上辨明是非,做出明确的判断,以正确地引领文明的发展。

最后是共识的凝聚。文明的确立有赖于共识的形成。有共识,才有文明的可靠认知基础,才有对文明的坚守与维护。虽说现代社会是一个利益多元化的社会,出现文化观念多样化是正常的现象,但在承认文化观念多样化的前提下凝聚共识,又是文明建设的必要条件和必然要求。在错综复杂的观念世界、话语世界中找到最大公约数,画出最大同心圆,这也是哲学应尽的责任。哲学作为文明活的灵魂,最能代表普遍,最便于凝聚共识,因而要充分发挥积极作用。

就中国的现实情况来看,哲学要发挥上述作用,用马克思主义文明观来引领文明的发展,重要的是加强对中国道路、中国经验的阐释。就中国道路而言,中国道路没有离开世界历史发展的普遍规律,没有离开世界文明大道。正是遵循世界历史和人类文明发展的普遍规律,同时结合本国自身的条件和国情,才有中国道路的开创和形成。所以,对于中国道路的"特色",应予以全面的理解和把握。

中国道路无疑是中国自己的创造,具有明显的民族性,但它又是对人类文明发展的新探索,反映了人类文明进步的规律,因而又具有一定的普遍性。中国道路开启了一种新的文明类型[①],它所内含的文明逻辑彰显出中国智慧,有其世界性意义。从中国的实践中提炼出文明的新理论,从中国道路中揭示出文明的新内涵,这既是哲学研究的新课题,也是对世界文明的新贡献。我们哲学工作者有责任如习近平总书记所说,"让中华文明同各国人民创造的多彩文明一道,为人类提供正确精神指引。……让世界知道'发展中的中国'、'开放中的中国'、'为人类文明作贡献的中国'"[②]。需要指出的是,中国道路的成功不仅创造了中国奇迹,而且开创了一种新的文明形态。在人类文明处于十字路口的情况下,中国道路为人类文明发展指明了方向,贡献了中国智慧和方案。所以,中国道路具有世界性意义。

就中国经验而言,改革开放以来,中国的发展不仅取得了巨大成就,同时也形成了一系列具有创新性的经验,如渐进改革、扩大开放、稳定协调、科学发展、和谐建设、顶层设计、自主探索等。经验之为经验,总是具有一定的参考性和可借鉴性。不具备这些特性的经验不能称为经验。参考性和可借鉴性的依据是什么?简要说来,就是经验中所包含的一定的共通性或普遍性。就实际情况来看,

---

[①] 吴晓明. 马克思主义中国化与新文明类型的可能性. 哲学研究,2019(7).
[②] 习近平. 习近平谈治国理政:第2卷. 北京:外文出版社,2017:340.

中国经验无疑是中国发展的创造，因而具有明显的特殊性。但是，中国经验也是在总结世界许多国家、民族发展经验教训的基础上，根据本国的实际情况而逐渐形成的，因而又具有一定的普遍性。而且，中国经验不光反映了对中国发展的成功探索，而且体现了对整个人类文明发展的有益探索，从一定程度上反映了人类文明进步的规律。这些普遍性和共通性对于任何国家的发展尤其是发展中国家的发展都是具有一定参考价值的。由此说来，中国经验不论对于中国的发展，还是对世界的发展都是一种贡献，值得认真总结。

对中国经验加以总结，重要的是要使经验经过提炼，将其中一些重要因素上升为某种理论。由于成功的经验中总是含有一些规律性的东西，因而通过对规律性因素的提炼与概括，可以上升为具有普遍性的理论。这并不是要使所有的经验都变成理论，进而将理论变为"一般模式"向世界推行，而是旨在将经验中所内在的理论价值更好地加以提炼概括，凸显其认识论、方法论等多方面的意义，用以更好地指导实践。从经验提升到理论，一方面对经验可以有更深刻的理解和认识，即如毛泽东所说，"感觉到了的东西，我们不能立刻理解它，只有理解了的东西才更深刻地感觉它"[①]；另一方面对理论本身的研究又是一个推动，可以促进理论内容的丰富和发展。通过对经验的概括与分析，既可以充实原有的理论，修正和完善某些理论，又可以在此基础上提出新的理论观点。总体来说，对中国道路、中国经验的哲学阐释为人类文明的发展提供了精神指引。

（整理：朱梅）

[①] 毛泽东. 毛泽东选集：第1卷. 2版. 北京：人民出版社，1991：286.

第十讲
儒学的心性论与价值系统

◎ 李景林

时间：2021 年 12 月 2 日
地点：中国人民大学公共教学一楼 1302 教室

  李景林，北京师范大学哲学学院教授、博士生导师。兼任中国哲学史学会副会长、中华孔子学会副会长、国际儒学联合会学术委员会委员等。曾任吉林大学哲学与社会学院教授，中国哲学史教研室主任。主要研究方向为儒学、道家哲学、中国文化。主要著作有《教养的本原》《教化的哲学》《教化视域中的儒学》《教化儒学论》《孔孟大义今诠》《教化儒学续说》《孟子通释》等，在海内外学术刊物上发表学术论文 200 多篇。曾获北京市高等学校教学名师奖、吉林省哲学社会科学优秀成果一等奖、北京市哲学社会科学优秀成果一等奖、中国高校人文社会科学研究优秀成果三等奖等多种教学科研奖励。主持国家社科基金重大项目、教育部人文社会科学重点研究基地重大项目等。

现在技术手段把我们拉近了，同时也把我们推远了。最近开会多数是线上会议，线上发言没有"对象"，缺少现象学所讲的"直观""直接被给予性"。今天面对这么多鲜活的面孔，相信我做讲座会有更多动力。

今天讲座的题目是"儒学的心性论与价值系统"，主要有两个要点。第一，我们一般讲价值问题，是把它放在一个哲学部门内——如形上学、本体论、认识论、伦理学、价值论等等——进行研究。换言之，价值问题是哲学的一个部门，这是我们的一般观念。但中国哲学，尤其是儒家哲学，以人的存在实现为思想进路，主张通过人的道德修养、德性人格的养成，去达到存在的实现，由此来达到对真理的把握。所以，儒家的这套系统不是把价值问题仅仅当作各个哲学部门中的一个不太重要的部门，而是把价值问题当作整个哲学的核心，这个核心同时还具有辐射源的作用，一切哲学问题，如认识论等，都由价值统摄。价值问题具有普遍性意义，而不仅仅是哲学的一个部门。

第二，一般讲价值问题，尤其是近代以来的哲学，要区分"是"与"应当"。按照休谟的说法，从"是"中推不出"应当"，价值的问题不是理性的问题，从事实判断中无法推论出道德判断。但这个区分实际上建立在理性和感性相区分的基础上，此处的感性包括康德的情感，感性是内容、是实质，但却是偶然性的，从感性出发无法建立道德的基础，寻求道德的普遍性的基础要追问到形式。所以，形式和内容、形式和实质是分离的。康德想通过实践理性和形式原则来建立道德哲学的基础，但我们认为，离开了内容，形式就完全是抽象的东西。例如康德的核心观念"自由"，只是一个理论必要性的设定，缺乏了内容，便不能建立理论必然性、存在性的基础。另一些哲学家从情感的角度出发谋求道德的基础，但情感又失去了

"是"的规定，所以就导致了价值哲学、道德哲学上的相对主义。而儒家的观念与此不同，儒家一定要在"是"与"应当"本原一体的基础上理解价值，所以价值本身就有普遍性、存在性意义。

下面我将从三个方面来讲。

一、心性论论域中的人性论

人性论问题和心性论问题是儒家哲学的核心问题，但人性论和心性论不是并列的两个问题。儒家以人的存在实现为思想进路，因此它不是抽象地讲人性，不是采取对人性各种要素进行分析的方式来看待人性，而是落实到心性、性情这个论域中动态地展现人性的内涵。

现在我们看待人性问题常常会以分析的方式来讲，说人有社会性、道德性、生物性等。但当我们把人区分为不同的属性，再综合起来，人性就失去了其自身的体性。体性是本体、实体意义上的本质性的东西。失去了体性，就失去了作为实体性和本质性贯穿在人性中各个方面的那个内容。比如说我们会用"属加种差"的方法来讲人性，说人是会说话的动物、有理性的动物，这个定义最后落在动物性上。今天我们讲儒家，讲孟子的人性论，往往会有这样的说法，比如有的学者会讲，人有一个与动物相同的生物本性，但人的本质却在于道德性。这个说法其实是有问题的，人怎么能和动物有相同的生物本性？孟子讲人和动物有类上的区别，对于儒家来说，不可以承诺人和动物有相同的生物本性，否则人就被降低到动物的水平上来理解了，这样的人性只是抽象的动物性、抽象的社会性，人性的体性就没有了。孟子有一句大家都很熟悉的话："形色，天性也。惟圣人然后可以践形。"(《孟子·尽心上》)"形色",包括我们的情感生活、我们的肉身实存。形色是人的天性,但这个形色和动物是不同的。"践形"则是说,只有我们的修养达到了圣人的高度,"形色"作为人的天性、人的本质性才得以实现,"形色"不是预设的人和动物相同的生物本性。孟子理解人性,不是通过抽象的要素分析的认知方式来理解,而是放在情感生活中、实存中、内容中去理解。刚才我们讲到康德认为道德的基础不能建立在情感上,因为情感是偶然性的。在康德看来,道德情感也是人的理性、道德法则去贬抑人的情感,所达成的对道德法则的敬重,道德情感同样不能作为道德的基础。也就是说,在人的主体中没有和道德法则先天相配称的情感,内容不可以建立道德的基础。

儒家讲人性,是在人类存在的整体性上来展现人性的内涵,不是从抽象的要素分析的角度来讲。具体而言,儒家从"心"上来确立"性"的概念。"性"在"心"上显现出来,就是"情","情"是人的活动的整体。儒家的人性论是即"心"而言"性",即"情"而言"心",落实在人的情感生活的修养完成的历程中,来动态敞开"性"的内涵和意义。

《礼记·中庸》开头就讲"天命之谓性",下面又讲"喜怒哀乐之未发,谓之中;发而皆中节,谓之和。中也者,天下之大本也;和也者,天下之达道也。致中和,天地位焉,万物育焉"。"天地"指整个宇宙,人心关联周围世界的方式就是"情",人心发出来的就是"情",人和周围世界打交道的最原初方式是情态性的,是以情应物,而不是认知,不进行主体和客体的区分。人心以情应物,人和周围世界建立的原初关系是价值的关系。这个价值不是狭义的价值,而是"是"与"应当"本原一体意义上的价值。宋儒后来用"中和说"来讲人性的问题,其中朱子讲得最好,"心统性情",未发的是

"性"，发出来的是"情"。"性"不是悬空的，而是在"心"上表现出来的，表现出来的就是"情"，其中有一个体用的关系。这对《礼记·中庸》是一个很好的解释。阳明也说："天下事虽万变，吾所以应之，不出（乎）喜怒哀乐四者，此为学之要。"（《传习录·与王纯甫》）所以儒家在"心"上讲"性"，而"心"的活动和内容通体表现于"情"。

再进一步说，"情"表现的根据落实到"气"上。《孟子·告子上》有这样一段经典表述：

> 虽存乎人者，岂无仁义之心哉！其所以放其良心者，亦犹斧斤之于木也。旦旦而伐之，可以为美乎？其日夜之所息，平旦之气，其好恶与人相近也者几希，则其旦昼之所为，有梏亡之矣。梏之反覆，则其夜气不足以存。夜气不足以存，则其违禽兽不远矣。人见其禽兽也，而以为未尝有才焉者，是岂人之情也哉！故苟得其养，无物不长；苟失其养，无物不消。孔子曰："操则存，舍则亡；出入无时，莫知其乡。"惟心之谓与？

"好恶"是"情"。"好恶"意味着我们以情应物，和周围世界打交道有两个方向：好以迎物，恶以拒物。从上下文可知本段中的"仁义之心"就是"良心"，孟子还讲到"本心"，都是一个"心"。这段话又讲到"气"，"平旦之气"和"夜气"实际上不是特殊的气，而是人存在的本然状态。平时我们和外部打交道时钩心斗角，这样的"气"就不是本真的"气"，心中的"气"总是不平。晚上不与人打交道，心态平和，"气"积聚起来，就处于非常清明的状态，"夜气"就表现为人存在的本然状态。"气"是体之充，人的肉身实存的本然状态就是"平旦之气"。"平旦之气"和"夜气"，只是一个气。

而"才"是人的实存在好恶之情的基础上显现出的一个总体性概念。孟子的人性论代表儒家人性论的主流,他的讲法是从内容、从实存上讲。《论语》中讲人性,也是落在"情"上。

在孟子思想中,认知的"知"被理解为一种心在情感表现或者存在实现历程中的自觉的作用,一种心明其义的作用。一个小孩将要掉入井里,恻隐之心是当下情感的表现,但同时其中也有知是知非,我救这个孩子是"是",不救这个孩子是"非",这个是非不是我在事发之后才知道的,而是当下表现出恻隐之心的时候就知是知非。这种"知"不是认知,认知是把东西推出去,当作对象来看,有主体、客体的区分,这里的"知"是在当下情感表现中同时知是知非的心明其义的自觉作用,是依存于我们的情感表现的,是在存在上显现的。"知"并不是我们和周围世界打交道的最原初方式。现象学、存在主义的观念,在这一点上和儒家多有相似之处。

《礼记·中庸》中还有"明"和"诚"的说法,"诚则明矣,明则诚矣","诚"和"明"是互体的。"诚"是"性"之德,表现为"性"的实现的环节,在"诚"中就包含了"明",如果没有自觉,"性"亦不能说实现,也谈不上"诚"。这也是在存在的整体性上讨论"知",这个"知"是人心依情发用、和物交接时本然的决断和定向的作用。此处的"知"不是认知之知,同时"情"也不是非理性,"知"和"情"是本原一体的。"诚""明"互体,"诚"作为人的存在的实现,"明"作为存在实现的自觉的作用,这两者是不可分的,表明人心本来具有一个先天的逻辑结构,按孟子的说法,可以归结为一个"能""知"一体的结构。刚才讲到"仁义之心"就是"良心","良"的意思一是先天,二是属于我自己。"良"的含义,可以从孟子所言"良贵"来体会:"欲贵者,人之同心也。人人有贵于己者,弗思耳。人之所贵者,非良贵也。赵孟之所贵,赵孟能贱之。"

（《孟子·告子上》）比如仁、义、忠、信之类的道德规定，谓之"天爵"，是先天属于我、别人拿不走的东西，这就是所谓的"良贵"。而公卿大夫之类的"人爵"，赵孟作为执政，可以给予你，也可以从你那里拿走。孟子所说的"良心"的"良"字，亦可以从这个角度来理解。"良心"包括两面，即"良知"和"良能"。"良能"之"能"是存在的概念，是人存在的动力机制，人的情感生活、气质、意志都属于"能"。"良知"之"知"是知是知非的作用。"能""知"是先天一体的，"知"因"能"而发用，并非一个抽象独立的原则。所以，人当下的情感表现（作为"能"）是有指向性的，有"知"作为内在的规定，不是非理性的，也不是康德所说的情感或感性。它表现为一个"能""知"一体的存在结构。

　　当下的情感表现是在具体情境中、在和物交接时的当场性和缘构性的表现，也就是儒家思孟学派所说的"端"，即恻隐之心、羞恶之心等。我专门有文章讨论"羞恶之心"，这个"羞恶"的"恶"，应读为善恶的"恶"（è），而不应读为好恶的"恶"（wù）。它不是一个简单的"好恶"，而是有指向的，即一种"羞于为恶"之心。孟子所言"四端"，就是人心先天本具的"能""知"一体的结构在交接事物时当下缘构性的情态表现。人的"良心"以好恶来迎拒事物，必然有表现，这就是"端"。但这"端"不仅局限于四"端"。孟子为了说明仁、义、礼、智根于人心，对它做了一个逻辑的表述，提出了"四端说"。有些人也把它称作"四心"，但这不是四个"心"，而是一个"心"。其实人心在现实中的表现，会有无数"端"，孟子讲"四端"只是为了和仁、义、礼、智对应。帛书《五行》中讲，君子能"进端"，能"充端"。若不能"进端"，不能"充端"，"各各归于其里"，回到本真质朴的状态，也很好。但如不能把这"端"扩充开来，就只能是普通人；把它扩充开来，就能成君子、贤人甚至圣人。帛书《五行》在解释"进端""充端"时，举了"不欲害人之心"和"不受吁嗟之心"两个例子。"不受"是不受嗟来之食的意思，因为有自尊心而"不受吁嗟"，这是义的表现。孟子亦强调这是能够扩充开来达到德性的人心之善"端"。所以，孟子讲的"端"不仅仅只有四种。在《孟子》书中，"端"因人处身情境的差异，而具有各种各样的表现。我在这里大概归拢了一下，如不忍、不为、恻隐、羞恶、辞让、恭敬、是非、孝悌、亲亲、敬长、羞耻、忸怩、无欲害人、无穿窬、无受尔汝、弗受哮尔、不屑蹴尔之食等等，都可视为人心之善"端"。"忸怩"，是用以形容舜的弟弟象。舜的弟弟象很坏，把舜骗进井里，并落井下石，以杀舜为己功而沾沾自喜。但圣人不是轻易可以害死的，舜回到家中，象再见到舜，顿感忸怩不安。象之心生忸怩这样一个"端"，说明即使如象那么坏的人，亦会有良心的当下发见。对此"端"加以推扩升华，就能成就德性，成为君子。无受尔汝、弗受哮尔、不屑蹴尔之食等等，都可以看作"端"的不同的样态，推扩开来，都能够成就德性、成为君子。这个"能""知"一体的结构，其现实表现会有各种各样的情态。"能"有"知"的规定，故有本然的指向。这"端"是人心先天本具的"能""知"一体结构，是以好恶迎接事物时当下缘构性的情态表现。因为境域不同，其表现各种各样，不尽相同，不是一个"四端"可以括尽的。

　　由此可见，儒家所言道德情感，不是一种现成性的本能。本能是可以随着人的理性的发达逐渐减弱、消失的。同样，我们也不能把儒家的道德情感理解为一种后天形成的经验义的情感，它有先天的结构。同时它也不是一种纯粹自然情感的概念。儒家的性善论是一种人性本善论，它建基于人心所本具的"能""知"一体结构之当下缘构性的情态表现。这表明，人与其他动物在实存上亦有类性的本质区别。这也就是我在讲座一开始所强调的,儒家不能承认人与动物有相同的生物本性。儒家的人性概念不是先天的道德本能概念,也不是像李泽厚先生讲的后天积淀的产物。孟子的人性论是一种本体论,它是就人之作为人,及其结构与情态表现如何来揭示人性的内涵,而非一种追踪从自然到人的发生论。积淀说与儒家尤其是孟子的人性论是不相干的。积淀说把人性看作白板,认为人是经过实践的重复、积淀而成为人,外力要把人教化成什么样,人就能成为什么样。这种理论存在着为专制张本的理论可能性,是不可取的。儒家要回归"本心",认为人本质上是要自己教化自己,而不是领导教化群众,老师教化学生。人具有人性本善的先天结构和当下的情态表现,这是儒家的价值观念的基础。

这是我要讲的第一个问题。

二、本义的价值

第二个问题是讲刚才提到的一个要点,即从"是"和"应当"本原一体的意义上理解的价值。

道德、伦理和人格的养成始终是儒家的核心内容。但是儒家哲学循道德和人之存在实现的进路以建立自身的形上学体系,其所言道德、伦理,乃是一种超越事实与应当、理论与实践之分别意义上的伦理价值观念。最近,我用"本义的价值"这一观念,来区别于"狭义的价值"的观念,后者即把"是"和"应当"对立起来看的价值观念。

前面讲到儒家价值观念的人性论基础。儒家以人的整体实现为进路来理解人,"知"并非独立的、首出的原则,首出的原则是以情应物。以认知为第一位的原则，就须预设思维与存在、主体与客体。人的意识是一种自我意识。在原初的意义上，我意识到某物，"我"亦历时性、当场性地亲在于此"意识到某物"的境域。但从"知"的角度来理解人，以认知的方式来设定主客体，主体之作为"我"，亦将以反思的方式，把"我"作为一个对象来看，这就会导致无穷后退，即总是对象化地看人，而失去其存在之体性贯通性及整体性的意义。在儒家思想中，"情"是最原初的应物方式，价值的实现具有先在性的意义。不过要强调的是，这里所谓价值先在性的"价值"，是"是"与"应当"本原一体意义上的价值，而非二者相互对立意义上的价值。儒家常就"诚""诚之""思诚"的价值或存在实现历程来理解人，理解物我一体的关系，而不是把人推出去当作认知的对象来了解，就表现了这一点。

所以，儒家哲学所理解的人和周围世界的关系，首先表现为以物我的存在和实现为前提的"天人关系"，而不是以思维和存在之分别为前提的"主客关系"。这个"天人关系"，是天、人各在对方中映现为一个整体，而不是一种二元分立的关系。中国前孔子时代的宗教观念，以神性内在于人伦及宇宙万有为特征，儒家哲学依据这一点确立了自己的性善的观念。我们来看儒家的一些相关说法，《易·乾·彖传》："乾道变化，各正性命，保合大和乃利贞。"宋儒亦有"人人有一太极，物物有一太极"（《朱子语类》卷九十四）的说法。"人人有一太极，物物有一太极"，意谓人、物皆得自于天道和天命而成就自己，而人、物所得自于天的，并非只是天的一部分，而是天命、天道的全体和整体，这就是所谓的"保合太和"，这就是所谓的"人人有一太极，物物有一太极"。这种哲学的进路，可以看作是一种内在关系论的进路。现代人往往从物对人之"有用性"的意义上来理解价值。比如择偶，一些人总是考虑对方的家庭背景是否对我"有用",而非据对方自身的品质来做判断,即是一种基于"有用性"的价值选择。按照儒家对心物关系的理解,既然人、物皆"保合太和",各得太极、天道、天命之全体,当然就具有自身的价值。这种价值不是相对于人的对象性的、对人之"有用性"的价值。从这一点出发,我们才能较确切地了解儒学道德伦理观念之精神特质。

儒家哲学从"是"与"应当"本原一体意义上理解"价值",此一义之价值,我称之为"本义的价值"。这一"本义的价值"观念的内容,具体可以从三个层面上来讲:第一个层面,是肯定事物自身的价值,借用黑格尔的话,可以称作"自在的价值";第二个层面,呈现在人的态度上,在人我之间的关系里实现出来的价值,借用黑格尔的话,可以称作"自为的价值";第三个层面,是通过人性的实现,成己以成物,达到与周围世界的一体相通,所呈现的物的本有的价值,借用黑格尔的话,可以称作"自在自为的价值"。

儒家价值观念第一个层面的内涵,可以通过"诚"这一概念来做说明。"诚"是儒家哲学一个非常重要的概念。《中庸》论"诚"云:

> 诚者,天之道也;诚之者,人之道也。诚者,不勉而中,不思而得,从容中道,圣人也。诚之者,择善而固执之者也。

> 诚者自成也,而道自道也。诚者物之终始,不诚无物。是故君子诚之为贵。诚者,非自成己而已也,所以成物也。成己,仁也;成物,知也。性之德也,合外内之道也,故时措之宜也。

"诚者,天之道也",是统就人、物而言的。物是"诚",人也是"诚"。但是,人这个诚,要通过"诚之"或"思诚"(孟子语)的方式实现出来。这个"诚之",《中庸》叫"致曲"之道,故说"曲能有诚"(《中庸》第二十三章)。

这里,我们先来讲"物"之"诚"。对"诚"这一概念,我认为朱子和王船山的解释最好。朱子《中庸章句》对"诚"的解释是:"诚者,真实无妄之谓。"王船山的解释是:"诚也者,实也。实有之,固有之也。"(《尚书引义·洪范三》)真实无妄,不是说我设定一个标准,符合这个标准就是真,而是说这个"真",是实有其性,真实地拥有其性。王船山讲"实有之,固有之",就是这个意思。此处所谓"实有",不是名词的用法,不是说这个东西是客观实在,而是说物各真实地拥有而不失其自身的性。王船山举了两个例子来做说明,一个是水的例子,另一个是火的例子:"若夫水之固润固下,火之固炎固上也,无待然而然。"水之性,是"固润固下",湿润、向下流;而火之性,则是"固炎固上",炎热、热气上升。水如果失去润、下之性,不成为水;火如果失去炎、上之性,不成为火。所以炎、上和火不相分离,润、下和水不相分离。水真实地拥有润、下之性,火真实地拥有炎、上之性,这就是"诚"。真实无妄就是实有其性,就是是其所是。按黑格尔的说法,"真"的含义就是事物是其自身所应是的那样,这是黑格尔在《小逻辑》中讲的话。"诚"这个概念,强调事物的真实同时就是它的应当。肯定事物各在其自身,是其所是,实有其性,这是一个存在或价值实现而非认知的论域。

在此意义上,事物本身就有它的"应当"、它的实存就是它自身"性"的表现,这就是它的价值。换句话说,它的存在即肯定着其自身的所"是",这就是它的"应当"、它的价值。宋儒谓天地万物之"宜",莫不有其"所当然而不容已"(《朱子语类》卷十八),就讲到了这一点。我们之所以会忽视自然物在其"应当"层面的规定,而把它看作一个单纯的"事实",就是因为它的"应当"和"是"本来是一体不分的。比如猴子有群体性，但我们却不会认为它们的群体性行为具有道德的意义。在人类社会，一个人忠敬君父，被称作"道德"。猴子是群居动物，猴王的选择有规则、有规矩，猴子先让猴王，亦有尊卑之宜。不过，猴子对这些规则和规矩的遵从，就表现在它们的本能中，并非有意的选择，所以我们不把它看作"道德"的行为。但是，它的行为当下就肯定着它的存在，有其"所当然而不容已"，具有价值的意义。在"是"与"应当"本原一体的意义上，自然物亦具有它自身的价值。

"时措之宜"，"宜"指事物自身所具有的理。事物各有所"宜"，各有自身的价值。我们对待周围的世界，也要按其本有之性或其所"宜"来养长之，这叫作"参赞天地之化育"。"参赞天地之化育"，对事物本有之"宜"，只是一种"裁成辅相"的作用，而非用外力去打乱天地万物的秩序与和谐。今人总是从事物对我的"有用性"去判断事物的价值，这就会出问题。如牛本是食草动物，人为了让它多长肉，多产奶，用牛本身的内脏做成饲料，不仅改变了牛性之"宜"，让它食肉，而且食它自己的肉，牛因此就会得疯牛病，成了疯牛。"不诚无物"，人"不诚"，把自己的意愿强加给物，这样，物便不再是它自己，而失其所"宜"。所谓"不诚无物"，讲的就是这个道理。牛得疯牛病，人吃了疯牛的肉，喝了疯牛的奶，也会变疯。人违背"天道"，也会反过来受到惩罚。所以，儒家论价值，特别强调首先要肯定事物自身的价值。

下面讲儒家价值观念第二个层面的内涵。"诚者，天之道也"，是统就人、物而言的。圣人"不勉而中，不思而得，从容中道"，也是一个"诚"。在"天之道"的意义上，人亦本然在其自己，拥有其所是。不过，人之"诚"或其所"是"，却有一个特点："诚之者，人之道也。""诚之"，是说人之"诚"须有一个实现的过程而非现成地具有。"诚之者，人之道也",《孟子》作"思诚者，人之道也"(《孟子·离娄上》)。按《孟子》的说法，人实现其"诚"的途径，是要由"思"而达"诚"。这个由"思"而达"诚"的途径，表现了人与一般存在者的不同之处：他能够自由地离开自己并复归于自己。

《周易·复卦》说："初九：不远复，无祗悔，元吉。《象》曰：'不远'之'复'，以修身也。"人离开他自己，有一个限度。《老子》二十五章有言："大曰逝，逝曰远，远曰反。故道大，天大，地大，人亦大。域中有四大，而人居其一焉。"这个"逝"，就是行的意思。人不断离开自己，同时又不断返回自己。用《老子》十六章的话说，就是"致虚极，守静笃。万物并作，吾以观复。夫物芸芸，各复归其根。归根曰静，是谓复命。复命曰常，知常曰明。不知常，妄作，凶。知常容，容乃公，公乃王，王乃天，天乃道，道乃久，没身不殆"。这个"复"，就是"归根复命"。人"归根复命"，观万物之复，才能有"明"，亦即实现其生命的智慧。在这个"远"和"复"之间，有一个张力的关系，这个张力关系就表现为一个修身之道,《易》云"不远之复，以修身也"，就强调了这一点。

人不同于自然物，他有思、能知，故能将自身对象化，并在此对象化中展开以反观自身，即从其自身存在的整体性中站出而自由地离开。人之所"是"由是而可作为一种共在的形式与个体相分离，常常落在他的实存之外，人因此亦常常会非其所"是"而行。这就是所谓的"逝"和"远"。人相对地把自己作为对象，通过展开而观进行反思，使人的存在实现为一系列的创造性的转变。人的历史存在不断转变，展现过程中有偏离，因为展现就是"澄明"，而"澄明"，用海德格尔的话来说，同时也是一个遮蔽。一方面，"诚"总要经由"思"而展开为种种制度文为即各种文明的形式；另一方面，"诚"又在规定着这文明展开的界限，而不使之偏离太"远"，所谓

"不远之复",就强调了这一点。人的历史,始终处在这"不远之复"的过程中,"不远之复,以修身也","不远"是因为"诚"或道规定着人能离开自己的限度。人离开自己太"远",就会走向反面。在现实中,把一个人称作禽兽,意谓这个人已彻底违背了人的概念。一个人如果完全违背了做人的尺度,就不能再存在,"死刑"就是为这种人准备的。一个暴君掌握政权,如果完全违背了做君上的尺度,就不能再存在,"革命"就是为这种政权准备的。这种对于其所"是"的强制性"复""反",表面上是由人来执行,但却是人在替天行道,恭行"天之罚"。不过,这种通过消灭实存,强制性地回复于"道"的方式,破坏性太大,代价亦太大。这叫作"道不可离,可离非道也"。

"不远之复,以修身也",此逝远与复反之动态统一张力关系之保持,即是经由伦理道德教化以实现人的存在之所"是"的过程。人总是处于这样一种不断展开自己,不断遮蔽自己,又不断消解遮蔽的过程中。《荀子·解蔽》说得好:"欲为蔽,恶为蔽,始为蔽,终为蔽,远为蔽,近为蔽,博为蔽,浅为蔽,古为蔽,今为蔽,凡万物异则莫不相为蔽。此心术之公患也。"人生在世的过程,存在着各种各样的"蔽"。人在其"诚"的显现中,在不断展开自己的过程中,亦不断有伪蔽发生。因此,"诚之""思诚"的展开活动,必须伴随一个不断"解蔽"的过程以回归自己。通过这样一个过程,那遮蔽本身也被转变成为人的存在之肯定性的内容,被包含在人的存在的整体性中,而具有了它正面的价值。由此,人亦在这种创造性的过程中不断丰富着自身,积累着其文明和价值的厚度。这构成了人的存在的必然的实现方式。

接着我们来讲儒家价值观念第三个层面的内涵。此"不远之复",是经由人道以实现天道。思孟学派论"四行"与"五行"之一体关系，亦说明了这一点。出土简帛《五行》篇，把"仁义礼智"称作"四行"，而把"仁义礼智圣"称作"五行"。仁义礼智"四行"是"善"，这善的内容是"人道"；仁义礼智圣"五行"是"德"，这德的内容是"天道"。智者的成就，为人道之"善"；圣者所实现的，则为天道之"德"。这里需要指明的一点是，思孟学派所谓的"五行"，并非在"四行"之外别有内容，仁义礼智"四行"本身就是"五行"的内容，那"圣"德所标志的"天道"，恰就是"人道"之"善"的实现。

人的整体的实现本身就是天道和人道合一的过程。人在不断回归先天的"诚"、回归天道中把人道实现出来。"大""逝""远""反"，实现出来的人道之"诚"恰恰就是物我的一体、人道与天道的合一，也就是刚才讲的"合外内之道"。"诚"的道合外内，是通过成己以成物的方式实现的。成己以成物，是因任事物之"宜"而随处成就之。这就是"合外内之道"，也就是前面讲到的"中和"："喜怒哀乐之未发，谓之中；发而皆中节，谓之和；中也者，天下之大本也；和也者，天下之达道也。致中和，天地位焉，万物育焉。"天地万物各成其性，各安其位，而成就宇宙的和谐。孔子有句话说："惟仁者能好人，能恶人。"（《论语·里仁》）一般人的好恶，出自个人的私意，"不诚无物"，常会以己意强加于物，干扰物自身价值的实现。人以私意强加于物，干扰物的价值实现，人与物因此隔而不通，故亦不能达到成己，即自身的价值实现。因此，成己与成物，人与物的价值或存在实现，其实是互成一体的两个方面。"惟仁者能好人，能恶人"，其好、恶一循事物之理，恰好合乎事物之本性，时措之宜而与物无不通。这样一个"通"，就是"参赞天地之化育"，就是对天地之化的"裁成辅相"。这种"参赞""裁成辅相"，其作用是揭示意义，而非创造意义。在这里，事物自身的价值，不增不减，就是它自己。人的评价及其自身的完善,既是一种自身的实现(成己),又是一种使物的价值得到揭示的途径。由此,物的意义与其本有的价值亦在人的智慧光照中得以实现和显豁。

　　阳明与弟子有一段很有意思的对话,可以借以理解这一点。阳明答弟子问"人心与物同体"云:"我的灵明,便是天地鬼神的主宰。天没有我的灵明,谁去仰他高?地没有我的灵明,谁去俯他深?鬼神没有我的灵明,谁去辩他吉凶灾祥?天地鬼神万物,离却我的灵明,便没有天地鬼神万物了。"(《传习录》上)用黑格尔的话说,就是自然在人的身上达到了自觉。儒家也有这样的观念。天尊地卑,有了人的灵明,天就有人去仰他高,地就有人去俯他深。人对自身的自觉、认知、了解,亦由此而对物、对周围的世界有一种照亮的作用,使其意义凸显出来。这个意义的凸显,亦可视为那事物自身意义的绽出。人的灵明,由是亦可看作事物自身的灵明。天地万物的固有价值和意义,乃通过人的自为的价值实现出来,并在人所成就的生命之光照中达到自觉。这样一种价值的实现,用黑格尔的话说,就是达到了"自在自为"的层面。此亦人的形上价值的实现。

三、旁通而上达的价值系统

　　第三个问题讲一下儒家的价值系统和价值实现的途径。
　　我用"旁通而上达"一语,来概括儒家价值系统的特点及其实现的途径。这里说"旁通而上达",有两个经典的根据:一个是《易·乾·文言传》:"六爻发挥,旁通情也。"孔颖达对"旁通情"的解释是,"旁通万物之情也",此处的"情"是真实之意。另一个是《论语·宪问》:"下学而上达。知我者其天乎!"我把这两者合起来,提出"旁通而上达"这一个说法,用以解释儒家的价值和形上学系统的特点。

这个解释是针对一般宗教的信仰方式而言的。一般的宗教,多强调个体独自对越上帝神明的信仰义。基督教神学凸显个体与个体相遇的信仰方式,佛教讲出世,禅宗特别强调立处即真,当下即是,顿悟成佛。道家虽然不是宗教,但其论道,也特别推尊"独与天地精神往来"的境界。这些都对世事伦常有所忽视,宋儒批评佛老"自私",就是从这个角度讲的。儒家讲"上达",要落实在人伦日用,通过人我、物我的相通来达到形上的关怀。这一点是儒家很有特点的地方。我提出"旁通而上达"一语,就是要用它来说明儒家的价值系统不同于一般宗教的特点。

此处我想借用牟宗三先生的一个说法。牟宗三先生提出过一个判定儒释道三家孰高孰低的"判教"标准,也就是"纵贯"和"横摄"两个系统。在他看来,儒释道三家都有终极的指向,都可以说是"纵贯的系统"。"纵贯系统"的圆熟形态有三个特点,即道体的创生性、意志的自律性和主体性的挺立。但牟宗三先生对"横摄"有批评,认为"横摄"是以认知关系和主客对立为特征的系统。他指出,只有儒家达到了圆熟的纵贯系统,佛家和道家都没有做到这一点,用牟宗三的说法就是"纵贯横讲"[①]。牟宗三先生提出"纵贯系统"这一观念,讲得好,有解释力。但他把"横摄"简单理解为认知或主客对立而贬低它,也借此贬低朱子是"横摄"而非"纵贯",则是有问题的。

我所谓"旁通",虽然关涉"横"的维度,但和牟先生的"横

---

① 见牟宗三《中国哲学十九讲》第六讲、第十九讲。

摄"有所不同。"旁通"作为"横"的维度，就是前面所说的"以情应物"。儒家所言心性，不是孤悬内在的精神实体，它一定要显著于"情"，要涉着人伦物理，一定有横向不同层次的实践性的展开。比如儒家的"忠恕"就是一个"横"的系统。"忠恕行仁"，要达到天人合一才是仁，但"仁"的实现，一定要通过"忠恕"来达成。曾子说"夫子之道，忠恕而已矣"，对于"忠恕"，《中庸》中讲得最好："忠恕违道不远。"这个说法比曾子的说法好。"忠恕"是达到"道"的方法、途径和工夫，但同时又不能等同于"道"，"道"具有超越性。这涉及"忠恕"与"仁"的关系，也涉及"旁通"与"上达"（"纵贯"）的关系。儒家最高的目标是"达道"，"朝闻道，夕死可矣"，最后达到天人合一的境界。成己成物，"道合外内而时措之宜"，其中本来就有人伦物则层面上的落实，包含"纵""横"两个方面的统一。

《中庸》第二十二章中的这段话："唯天下至诚，为能尽其性；能尽其性，则能尽人之性；能尽人之性，则能尽物之性；能尽物之性，则可以赞天地之化育；可以赞天地之化育，则可以与天地参矣。""与天地参"，就是"上达"。《中庸》第二十五章讲"成己成物"，是"忠恕"。成己成物、道合外内讲到人己、物我、外内之一体相通，就是"旁通"。这个"旁通"是个体存在之横向范围上的超出和展开。比如儒家讲"己欲立而立人，己欲达而达人"，"老吾老以及人之老，幼吾幼以及人之幼"，"亲亲而仁民，仁民而爱物"，"修身、齐家、治国、平天下"，皆是"旁通"。但"旁通"相对于"上达"来讲，表现出一种平面和实存限定性的关系。比如我们讲一人，推扩到一家、一族、一邦、一国乃至天下，都是实存的定在，都有自身的限定性。而这个实存的限定性，都又内在包含着超出自身的存在性的结构。比如亲亲，这是人和父母之间的关系，同时《孝经·圣治章》又讲"父子之道，天性也"，这就有一种立体的关系包含在里面。个体实存超出自身，推扩到父母、他人的父母，这都有不断超出自身的作用。这个"超出"有时空限定性，同时，人我之间的"通"性必须要有立体性、超越性的奠基，才能实现出其自身的道德的价值。"忠恕"、推己及人，作为一种实存限定性的向外展开，一方面是对自身实存的超出，这个超出同时也内含一种普遍性的转化和升华作用，内含一种由实存范围之量的扩展到普遍化之质的转变的意义，由是吾人与人、物乃可获得一种超越相互界限之"通"性。比如朱子讲格物致知，天下之物都要格，但是我们并不能格尽天下之物。我们不能从科学的角度理解格物，儒家所谓格物，指在与物相交接的关系中去正心诚意，把不正转变为正，这是存在或价值实现义的格物，而不是一般知识意义上的格物。朱子论格物，谓由今日格一物、明日格一物的工夫历程，而可获得某种豁然贯通，"众物之表里精粗无不到，而吾心之全体大用无不明"（《四书章句集注·大学章句》）之效。格物总有范限，我们不能遍格天下物，却能通过有限之格物，超越人、物之界限而达到一种豁然贯通之境域，道理即在于此。此表现为超越性之"通"，其反哺于个体存在之效，可以我们常说的"境界"一概念来表出之。而此境界，则具有一种立体性及对个体存在之赋义（揭示并赋予意义）作用。因此，实存上的"旁通"，总内在地具有着一种"超越"的意义，这个超越也就是孔子所说的"上达"。这"上达"的指向就是"一"或那天道之"诚"。

"旁通而上达"，这个"而"字，表明"道"必经由个体存有之差异互通的道路和方式而得以实现；此由旁通而上达的天道，同时又翻转来为个体的存在奠基。"旁通"与"上达"两个维度，虽有分判，而又相即互成，共同构成了儒家的价值和形上学系统。这一价值和形上学系统，既凸显了一种即伦常日用而达超越的实践品格，同时亦体现出了一种尽性、成己以成物的价值平等精神。

（整理：姜楠）

第十一讲
哲学作为一项认知事业

◎ 陈波

时间：2021 年 12 月 9 日
地点：中国人民大学公共教学一楼 1302 教室

  陈波，武汉大学哲学学院人文社科讲席教授，国际科学哲学院（AIPS）正式院士，国际哲学院（IIP）正式院士。曾任北京大学哲学系教授，博士生导师。专业领域为逻辑学和分析哲学。曾赴芬兰赫尔辛基大学、美国迈阿密大学、英国牛津大学、日本日本大学做访问学者或合作研究。承担国家社科基金项目 5 项、教育部项目 4 项和北京市项目 1 项，多次结项被评为"优秀"，担任国家社科基金重大项目"当代逻辑哲学重大前沿问题研究"首席专家。主要著作有《对话、交往、参与——走进国际哲学共同体》《分析哲学——批评与建构》《逻辑哲学研究》《奎因哲学研究——从逻辑和语言的观点看》《悖论研究》《理性的执著——对语言、逻辑、意义和真理的追问》《与大师一起思考》《逻辑学导论》《逻辑学十五讲》《逻辑学是什么》等。在国内外重要期刊发表学术论文300多篇，其中在国际A&HCI期刊发表英文论文20多篇。学术成果先后单独获得教育部3项奖励、北京市5项奖励和金岳霖学术奖3项。教学方面，获"国家一流本科课程""北京大学优秀教学成果奖""北京大学优秀博士论文指导教师奖""北京大学优秀教材奖"等。

一、引言

我今天的题目是"哲学作为一项认知事业"。首先，我要做一个区分：大学，包括哲学院系，它作为教育机构和作为研究机构的两种身份还是需要区分的。首先大学是一个教育机构，它的重要任务是传授知识、培养人才、传承文明，因此对先前文明成果的准确并且系统的传授是重要的。就哲学系来讲，可靠的哲学史的研究和讲授是重要的，对哲学各门类教科书的编撰是重要的。这是大学作为教育机构的任务。

但是要知道大学不仅仅是一个教育机构，它还是一个研究机构。作为研究机构，它的重要任务是什么？创造思想、生产知识，促进文明的发展和进步。我们创造思想、生产知识，不仅仅是为了传授知识、传承文明，还要促进文明的发展和进步。因此，对先前文明成果的批判性审查，对当代现实问题的密切关注和深刻反思，对新的可能性的设想、建构和开发，是大学作为研究机构非常重要的任务。

假如大学完成了这些任务，会导致什么？会导致新知识、新思想，有时候还包括新技术的产生，以此回馈社会、造福人类。我们不仅要传承文明，还要把文明进一步向前推进。大学不干这样的事谁干？大学干不好这样的事谁能干好？

由此落实到哲学这里又产生一个区分，就是 Studying Philosophy 和 Doing Philosophy，学哲学和做哲学的区分。学哲学的关键词是什么？是阅读经典文本或者教科书，理解、分析、阐释、重构哲学史和哲学教科书。做哲学的关键词是什么？是目前的学术问题，是面对当下的社会情景，提出新问题或对旧问题做新探索，产生独立且有创意的思考，通过论证、对话、分歧、争论、挑战、想象，由此建构新观念和新理论。

所有以哲学为业的人都得学哲学，这毫无疑问。但是至少要有一部分人，特别是有一部分大学教师必须实实在在地去研究哲学！也就是说，他们必须面向哲学问题，提出哲学观点，做出哲学论证，回应他人的哲学论证等等。我们现在强调中国文化要走出去。哲学要走出去，跟别人交流对话，你总得说点啥。你不能说你外国人做的我都知道、我都理解，这就可以了，你要说出你自己想了什么，你有什么理由。

哲学不仅是学问，而且是智慧，乃至爱智慧。我认为，在当代中国哲学研究中，着重强调了哲学的学问面向，而对爱智慧的面向关注不够，对新问题的探讨和对新学理的系统建构非常不够，因此我觉得有必要改变如下局面：别人研究哲学，我们研究别人的哲学。当然，研究别人的哲学是非常必要的，但是不能停滞于此，我们还要进而研究自己的哲学！我们至少要有一部分中国哲学家与他人一起去研究哲学，或者通过研究别人的哲学来研究哲学。既然研究哲学，就要提出你自己的观点、论证等等。我曾经写过一篇文章，题目就是《面向问题，参与哲学的当代建构》。我觉得中国哲学界要把这个问题提到面前来。

下面我进入正题。我今天讲的实际上是一篇已经发表了的文章——《哲学作为一项认知事业》（发表于《哲学分析》2020年第1期）。美国哲学家蒯因（Willard Van Orman Quine）断言：科学与常识是连续的，哲学与科学也是连续的。他有一个非常著名的论断，哲学与科学是连续的（philosophy is continuous with sciences）。"正如科学是自觉的常识一样，哲学力求将事物阐释得更加清楚明白，就其目的和方法的要点而言，应无异于科学。"牛津哲学家蒂莫西·威廉姆森（Timothy Williamson），继承和发展了蒯因的思想，批判了哲学例外论：哲学是其他各门科学之外的一个例外，哲学研究只是由哲学家在扶手椅中完成的，其方法论和评价标准与其他各门科学有实质性区别。

威廉姆森论述道，哲学例外论是站不住脚的。首先，哲学与科学在研究对象上是连续的，20世纪西方哲学中发生的所谓语言转向和思想转向是错误的，已经过时了；哲学家并不是只对语言的性质和结构感兴趣，也不只是对有些人所认为的优先于语言的概念、思想、心灵感兴趣，而是相反，像其他科学家一样，哲学家所关注的也是我们生活于其中的这个世界本身。

例如，形而上学家关注这个世界中真实的时间和空间的性质及其结构，而不只关心时间和空间概念在我们的语言中是怎么用的；认识论家在探讨以下至关重要的哲学问题：究竟什么是知识，如何获得知识，如何证成知识，知识受到哪些社会性因素的影响，知识如何在社会共同体中发挥作用等等。我们可以通过语言去研究这些问题，但哲学家不只是研究表达方式，它研究的是语言背后所表达的那些实质性问题。

其次，哲学和科学在方法论上也是连续的，只不过有自己的特点。哲学更像数学，两者都只要在扶手椅中完成，其方法论首先不是实验，而是溯因和演绎推理，但是并不妨碍它们都是科学。哲学要利用自然科学成果，并且像在自然科学中一样，哲学进展主要在于构造更好的模型，提供更好的理解等等。

我在总体上同意蒯因和威廉姆森等人的哲学倾向和立场，也同意他们对哲学例外论的批评。在他们工作的基础上，我提出这样一个命题：哲学是一项认知事业（cognitive enterprise），并进而去阐述，在多重意义上，哲学与其他各门科学，包括自然科学、社会科学和人文科学都是连续的。

第一，就其研究对象而言，像其他各门科学一样，哲学也探究我们生活于其中的这个世界本身，它是人类认知这个世界的整体努力的一部分。哲学的使命是帮助人们更好地认知这个世界，具体地说，帮助人们更好地认知自然界，更好地认知人本身，更好地认知由人所组成的社会，更好地认知我们对这个世界的认知。

第二，就其研究方法而言，哲学与常识和科学之间没有实质性区别，也要求助于对这个世界的观察和实验，特别是思想实验，要求助于直觉和常识、数据和证据、思考和反思、想象、溯因与最佳解释推理、模型建构、猜测性假说、逻辑推理、证成与反驳、证实与证伪等等。正像科学方法是常识方法的精致化一样，哲学方法也是对常识方法和科学方法的提炼和总结，除此之外，没有独一无二的，只有哲学用、其他学科都不用的那些方法。

第三，就其效果而言，像常识和科学一样，哲学也是为了帮助人们更好地生活在这个世界上，过一种体面而有尊严的生活，特别是过一种有价值和有意义的生活。苏格拉底说未经反省的人生不值得过，哲学就是要我们反省，寻求意义和价值。

第四，虽然哲学和哲学史有特殊关联，研究哲学史就是在研究哲学，但是哲学并不只是哲学史，哲学研究不等于哲学史研究。通过哲学史来学习哲学和进入哲学，通过批判地反思先前的哲学理论来发展哲学，从先前的哲学遗产出发，通过开拓新的领域、运用新的方法、提出新的理论来推进哲学，这才是看待哲学与哲学史之间关系的正确态度和做法。

第五，关于哲学和科学的如下两个说法，只是想当然、似是而非：（1）科学依赖观察和实验，哲学诉诸诠释和理解，它们在方法论上很不一样。（2）科学重点关注实然，即事情实际上是怎么样的，哲学重点关注应然，即这个事情应该是怎么样的；科学关注事实，而哲学关注价值规范；等等。我要反驳这样的观点。

以上是对我今天讲座内容的大致概括，接下来我开始进行具体的讲解。

二、哲学的使命：帮助人们更好地认知这个世界

第二部分，我要谈一下哲学的使命是什么。哲学的使命，是帮助人们更好地认知这个世界。人的需求和利益是人类认知的出发点。马克思说，"从前的一切唯物主义（包括费尔巴哈的唯物主义）的主要缺点是：对对象、现实、感性，只是从客体的或者直观的形式去理解，而不是把它们当做感性的人的活动，当做实践去理解，不是从主体方面去理解"。列宁说，"必须把人的全部实践——作为真理的标准，也作为事物同人所需要它的那一点的联系的实际确定者——包括到事物的完整的'定义'中去"。20世纪八九十年代，中国哲学界曾经搞过一段时间的实践唯物主义，我很认同。

美国的实用主义同样有很大的价值。我认为，美国实用主义哲

学最大的贡献，就是倡导"从人或人类的视角去看这个世界"。我们生存于斯的这个世界，纵无际涯，横无边界，在时空维度上都是无限的。庄子说，"吾生也有涯，而知也无涯，以有涯随无涯，殆已"；这世界无论是从宏观角度还是从微观角度看，都是无限的，但我们的人生是有限的，无法对这个世界做镜像式的、完整系统全面的认知。不可能做到怎么办？我们认知我们需要认知的，我们认知我们能够认知的，我们的欲望、需求、利益、关切决定了我们要认知世界中的什么；我们所具有的认知和行动能力以及认知资源，决定了我们如何认知。需要认知的和能够认知的两者相结合，划定了我们的认知边界，把这个世界划分为截然不同的两部分："人化的实在"和"原生的实在"。人化的实在就是人类认知和行动能够达到的现实世界中的那一部分；原生的实在就是当下的人类认知和行动尚不能达到的现实世界的那一部分，或者相当于康德哲学中的"自在之物"。

设定存在"自在之物"的世界是充分合理的，也是绝对必要的。因为设立这样一个独立存在的世界，是人类先前时代的认知经验的归纳总结和合理外推。我们祖先的认知范围很小，他们只能认知当下的生存环境，例如周围的山川河流。但后来随着认知能力的扩展和行动范围的扩大，他们认知到世界比自己以前所想的还要大。这样的经验不断重复，可以归纳推断出，有一个独立存在的世界，它等待我们去发现、去认知。每一次认知边界的扩展，不是我们的认知创造了这部分实在，而是它们本来就在那里，只是我们原先不知道。我们把这样的认知经验不断重复，并合理地外推，归纳总结出存在不依赖于我们认知的、在我们现有的认知和行动范围之外独立存在的外部世界，这是合理的。

同时，一个存在"自在之物"的世界，又为人类未来认知的扩展留下了足够大的空间。人类认知不会停留在任何一个时间点，还会从广度、深度上扩展，你不能说是我们的后代子孙们创造了这个世界的这些部分，而是世界本来就这样，他们只是发现了而已。

另外，存在"自在之物"的世界还得到溯因论证的支持，用普特南的话说，承认一个独立存在的外部世界，是唯一能使自然科学的成功不沦为奇迹的合理的理论。如果不承认有一个独立的外部世界，我们的自然科学理论的建构为什么获得成功？为什么发射宇宙飞船出去，要它回来它就回来了，还不只回来一次？只有承认一个独立存在的外部世界在那里，我们认知了它的结构层次规律，然后按照这些规律、顺应这些规律去做事，才能很好地解释这种成功。

要证明有一个独立存在的外部世界是非常难的。有一个独立存在的杯子，你知道用眼睛看、用手摸这杯子，但是公孙龙的"离坚白"论证了，同时从各个方面认知一个独立存在的东西是很难的：看的时候没摸，摸的时候没看，看到这里的时候没看到那里。如何用感觉经验建构一个独立存在的物质个体是非常难的，要做很多的假设，但是我们若承认有这样一个世界存在，就可以合理地解释科学至今为止所获得的巨大成功。

哲学与具体科学之间既有合作也有分工。具体科学通常以这个世界的某个局部、侧面、维度为重点，探究其中的结构、秩序和规律；哲学则要在具体科学成果的基础上构造这个世界的整体画面，揭示这个世界中的一般性的结构和规律，因此哲学在抽象程度或普遍程度上远高于具体科学。哲学还要质疑或证成具体科学的基本假设，质疑或证成具体科学中的价值维度，撞击或推展现有的认知边界。

但哲学仍然要在常识和科学理论的框架内活动：利用科学的发现，使用科学的方法，去反思、质疑、挑战常识，去挖掘和质疑科学理论背后所隐藏的根本性假设，去设想做其他选择的可能性。蒯因有一个非常重要的自然主义的论点：不管你是质疑、怀疑、证成科学，都要在已有的科学框架内活动（within science），没有一个超越于所有科学之上的外在的立足点。哲学家没有特权像上帝那样俯瞰科学、评价各门科学的活动。不能据此断定哲学与常识和科学是断裂的，就如同不能说近代科学与古代科学，现代科学与近代科学是完全断裂的一样，尽管前者否定和抛弃了后者的许多理论断言，但仍有一些关键性因素贯彻其中：以追求真理为目标，重视科学证据，使用科学方法，进行科学验证，最后还要得到科学共同体的认可。

以上是第一个大论点，就是人类的需求和利益是我们认知世界的出发点。我们现在来看第二个大论点，哲学和哲学家如何看待这个世界。追求真理是我们的使命，这是因为真理是我们生存于世的基本凭借。如果一个个体或种群常常对周围环境做出不真实的认识，经常做出错误的决策和应对，大自然就会通过自然选择机制，通过各种途径，逐渐把他们从这个世界上淘汰掉。追求真理是我们最大的认知目标；要对这个世界做出正确的认知，首先必须弄清楚这个世界中究竟有什么，这就导向本体论研究。

第一，这个世界上有物理个体，这些个体有性质，相互之间发生关系，形成自然种类。它们存在于时空之中，有层次结构，相互发生因果关系，因果关系形成规律。它们之间还可以形成集合，由集合得到数等等。它们的存在采取了不同的形式，相互之间还有依赖关系，有些是基础性的，有些则是派生性的。

第二，有人造物品，它们与自然物的相同之处是它们都有物质形式，存在于时空之中，能够被我们感知；不同之处是人造物品中灌注了人的思想、观念、设计、制作甚至情感，没有人的设计和制作，它们就不可能存在，也不可能发挥作用。

第三，有很多社会实在，或称制度性事实，例如国家、政府、军队、警察、银行、大学、教授、学术研讨会、婚姻、货币等等。以货币为例，从物质形态上看，它就是一张纸，但在人类社会中为什么能发挥那么大的作用？因为有很多社会制度性事实作为它的背景支撑。还有很多文化构造，例如神话、民间传说、文学作品、电影、戏剧、动漫游戏中的角色，女娲、孙悟空、林黛玉、哈姆雷特，以及由人所创制的概念、命题、理论、学说，例如人是万物的尺度、实用主义，更重要的是这个世界上还有很多的人，以及由人所组成的各种群体、组织、社会、民族、国家等等，它们有不同的甚至相互冲突的利益、需求、愿望、观念和行为模式。

以上所有这些都是实在，对于我们的个体生存和类生存来说都是极其重要的。它们都是我们的认知对象，也是哲学所要研究的对象。如果实在中包括如此歧异不同的元素，那什么是实在，如何去说明、刻画甚至定义实在，对于哲学家来说则构成一个严重的挑战。通常的说法是，实在是独立于人的意识和心灵的存在。若考虑到人造物品、社会实在、文化存在、人类社会等等，这个说法显然不成立，因为没有人的意识和心灵的参与，这些东西根本不存在，也不可能发挥作用。手机是独立于人的意志或心灵的吗？恰恰相反，它被灌注了很多人的智慧和设计。但它也是实在，那么实在是什么，确实难以论述。美国实用主义哲学家皮尔士说，实在并不必然独立于一般意义上的思想，而是独立于你、我或任何有穷数量的人关于它可能持有的想法。

接下来讲第三个大论点，哲学和哲学家如何有助于促进和改善我们对这个世界的认知。哲学作为一项认知事业，它可以拓展新的认知领域，展示新的思维空间，达至先前未及的认知深度。我们原来研究实在的时候，经常是只指自然界，或者主要指自然界，很少去谈论对于我们人类生成来说极其重要的各种社会建构，比如政府、国家、警察、货币、婚姻、大学等等，这些东西究竟是怎么形成的，如何发挥作用，如何让它发挥好的作用，这些问题需要研究。以前的哲学研究通常关注实在，都是从自然实在的维度去进行思考；约翰·塞尔促使我们注意到社会的维度，在人类社会生活当中有什么东西是至关重要的。研究社会制度建构、由社会制度建构所派生的社会制度事实，以及由此派生的规范承诺等等，这叫社会本体论。

　　休谟提出了两个重要的休谟问题，一个关注因果关系和归纳合理性，另一个关注"是"和"应当"，就是事实和价值的关系。第一个问题是归纳问题，我们看到太阳晒然后石头热，我们便做出一个因果判断：因为太阳晒，所以石头热。这是你的感觉经验告诉你的吗？感觉经验告诉你的是两个现象的恒常伴随，而因果关系是人的思维给加上去的。因果判断来自哪里？我们认知的普遍必然性来自哪里？你看到的都是一个个具体的个例，做出的却是一个全称判断，全称判断覆盖了所有的例子，甚至无限多的例子。

　　第二个问题是"是"和"应当"的问题。我今天在这里是在一个很正式隆重的公共讲台上发言，而不是在一个私密的空间里与人做私密谈话，因此我不能随心所欲地胡侃，必须遵守公共规范和约束。前面是事实，我在一个很正式隆重的公共讲台上发言，不是在一个私密的空间里与人做私密谈话，由此推出我不能怎么样讲、必须怎么样讲，前面是事实是什么，后面是事情应该怎么样，这两者之间真的存在巨大的断裂和鸿沟吗？"是"和"应当"的问题在当代哲学中以"the source of normativity"的形式复活了，就是说，我们的现实生活中有很多的义务、责任、规范、伦理，那么我们为什么"必须"或"应当"？这件事情有没有道理可讲？它的来源在哪里？根据在哪里？后面有时间我会说到这个问题。哲学在本质上是批判的、革命的，它给我们的认知发展提供了永不衰竭的动力。

三、哲学与科学在方法论上的连续性

第三部分就是要讲哲学与科学在方法论上是连续的。不是哲学家用一套独特的方法，科学家用一套独特的方法；他们实际上用差不多类似的方法去认知世界，这带来的结果是在哲学研究中可以利用的方法的资源是十分丰富的。在先前的哲学研究中，也许是我们自己绑住了自己的手脚。

第一，哲学和科学中都要用溯因-最佳解释推理。有一个待解释的反常现象 E，它是被观察到的新奇且令人惊讶的证据，与我们所持严格认定、强硬认定的信念 B 不相容，我们又不想放弃信念 B，怎么办？提出假说？背景信念 B 加上可能假说 H_1, H_2, …, H_n 中的某一个，都可以合理地解释 E，根据假说选择标准 C，H_n 是比其他可能解释更佳的解释，且是最可爱的解释。因此，有很强的理由接受假说 H_n。

再做几点必要的说明：

（1）E 是被观察到的新奇且令人惊讶的证据；B 是一组背景信念，主要包括具有高接受度的已有理论，或许还要加上常识信念。E 与 B 不相容：仅从 B 出发，可以推出 E 的否定，即非 E。

（2）H_1, H_2, …, H_n 是用来解释证据 E 的一些可能的假说。根据迪昂-蒯因的整体主义论题，对 E 的解释并不单纯依据 H_1, H_2, …, H_n 中的某一个，还要加上一组更新过的背景信念 B。

（3）当我们发现了反常之后，我们可以构想出不同的假说 H_1, H_2, …, H_n 等等，可以思维风暴，得出最好的假说。C 是选择最佳假说的一组标准。

比如有一个同学原来跟你约好，你们俩今天一起来听讲座，结果他没来，你可以对此有很多解释。最温和的假设是什么？他可能有些临时的、特别的事情，或者他临时改了主意而没来。稍微激进一点的假设是，他在路上被人抢了；再激进一点，他受伤了；再激进一点，他被一个外星人绑架到外太空去了。这些假说哪个最有效？最保守的那个。我在这里愿意采纳蒯因所给出的标准：（a）保守性：在同等条件下，一个假说对先前的信念摒弃越小就越合理。（b）谦和性：除非必要，不要构造离奇的假说。（c）简单性：在逻辑结构上越简单的假说越好。（d）概括性：一个假说所覆盖的经验证据越多，它的适用范围越广，就越合理。（e）可证伪性：一个合理的假说必须有某种可设想的事件将构成对该假说的反驳。或许再加一条，（f）精确性：主要来自逻辑和量化手段。一个假说越精确，它被无关原因而巧合证实的概率就越小，由预测成功得到的支持就越强。

有一些选择假说的标准，对 E 有解释力并且与 B 相容的假说是"潜在合理的假说"；与已有证据吻合度最高的假说，构成对现有证据的"最可能为真的解释"；不仅能够解释现有证据，而且能够解释其他已知的类似现象，还能够预测未来的类似现象的假说，构成对现有证据的"最可爱的解释"。在得到"最可爱的解释"的过程中，有三次认知过滤：从"可能解释"到"潜在合理的解释"（不必为真）；从"潜在合理的解释"到"最可能的解释"（最可能为真）；从"最可能的解释"到"最可爱的解释"（最佳解释），后者最可能为真并且解释力最大：能够解释最大范围的类似现象。毫无疑问，在自然科学研究中，我们广泛使用了溯因-最佳解释推理，只不过先前被包裹在"假说演绎法"的名下，涉及其中的三个重要环节：

如何提出假说，如何评估和选择假说，以及如何证成假说。

蒂莫西·威廉姆森近年来大力倡导在哲学研究中使用溯因方法，他说，"哲学应该使用广义的溯因方法论。的确，在某种程度上它已经这样使用了，但它应该以一种更大胆、更系统和更有自我意识的方式使用"。哲学理论不能从事实证据等按严格的逻辑被演绎地推演出来，那些事实证据对于我们构造哲学理论来说是不充分的；要展开大胆的想象，要运用思辨来构造哲学理论，已有哲学理论中谁是最佳解释，那就看它们对这个世界的解释力了。

以数学为例。我们通常说数学是门严格的演绎科学，但实际上数学也要使用溯因方法，因为数学是根据推演规则，从公理往下推演出一些定理。我们实际上是假定那些公理是正确的，假定那些推演规则是正确的，如何证明它们是正确的是很难的，那就是数学基础研究。一般的数学家可以不管这样的问题，我就用这样的数学理论就行了，我就在它的框架里面去解难题，做科研，发展理论得到一些具体的结果。至于这个出发点对不对，数学家会回答，我相信它是对的。怎么证明它是对的，那我不管。哲学家就要做这个工作，要追问数是什么，是怎么来的，然后去演绎出它的各种性质，得到各种命题，等等。这些基础性问题需要溯因论证，需要哲学家的工作；这些假设只要能够经验成功，并且不止一次地成功，那么它就有效了。

数学要溯因，哲学也要溯因。因此，威廉姆森写了一篇文章叫《溯因哲学》（*Abductive Philosophy*），主张哲学要大胆地使用溯因论证来看哲学理论的解释力。威廉姆森在模糊性理论、认识论、反事实条件句、模态问题上经常提出一些奇奇怪怪的理论，引起很大争议和反响，但他说，虽然我的理论怪，但比起你们的理论更有解释力，重要的是它们管用（They works）。

第二，哲学和科学都需要想象、思想实验和模型建构。读庄子的作品，其中有多少瑰伟奇丽的想象，由此发展了多少深刻的哲学问题和论证！但是在现在中国的哲学作品中几乎看不到想象的影子，很多都是从文本来到文本去。哲学需要想象力，哲学还要求助于思想实验；西方哲学常常求助于思想实验，中国先秦哲学中也有很多的思想实验。

什么叫思想实验？比如塞尔的中文屋实验，那个机器究竟有没有智能，有没有意识？尽管中文屋里的机器人也能输出对中文句子的合适的理解，但是塞尔说它没有心灵、不懂中文，不知道语义，输出的理解是一套机械操作搞出来的。又如普特南的"缸中之脑"论证，这个大脑所感知的世界和我们人正常感知的世界有没有区别，究竟有没有一个正常感知的世界？这些思想实验非常重要。在西方哲学里面有思想实验，科学中同样有思想实验。伽利略反驳亚里士多德主张的物体的重量和物体的下落速度成正比，就用了思想实验，通过把 A 和 B 两个轻重不同的东西绑在一起，推出了矛盾。

思想实验不是真正在实验室里做实验，而是在脑子里做逻辑推演。它通常包括以下步骤：（1）确定目标：为了挫败或证成某个哲学论断，或者构想一种新的可能性；（2）展开想象：假如怎么样，就会怎么样；（3）设计情景：该情景含有目标哲学论断的某些要素，但没有另外一些要素；（4）逻辑推演：从所设计的情景中，分析和推演出一系列结论；（5）做出最终结论：该哲学论断成立或不成立。思想实验又被叫作"心灵的实验室"，它是一套逻辑操作。西方哲学强调逻辑论证，特别是当代西方哲学里面有很多特别有趣且重要的思想实验。

第三，哲学和科学都有认知分歧、学术论战与反思的均衡。以往的认识论着重研究个体的认知行为：一位认知主体，或者说一位理想的认知主体，凭借什么样的过程、方法、程序和规则等才能获得关于这个世界的真实认知？康德哲学"先天综合判断如何可能"这类命题，重点都放在用先天的认知形式去接受统摄感觉经验材料，然后获得普遍必然性。

然而，先前的哲学严重忽视了认知的社会维度：不同认知主体之间的交流、对话和论战等等，会对他们最后所持的认知立场产生非常重要的影响，其中甚至有某种权力分配结构：认知权威、政治权威的意见会受到更大程度的关注和重视，而处于弱势地位的认知主体的意见则很容易被忽视或轻视。因此要想达到对这个世界的认知，不能只靠单个人自己，还要依靠社会共同体成员之间的相互作用。

因此，认知还有一个社会维度，着重研究认知的社会维度的叫作社会认识论，它目前集中关注两个话题：一是信任（trust），特别是对他人证言（testimony）的信任，二是认知主体之间的认知分歧（epistemic disagreement）。认知分歧如何在哲学当中发挥作用，如何产生，能够解决什么，以及产生的哲学论战的意义。有些哲学论战不仅不解决问题，反而创造新问题，那创造问题的论战有什么意义？事实上有很大的意义，我准备日后写一篇相关的论文。

概括地说，哲学论战有助于揭示已有理论观点的问题和缺陷；有助于激活思维，发展新的理论观点；有助于防止哲学领域里的盲从、独断和专制；有助于凸显哲学追求智慧和真理的本性。麦基在对当代哲学家的访谈当中写了这样一段："如果不对假定的前提进行检验，将它们束之高阁，社会就会陷入僵化，信仰就会变成教条，想象就会变得呆滞，智慧就会陷入贫乏。社会如果躺在无人质疑的教条的温床上睡大觉，就有可能渐渐烂掉。要激励想象，运用智慧，防止精神生活陷入贫瘠，要使对真理的追求（或者对正义的追求，对自我实现的追求）持之以恒，就必须对假设质疑，向前提挑战，至少应做到足以推动社会前进的水平。"

所以，哲学家要质疑挑战，反复构想，不能一味唱赞歌，只作为一个欣赏者、守护者。实际上孔子所处的情境和我们当代所处的情境已存在巨大的差别，马克思当时面对的资本主义和我们现在面对的资本主义也非常不同，而他们的原理和精神有正确的地方，但也有不正确的地方，要在当代的语境下重新思考它们，所以需要反思、反省、批判、质疑、挑战，发展新的东西，至少让它们以新的形式呈现，这非常重要。

问题是中国哲学界有严格意义上的学术论战吗？我们是有些学术论战，但搞着搞着就变味了，为什么？如何建立真正意义上的中国哲学共同体？我们要明确这一点，我们是工作伙伴、研究伙伴，我们共享学术规则、学术规范，而不一定共享学术观点。正因为我们的认知有分歧，因此我们需要对话、交流、论战，来帮助彼此改善提高。孔子不可能完全是对的，马克思也不可能。

另外，学术论战不能胡说，不能根本不理解，或者误解；要把论战的对象想成与我一样的人，他跟我一样聪明，甚至比我更聪明；他的为学态度跟我一样严肃，甚至比我更严肃。基于这个前提，思考他那么想是不是有某种合理的成分。退一步说，你确实认为他就想错了，你就说他想错了，真诚很重要。所以我们的学术需要对话，交流需要论战，中国学术需要共同体，学者们不能是一个个孤立的学术原子，相互之间没有形成对话关系。

接下来讲反思的均衡。反思的均衡是罗尔斯提出来的方法，核心是追求最大程度的融贯，并且尽可能解释尽可能多的现象。一个人自己的观点相互融贯，他的观点与其理由和证据相互融贯，与其他学者的合理观点相互融贯，这必须通过"上穷碧落下黄泉"，付出极其艰辛的理智努力才能达到。反思的均衡不是一厢情愿的思考，不仅得考虑某个观点为什么成立，还得想那观点已有的以及将要面对的反驳意见，为什么那么多聪明的人都不这么想，等等。

我一直有一个想法，就是一旦理论极大程度的融贯了，就会导向与外部实在的符合，因为我们人的认知向一个共同的维度收敛，最后能够收敛到一个大家都能认同的维度，极大程度的融贯就能导向真理的符合论。葛四友教授在一篇文章中写道，帕菲特在写作《论重要之事》的时候，他"想要这本书尽可能地接近完美。他想回答每个可设想的反驳。为此目的，他把手稿几乎送给了他认识的所有哲学家，寻求批评，有超过250位哲学家给了他评论。他辛苦多年，修正每一个错误。随着他对错误的纠正与对论证的澄清，书也变得越来越长。他原本的设想是一本小书，然后是一本长书，再然后是一本非常长的书加上一本甚至更长的书——总共有1 400页。人们开始怀疑他最终是否还能完成这本书"。他觉得这些人挺有水准的，应该听听他们的意见，结果这本书越写越复杂。这是西方哲学界对学问的严肃态度，有些西方哲学家对做学问是很忠诚的。这一点是值得我们学习的。

四、哲学与哲学史的连续与断裂

第四部分，讲哲学和哲学史的连续和断裂。有一个说法广为人知，那就是"哲学就是哲学史"，这个说法是哲学特有的。我之前说到的哲学和科学是连续的，哲学是我们认知这个世界的整体努力的一部分，其他科学也是认知这个世界的整体努力的一部分，对此最容易出现的异议就是强调哲学史在哲学当中的地位：哲学史在哲学中具有特殊地位，而历史研究在其他科学中的地位远没有在哲学研究中重要。物理学史对做物理学有那么重要吗？数学史对做现代数学、化学史对做现代化学、生物学史对做现代生物学有那么重要吗？没有那么重要。但做哲学你必须做哲学史，这没有异议，必须不断地回溯我们的人文经典。

回到经典，这也没错；哲学与哲学史有连续性，我不否认这一点。第一，哲学史关涉文化和文明的传承，一个没有历史的民族是"无根"的民族，一个没有某种形式的哲学的民族则是"无魂"的民族。研究哲学史，就是在为我们自己的民族或整个人类"寻根""找魂"。第二，哲学史是训练思想和人格的媒介，我们从不同的哲学家那里学习和感受他们做哲学的不同方式，然后我们自己开始学习做哲学，如果足够幸运或足够有才能，我们或许也能成为某种类型的哲学家。在学习和研究儒家经典的时候，我们就在逐渐懂得和理解何为中国人，同时也在学习怎么做一个中国人。第三，哲学史是激活创造的资源，里面隐藏着深刻的洞见，但没有把它展开成一个理论；我们把它展开成一个理论，因此可以获得启发，获得灵感。当然，先前的哲学家并没有把话说尽，我们遭遇新的问题，必须自己找到解决方法。我们的任务是通过深入观察和独自冥思，获得和展示我们自己关于当代现实的新观念。"我们听别人讲，是为了自己也能够说！"我接触到爱默生的思想就是在人大读博期间，我觉得爱默生的思想没有死去，对当代中国人还有很大的启示、引领的作用。说回来，我们的思考不能平地起高楼，而是要"站在巨人的肩上"：通过批判性思考他们的思考及其理论，由此改进他们的思考，发展他们的思考，以至超越他们的思考，提出我们自己的新思考和新理论。只有这样，我们才不愧为那些先贤大哲在理智上合格的后嗣。很多哲学著作都是先贤们在青年时代写成的，一味地崇拜它们不对，一味地摒弃它们也不对，要通过批判思考、改进观点，提出新理论。

对"哲学就是哲学史"有两种解读，一种是弱解读，一种是强解读。弱解读是，通过学习哲学史来学习哲学和进入哲学，通过批判地研究先前哲学家的思想来研究哲学和发展哲学。这是明显合理的。强解读则是，研究哲学就是研究哲学史，研究哲学必须研究哲学史，哲学研究等于哲学史研究。这是明显偏颇的，甚至是错误的。

威廉姆森就批评了这种强解读观点。他说，我有时被问到在研究哪个哲学家，仿佛那是任何一个哲学家必须做的事情。我用牛津风格回答道：我研究哲学问题，不研究哲学家。他用这样的方式反驳，并且写了一本书，其中一章就反驳哲学就是哲学史。威廉姆森这样说，首先，这是一个自我挫败的观念，因为它本身就是一种有争议的哲学立场，人们并不是非得接受不可。其次，它没有证据支持。哲学史所研究的那些哲学家，几乎都不写哲学史。我们知道黑格尔会写哲学史，但康德、莱布尼茨、笛卡儿、休谟、贝克莱等人都不写。他们的目标不在于解释其他哲学家的理论，甚至都不是解释自己的理论，而是首先构造一些比如关于心灵及其在自然界中的位置的理论。最后，将哲学等同于哲学史是一种非历史的态度，因为它没有忠实于历史本身。尽管研究哲学问题（比如自由意志）的历史也是研究这个问题的方式之一，但也有许多研究该问题的方式并不是研究其历史，而是讲道理。

我再给威廉姆森补充一个重要证据。哲学史上分为明显不同的阶段、派别和风格，存在明显的断裂，这表明后一代哲学家在研究不同的问题，使用不同的方法，有不同的哲学立场，发展了不同的哲学学说。没有这些明显的断裂，就没有开创新局面的哲学家，也就没有供后世哲学学者们所研究的丰富多彩的哲学史。

五、对另外两个异议的答复

我现在简单回答一下对"哲学与科学是连续的"提出的另外两个异议。第一个异议是,自然科学主要靠观察和实验、数据和证据,而哲学主要靠"思辨"(speculation):坐在扶手椅中,靠理性思考来提出理论和反驳理论,不怎么使用证据。这是苏德超教授在一篇文章里面表示的。他也承认哲学问题的重要性,强调哲学经典的重要性和哲学生活的重要性。我大体同意他的观点,但还是有分歧。

我和苏德超教授的分歧,主要在于我不认同他讲的自然科学方法和哲学方法有巨大的鸿沟。只有哲学中需要思辨吗?科学也需要思辨,各门具体科学在设计实验、思考数据的准确性和证明作用、从数据和证据中概括出理论原理等方面,也要诉诸思辨。一门科学越抽象,如理论物理学、宇宙学、数学等等,其科学家的工作方式与哲学家的工作方式的差别就越小,并且有些科学家本身就是某种类型的哲学家,比如牛顿、爱因斯坦、哥德尔,当爱因斯坦思考相对论问题的时候,他使用的是思辨的方式吗?他会在思考哲学的时候使用一套思考方式,在思考物理学的时候使用另一套吗?没有,他们用同样的方法,用同样的理据。相对论本身就是一个非常抽象的科学理论,所以说自然科学只依据观察和实验,那就把自然科学理解得太狭隘了。反过来,哲学也需要证据事实,比如做思想实验,它的逻辑论证也是基于逻辑科学原理,如何展开思想实验中的想象,如何展开和实施一般实验中的想象,要依据常识、依据直觉、依据各种具体科学原理。

以上处理了第一个异议。接下来还有第二个异议,即科学重点关注"实然",即事情实际上怎么样;哲学重点关注"应然",即事情应该怎么样,涉及规范、价值、理想、愿景等等。袁祖社教授和我交流过这个问题，他表示我这是把哲学做到科学里了，把哲学弄成科学了，但两者很不相同。

这个异议以休谟的"是"和"应当"问题中所隐含的事实与价值和规范的分裂为基础，但我认为这个分裂是不存在的，是一种误解和虚构。如同我前面说的，我在一个公共平台上做讲演，不是在私密空间里和人做私密谈话，因此我不能随心所欲地胡侃，必须遵守公共规范和约束。这个时候，"是"不能推出"应当"吗？

其实这个问题就是在当代哲学复活的一个问题：the source of normativity。规范性的来源、基础是什么？我们的理想、愿景、义务、规范、价值观是否需要某种事实性根据？对此，我的回答包括三个核心观点。

第一，事实不是纯客观的，它们有认知主体的认知介入，纯客观的事实是一种虚构。我们对这个世界无法做镜像式的全面透彻的认知，我们认知我们需要认知的，我们认知我们能够认知的。我们的欲望、需求、利益、关切决定了我们要去认知这个世界中的什么；我们所具有的认知和行动能力以及认知资源，决定了我们将如何认知。按照这种思路，"事实"是我们带着一定的认知意图、使用一定的认知手段，从世界的母体上一片片撕扯下来的，带有明显的认知主体的印记，在某种程度上是一种认知建构，没有纯客观的事实。

第二，规范不是纯主观的，它们需要某些事实基础。我们为什么"应该"和"必须"？这是由以下三个事实性要素共同决定的：一是我们的需求、意愿和目标，其中意愿和目标产生于需求，意愿的强度往往取决于需求的强度，而需求有客观基础。二是当下的实际状况，常常与我们的需求和意愿存在很大的差距，因此我们意图改变现状，造成能够满足我们的需求和意愿的某种另外的状况（愿景）。三是相关的科学原理。面对当下的状况，根据相关科学原理，我们"应该"或"必须"做什么和怎么做，才能满足需求、达成目标、让愿景变成现实？

所以，第三，有一条共同的纽带，即我们的欲望、需求、利益、关切，把事实与价值和规范关联起来，由此架通了从事实到价值和规范的桥梁。科学理论会派生出相应的规范，也有它们自己的价值追求；哲学理论也需要有事实性基础，由此建构出价值、规范和愿景。在这一点上，哲学与科学之间没有明显的断裂。

我以后将撰文将它们详细展开，提供系统性的论证和答辩。

六、余论

最后一部分是余论。余论的意思是最后再说几句话，我的这几句话就是，如何按学术的方式去做哲学。

首先我回到讲座一开始的区分，做哲学分为学哲学和研究哲学。想要做好哲学，要成为一个比较像样的哲学学者或者哲学家，需要什么？我把维特根斯坦的话改一下：把能够说的东西尽量说清楚，把暂时说不清楚的东西尽量往清楚方向去说。换句话说，给学术期刊投稿，要让审稿人能够通过你的稿件看出你是我们学术共同体的人：你该知道的都知道，并且你还想说一些新的东西，还尽可能清楚地、理性地、有条理地来说，而且你还不是一厢情愿地思考，你还考虑别人的不同意见及其理由，对他们做适当的回应。我是50岁开始写英文论文的，在国际期刊发表，经历了非常痛苦的过程，这是一些审稿人教给我的。

我由此总结，一共五条：在一个学术传统中说话；在一个学术共同体中说话；尽量说一些自己的话；对自己的观点提出比较系统的论证；对他人的不同观点做出适度的回应。你的审稿人通过看你的论文，可以判断你有良好的学术基础、良好的学术训练，有良好的学术洞见、良好的学术写作能力，你的文章就是可以发表的。我这里要特别强调理智的诚实、学术的诚实，自己能够研究什么就研究什么，不要赶时髦，追热闹、赶热点，什么热门就去搞什么。对一个问题发言，要对这个问题有长期的专门的研究，以一个专家的身份发言，不是专家就别去凑热闹，更不要胡说八道。

学问要扎根，对一个问题要有长期的关注、长期的投入、长期的思考，具有专家的身份，在研究过程中尽可能获得自己的独立见解和独立发现。不要以为文章是给天才看的，只有天才才配看你的文章，要照顾到我们"笨人"的理解力，要老老实实地、平心静气地、系统地、好好地说一点理出来，不要大笔一抹就过去了。要尽量避免去谈一些特别宏大的问题，搞一些根本说不明白的东西，要选一些实际的、可控的题目来做，谈就尽量谈得深入细致一点，谈得有条理一点，并且真正谈出点新东西。

做哲学是一件十分艰苦和严肃的事情，它需要阅读、理解、思考、学识、能力、洞见、论证，以及与学界同仁的相互合作，如此等等。它需要我们长期投身沉浸于其中，付出极其艰苦的理智努力，不是凭借所谓天纵之才就能够瞬间成就的事情。千万不要做民间哲学家。

（整理：洪博文）

第十二讲
牟宗三"良知坎陷说"新论

◎ 张学智

时间：2021 年 12 月 16 日
地点：中国人民大学公共教学一楼 1302 教室

张学智，1952 年生，宁夏中卫人。北京大学哲学学士、硕士，日本东京大学文学博士。现为北京大学哲学系、国学研究院教授。兼任国际儒学联合会副会长、中国哲学史学会副会长、中华孔子学会副会长、《中国哲学史》副主编。主要研究领域为中国哲学史、儒家哲学、宋明理学、中国现代哲学。著作有《明代哲学史》、《中国儒学史·明代卷》、《心学论集》、《贺麟思想研究》、《儒学的精神与演进》和《缁门警训》（释译）等，译著有《莱布尼兹和儒学》。

今天晚上我讲座的题目是"牟宗三'良知坎陷说'新论"。之所以说"新论",是因为我这几年研究王阳明有一点和大家不同的看法,我用自己多年研究王阳明的心得重新对牟宗三的"良知坎陷说"做一个解释,希望引起大家的讨论,因为这个问题很重要。

牟宗三的"良知坎陷说"是学界热衷探讨的话题。但是因为长期以来科技话语的霸权,理智一元论的思想方法,及对牟宗三学说的阳明学根源、对哲学家在学术门类的整合上所应负的责任、对哲学家引领社会潮流的自我担当精神缺乏同情的了解,所以学界对"良知坎陷说"有一些误解,本场讲座希望对这些误解做一些澄清。

牟宗三"良知坎陷说"从提出到现在已经有70多年了,这期间赞同者、质疑者都有,而质疑者尤多,其中的原因出自各个方面,我认为最重要的是由不能正确、深刻了解良知之本义而来。"良知"两个字王阳明解说得非常多,后人的理解也含义多端;牟宗三"良知坎陷说"吸收王阳明思想相当多,又能结合新的时代条件加以阐释发挥,所以包含许多精义。但五四以来,在理智一元论的主导下形成的先入之见牢不可破,对良知能否坎陷,假如其能坎陷,能"坎陷"出什么符合现代社会的内容,很多人对此都抱怀疑态度。我认为,如果能对王阳明的良知学说、对牟宗三提出这个说法的义理根据与立说苦心做同情的、深入的理解,"良知坎陷说"是能得到新的、合理的解释的。

我今天这场讲座分为两部分,一部分是"大良知"的启示,一部分是从纵横两个方面来解释牟宗三立说的苦心。

一、王阳明"大良知"的启示

我先讲第一个方面,王阳明"大良知"的启示。所谓大良知,是我这些年来讲良知讲得比较多的方面,因为过去理解王阳明的良知多从天赋的道德意识这一意思入手,但是我认为,王阳明自己说过,"我此良知之学从百死千难中得来",从百死千难中得来的,不仅仅是天赋的道德意识,还有后天的许多精神的内在包含,所以我把它称为"大良知"。

良知有何种包含,是解决此问题的关键。前人多根据《传习录》,将王阳明的良知理解为天赋的道德意识。就良知的基本包含来说,这自然不错,因为王阳明的良知定义就以"见父自然知孝,见兄自然知弟,见孺子入井自然知恻隐,此便是良知,不假外求"为最基本内容。但王阳明也说过:"某于此良知之说,从百死千难中得来",这百死千难得到的良知,不能仅仅是道德意识。道德意识是质的而不是量的,它的纯净度是它与生俱来的本体,即良知本体所保证的。所以,王阳明屡屡说良知就是明德,这个明德只有遮隔与否,没有量的增加。王阳明的良知,是在天赋道德意识之上对精神各种含蕴的增加。所以,我说王阳明的良知是"大良知",这个"大良知"的提法比较独特,所以我加了一个引号。所谓大良知是在道德意识基础上,精神活动的种种构成因素的协调、整合。王阳明自己也说过:"良知就是《易》。""此知如何捉摸得?见得透时便是圣人。"他用形容《周易》的这些话来形容良知。那么"大良知"是"精神"或说"心体"的代名词,它由道德意识、理性、意志、情感、直觉等精神活动的多种因素构成。本来人的精神活动是一个整体,掌管精神活动的身体器官也只有一个,但人出于精细了知的需要,对浑全的"精神"分门别类地进行研究,也是非常必要的。

综观王阳明的一生,他的致良知是双向的,这个双向即由内到外和由外到内。由内到外就是将自己本有的良知推致于具体事为中,使良知含具的道德理性规正做事的动机,具体意念都在良知的范导之下，这就是王阳明所说的："所谓致知格物者，致吾心之良知于事事物物也。吾心之良知，即所谓天理也；致吾心良知之天理于事事物物，则事事物物皆得其理矣。"用现在的话说就是，把良心放到要做的事上去，其实就是做事要讲良心，这是由内到外。另一个方向是由外到内，由外到内是在实践行为中，以上所说的精神活动诸因素被逼出来，特别是王阳明经过许多生死攸关、性命搏斗的大事变，所以他的精神活动的深度和广度是非常高的，各种精神因素被逼出来，并且互相激发，互相协调，互相辅助，比如意志的坚毅、理性的明澈、情感的真纯、直觉的敏锐等。这些因素都收摄于良知之内，在实际行为中互相影响，共同实现这种浑全的精神活动的目的。

这是每一个理智健全的人的精神活动的实际情况。王阳明作为一个杰出的思想家，他的特出之处在于他看到了浑全的精神活动中主与次、指导与被指导的差别，他要在其中立一个价值等次，将道德这一范导人的行为的原理、法则视为最高，其他方面在价值上不能与之比肩，处在低位层次。王阳明的哲学，就是以道德理性为统领，以知识理性为辅翼，既有方向性的、指导的因素，又有实际认知层面的、辅从的、被范导的因素的全副理论。王阳明哲学是牟宗三"良知坎陷说"的一个重要来源。

牟宗三对良知的德与知的关系自觉非常早，他在早年的《王阳明致良知教》中就已经点出："每一致良知行为自身有一双重性，一是天心天理所决定断制之行为系统，一是天心自己决定坎陷其自己所转化之了别心所成之知识系统。此二者在每一致良知之行为中是凝一的。"所谓"天心天理"就是良知本体，当然王阳明的良知本体是纵贯性的，王阳明说过一句话："良知是天理之昭明灵觉处。"就是良知是天理在心中的活生生的展现，所谓天心是天理在心中的一个实现，同时还有转化所成的知识系统，天理天心的道德系统也可以说是即道德即宗教的系统和转化之后所成的了别心所代表的知识系统，这两者在每一个致良知行为中是凝一的，也就是说一个行为可以收到双重的结果。这是符合王阳明"不离日用常行内，直造先天未画前"的一贯思想的。"不离日用常行内"就是不离开我们日常所做的工作，"先天未画"就是指道，就是在我们的日常工作中就可以造道，同时这也是对孔子"下学而上达"的遵从。牟宗三并且引同调唐君毅的相关见解为自己的这一理论做说明："仁义礼智或其他道德规律之为普遍，皆在其只规定吾人之存心，而不规定吾人在当机之如何表现吾人存心之道德行为方式。……而吾人既有仁义礼智之心，能以仁义礼智存心，吾人自能当机而知所当为，并择其所当为，此即为吾人之良知。""所当为"就是我们应当怎么做的知识，唐君毅也是说仁义礼智是道德规范，但是中国的这套学问系统是即体即用、即道德即知识的，所以它能够把这两个东西统合在一起，牟宗三在《政道与治道》中论道德理性与知识理性的关系时，他对以上的意思说得非常明显："'诚心求知'这一行为却必然为道德理性所要求所意欲"，就是知识的东西在中国的学问系统里面是被德性的东西本身所要求的，那么从天心会自然地转化为观解理性，即由动态的成德之道德理性转为静态的成知识之观解理性。"这一步转，我们可以说是道德理性之自我坎陷。""坎陷"一词出于《易经》的坎卦，"坎陷"有从高处跌落下来的意思，经此坎陷，从动态转为静态，从无对转为有对。所谓"无对"，是说即德性即宗教的东西是最高的本体。经过坎陷之后变为主客两分，主客两分的东西就是"有对"，这就是从无对转为有对，从践履上的直贯转为理解上的横列。我们读牟宗三的书要特别注重这两个概念，一个是纵贯的，一个是横列的。纵贯指的是所谓良知本体代表的天理天心的直贯而下，如孟子所说的"尽心知性知天"，这是一个纵的系统；横列的系统是主客两分的。儒家里面讲纵横系统是相当多的，比如陆九渊就说过，孟子学就是一个"十字打开"，所谓"十字打开"有纵轴、有横轴。纵轴是天地人，也就是人作为一个中心，他能尽心知性知天，这是纵的系统；横的系统就是把自己的心往外推展，这是《大学》所讲的"絜矩之道"，所以陆九渊的概括是非常精当的。王阳明当然也有"十字打开"，我们后面说。在这几段经典的疏论中，我们可以清楚地知道：

第一，是决定方向的、浑全的、直贯的、动态的道德理性，转为具体创设的、分立的、横摄的、静态的知识理性。前者主要是就实践理性的规范、调谐、指示方向诸义说，它所用的思维方法是直觉的，它的来源是《诗经》中的"维天之命，於穆不已"这句话所表现的道之全体的健动不息、创生不已、活泼有生气，也即《中庸》的"大德敦化"。它给人以创造力的启示和万物互相联系、互相作用的动的流行之感。后者则来源于人天生具备的理性认知能力，它的性质是明晰的、符合逻辑的、主客二分的、有架构的。可以说，即《中庸》之"小德川流"。二者从来源、性质、功能诸方面说都不同。

第二，所谓良知坎陷，是良知本身的要求，是同时具备的两种认知方式、两种心灵内涵的转换。人的精神本体只有一个，这一个精神本体的各个构成因素是它在不同应用场域的表现。康德的三大批判对纯粹理性、实践理性、审美判断力的批导，是对此精神本体分门别类的研究。精神本体是同一的，它的表现是多样的；精神本体是本原的、自然的，人对它的研究是后起的、人为的。人为的就是可变的，门目就是可增减的，如对非理性的研究就可以补充这三大门类。而门类是可以转换的，转换的内容是精神本身内含的、包蕴的，不是外加的。

第三，这就逻辑地决定，精神在某一特定时刻的指向是单一的、不并行的。例如当理论理性正在施行时，不能同时实践理性也在施行。所谓施行，是行动为主体所觉知，不包括背后的黑箱状态的精神活动的机理和表征。例如人在计算时，不能同时在发怒；正陶醉于美的景象而忘怀一切时，心里不能同时有知觉到恶所带来的羞耻感。如果你因为算不出一道数学题而恼恨，算的过程和恼恨的被觉知一定是非同时的。从这个角度说，坎陷的转换是一定会发生的。牟宗三先生论坎陷的动力，强调坎陷是自我否定，自我就有否定的意愿，有了这个意愿才能转出自己的对立面，这就有黑格尔正题的自我否定即反题的意思。关于牟宗三与黑格尔学术的关系，学界已经讨论得比较多了。坎陷的动力出于天心本身，坎陷出的内容不是从另一个实体中得到的，所以坎陷就是本身有的内容的自我调整。

第四，就王阳明来说，以上良知内蕴的各种精神因素不是同时呈现的，而是可以转换的。所谓转换，不是此一变为另一，而是此一让开一步，让不能同时而在的另一走向前台。此一、另一都是这统一的良知的包含。在王阳明的良知中，道德理性是根本的、基础的，是占上位的精神要素，其他方面是辅从的，是在道德理性统领下对它的填充、丰富。所以，坎陷不是平列的二种要素的转换，而是从高位的良知下落、退隐、自我否定而来。就像学者所指出的，牟宗三此义受佛教"一心开二门"思想影响很大。但从文字上说，一心开二门，此二门是一心之闪回、一心之转换，并无本体从高处下落因而否定自己的意思。"一心开二门"给予牟宗三的主要是真如门与生灭门、价值性现象与实在性现象的差别、不共时之义，二者并无高低之分。虽然佛教修习的目标是实现价值性的成佛，涅槃境界与生灭不已之万法似有高低之不同，但从现象着眼，一心之转换、一心之闪回二者是同列的，并无高低。学者也有以黑格尔的正反合解说坎陷的动力和根源的，我认为这一点说得很好，因为黑格尔的对立面的互相包含与斗争决定了正题必然否定自身而为反题。以黑格尔以上思想说明牟宗三的良知坎陷的动力是可以的，因为作为正题的良知转换为作为反题的其他因素，其动力在良知自身，并且转换出的反题是自己的对立面，正题与反题仍是平列的，没有价值上的高下之分。但牟宗三之良知坎陷有价值上的高下之分，没有高下之分就没有坎陷说。

使牟宗三有"坎陷"从高处向低处跌落思想的，实际上是康德的实践理性优于理论理性的思想，从这点上说要比佛教"一心开二门"更有说服力，还有一个来源是王阳明的道德性高于知识性的思想。有高下才有所谓坎陷。坎陷不是并列的两种要素的平行转换，而是一种从高位向下位的有意识的跌落，由跌落而开显，没有跌落就不能开显，所以这个跌落是必然的。

牟宗三的良知坎陷，即占优先、基础、本质地位的道德理性否定自己，从高处跌落下来，退让一步，让本已包含的知识理性开显出来。在王阳明这里，道德理性不仅仅是"见孺子入井必有怵惕恻隐之心"的道德意识，更有意志和情感的因素在内。所以，我一开始说自己多年研究王阳明最关键是有一个"大良知"的概念，这个"大良知"不仅仅是天赋的道德意识，更是意志的坚决、理性的明澈、直觉的敏锐和情感的真诚等因素共同灌注到良知中，"大良知"的基本面就是孟子所讲的良知，再将其他的东西灌注进去，实际上坎陷就是让原来作为主干的东西退后一步，让其他的方面展露出来，而其他的方面是良知本有之义。我们先说说王阳明的良知中各方面的因素，比如说意志因素和情感因素。关于意志因素，王阳明说过："良知只是个是非之心，是非只是个好恶，只好恶就尽了是非，只是非就尽了万事万变。"（《传习录》下）关于这句话，很多人将"好恶"解释为情感，而我把它解释为意志，为什么是意志呢？因为所谓"好恶"就是"好善恶恶"，就是"见善必好、见恶必恶"这种意志。王阳明将良知看作判断是非的根据，但此根据归根结底要看能否见善即好、见恶即恶。意志是否纯洁和坚定是最要紧的。举个最简单的例子，年轻人上公共汽车要为老年人让座，我们假定这是一个合乎道德的行为，有些人不让座并不是不知道要让座，而是他对让座这种善心的坚定性还不够。所以，要能够判断是非善恶，首先判断是非善恶的意志本身要是坚定的、纯真的，也就是说"打铁还要自身硬"。由反复锤炼得到的意志的纯洁与坚定，是"百死千难"的经历所得到的最重要收获之一。王阳明说"我此良知从百死千难中得来"，首先就是意志方面。

情感也是王阳明的良知观念所内蕴的。"四端"和"七情"是中国哲学里的两个概念，"四端"即恻隐、羞恶、辞让、是非；"七情"即喜、怒、哀、惧、爱、恶、欲。四端，特别是其中的恻隐之心，既是道德意识也是道德情感。因为它是一种现象学的呈现，不是分析而出的背后的本质。就现象本身着眼，从它是对性体的自动呈现来说，就它是对性体的觉知而言，它本身是一种意识。王阳明多次提到，"良知是天理之昭明灵觉处"，"良知是理之灵处"；他对良知的描述有"虚灵不昧，众理具而万事出"，都提到良知的虚灵明觉。虚灵明觉同时是一种理性，所以王阳明说："良知越思越精明，若不精思，漫然随事应去，良知便粗了。"从这个角度说，良知本身是一种理性，它既是情感也是理性亦是意志。从内容上说，王阳明的良知是天理，是《周易》"天地之大德曰生"所包含的天的生意、天的创造精神、天的充沛的生命力，都通过性体直贯于心，落实为良知的基本内涵：仁爱之心。也就是说在王阳明这里，良知是天理之昭明灵觉处，人的仁爱之心就是"天地之大德曰生"在人这个特殊种类上的贯彻，仁爱之心是由天顺承而下，天、性、心一以贯之，因为在王阳明这里，心、性、天道这些名称并不做特别细致的区分，都是浑融的。由心的反向上达则是孟子所讲的"尽心则知性，知性则知天"。即心即性，对此内容的觉知、呈现，即一种意识，它的内容是天道天理本身。它的作用是把道德理性表现为心的意识从而为人所觉知，心体流行即是天理流行。它属于道德理性本身，对人的道德生活直接起到一种规约、范导的作用。这种规约、范导不是通过逻辑推理得到的，而是一种直接呈现、一种觉知。"良知是个呈现"这句话，牟宗三是从熊十力处得到的。熊十力是陆王学派，他认为良知是天道天理在人心中活生生的呈现，不能是假设。

朱熹继承张载，主张"心统性情"，在他这里，性是体，情是用；性是形而上的理，情属形而下的气。在王阳明，良知是性也是情，因为王阳明对性与情不做清楚区分，体直接表现为用，形而下也直接是形而上的表现。就四端说，良知是情，此情是对天理、性体的直接依从与归向。就七情说，良知当然不直接是七情，但良知也不能离开七情。王阳明说七情是良知的发用之地，如果没有七情，良知就成了孤悬的东西；正是在七情上，才能看出良知，所以七情是良知内在的自然的包含。良知是性体对七情的导向及态度，换句话说，良知是将七情导向本体之正的一种自觉功能，同时也是七情归向本体而有的一种欣慰和自慊。例如，人做了一件符合自己道德理想的事情，他会感到很欣慰、很满足、很高兴，良知就表现为这种情感。良知自动自觉地将七情规正为本体，同时享受这种规正所带来的心理愉悦。所以，王阳明说良知本身是乐，这个乐代表本体之正，这一点为后来的泰州学派所继承，泰州学派有一首有名的"乐学歌"："乐是乐此学，学是学此乐，不乐不是学，不学不是乐。乐然后学，学然后乐。"泰州学派的"乐学歌"是对王阳明"良知本自乐"这一点的继承,也就是良知本身对人的七情做范导、归正,然后产生心的愉悦。

综上我们可以看出,王阳明的良知是意志、情感、理性、直觉各种因素的统会融合,这种融合是自然的、必然的,所以王阳明说:"真知只是一个,随他发见流行处,当下具足,更无去来,不须假借。然其发见流行处,却自有轻重厚薄,毫发不容增减者,所谓天然自有之中也。此良知之妙用,所以无方体,无穷尽,语大天下莫能载,语小天下莫能破者也。"(《传习录》下)我们说良知本体代表的天理天心是作用于人的精神方向的,所以牟宗三把它称作"理性的运用表现"。理性的运用表现必须坎陷自己,才能转为理性的架构表现。"运用表现"是说它是一个导正方向的、起根本作用的;"架构表现"就是要用主客二分的方法、运用于经验场合的东西把它撑起来,所以把它叫作"理性的架构表现"。而"坎陷"是道德理性内各种因素的转换,不是从外面加入的,是此浑融的整体中处于价值上的高位层次的因素主动地退开,让做具体事所用的架构性理性敷施发用。这个话其实并不难理解,假如一个牧师同时是化学家,牧师是虔诚的基督徒,平时可以说上帝之光照彻他的心灵,但是当他进入实验室做化学实验时,关于上帝的这些东西不能帮助他做化学实验,它必须退隐一步,让化学知识所用的这些东西走上前台。假如他今天在实验室中有所得,那么上帝之光所带给他的正确价值观念引导着他把实验所得运用到正确的价值方向上去。我觉得牟宗三所讲的良知坎陷无非就是这样一个意思。但他是一个哲学家,哲学就要用概念,只有概念才能使理念更精微、更深刻,当然哲学概念也可以用大白话把它说得很浅显。"良知坎陷"用《中庸》的话说,即由"大德敦化"转为"小德川流",牟宗三将它特别提揭出来,参考了西方哲学如康德、黑格尔的义理,是大有深意的。他的用意在一方面通过比较参证说明中西哲学中有共通的义理，中国人不必妄自菲薄；另一方面，中国人的长于浑融的、体验的、即体而用的思想方法，通过引入西方哲学可得他山之石之攻错而更加精细、更加有分析论证的说服力。更重要的是，引入中国传统所不足的科学、民主等，来补足中国当下的社会需要，可以使中国文化、中国社会的各个方面更加健全，更加有改造当下、适应未来的生命力。以上是我今天讲座的第一个方面，也就是说明他的"良知坎陷"。下面说说牟宗三的历史语境和价值意识，着重说明他提出以上说法的苦心所在。

二、历史理性与价值意识

牟宗三有着纵横两个方面的宽广眼界和深厚学养。横的方面，指他的逻辑分析和架构能力；纵的方面，指他深切的历史文化意识和由历史文化意识沉积而成的价值内容。这两个方面是他的"良知坎陷说"的两大支柱。上述第一部分，可以说主要就横的方面说。就纵的方面说，牟宗三在对先秦儒、道、墨、法、名、阴阳各家及此后的两汉经学、魏晋玄学、隋唐佛学、宋明理学的精深研究中，把握住了中国哲学的特质，这就是中国哲学突出的主体精神。而在中国哲学的主干儒家这里，主体精神又表现为内在道德性。由于特别重视内在道德性，中国哲学充量发展的是以上所说的"理性的运用表现"，即内圣之学，外王是内圣之学的推出和延展。在道德基底之上的重境界、重体悟，这一点是广义伦理学的，由此构成的形上学体系是"道德的形上学"。牟宗三在他的书中特别区分了"道德底形上学"和"道德的形上学"，"道德底形上学"之"底"是民国时期常用的一个字,表示所有格,"道德底形上学"就是对道德进行形上的解析、推溯;"道德的形上学"之"的"表示类型,他说中国的这套东西是"道德的形上学",西方的这套东西是"道德底形上学"。"道德的形上学"表示中国的形上学要从道德入手,道德是一个入口。没有工夫,没有体验,中国的这套学问你进不去;进不去,里面讲的许多义理你体验不到;体验不到,你对它的理解就是浅层次的。所以,牟宗三区分"道德底形上学"和"道德的形上学"是大有深意的。在牟宗三看来,中国的这套系统中,客观地说,逻辑学和知识论不发达,客观的、分解的本体论与宇宙论不发达,也没有从中发展出西方近代的自然科学系统。牟宗三承认由西方文化中发展出的各种优长之处,但他并不鄙薄、轻视中国文化,他希望在保住中国哲学的仁智双彰,德慧并行,由正德带出利用厚生,注重解决实际问题,即内在即超越,以德性的全幅来收摄知识诸特点的基础上,通过坎陷开出对列之局,容纳西方文化诸长处。

  在中国思想文化中,牟宗三特别重视的是中国悠久广大的历史文化所具有的积淀与厚重感,他认为这是坎陷的基础。一个无历史的、单薄的、一眼见底的文化,怎能从中开发出具有普遍意义和较为广泛的应用场域的文化要素呢?牟宗三对中国文化有自豪感,也有因缺乏理性的架构表现因而在科学与民主政治方面落后于西方而产生的虚歉感,因此有挽救和纠补文化缺憾的时代悲情。因为有时代悲情而有坎陷的要求。这不同于平面的横向的直接拿来、直接应用。直接拿来应用就没有坎陷,没有坎陷就放弃了道德优位意识,同时也就放弃了传统,也就将道德的导正、运用表现所包含的丰富内容一起抛弃。牟宗三在谈到划开道德的指导作用,只用单面的民主政治时曾说:很多人只吃现成饭,忘掉前人的奋斗,只停在观解理性上,囿于政治学教授的立场,遂只割截地把自由下散而为诸权利,他们以为一上通着讲,也就是中国这套学问的所谓道德理性,便是抽象的玄虚,形而上学的无谓的争论。这还不算,并以为一通着道德理性、人的自觉讲,便成为泛道德主义,认为泛道德主义有助于极权,这都是在完全割裂下只知此面不知彼面为何事的片面联想,于是有有此一往笼统抹杀之论,泛道德主义固然不对,但此种"荡"却亦流入泛政治主义之一型而不自觉。牟宗三认为这种人用孔子的话说就是"好知不好学,其失也荡"。"好知"就是他也在追求知识,但是不去广泛地学习,他的学问基础和学问广度不够;"荡"就是把许多规范性的东西荡灭了,陷于茫茫无归。牟宗三是想用历史的厚度、历史中蕴含的多方面丰富性,立体地呈现诸架构表现与道德理性的必然关联,纠治非历史的平面的结构主义方法论,所以他才用"坎陷"这个说法。

　　历史的丰富蕴含和积淀,在牟宗三这里可用庄子的"参万岁而一成纯"来解释。这句话是说,历史不是人物、事件的堆积,也不是过往人物演出的活剧,而是价值沉淀、历史理性的呈现。历史是有方向的,它并不是如虚无主义所说,是人物、事件的盲目堆积,而是各个历史时期所具有的各种力量角斗、争衡的结果,最后呈现出来的,是比较符合人的价值方向、符合人的期待和向往的结果。历史有很多曲折、偶然,甚至在不少场景下有倒退,但从一个较长的历史时段看,它总是向着较为符合多数人意愿的方向趋进。每一个历史时期都淘洗掉不符合真善美目标的东西,留下此时期的个别的善。每个历史时期留下的短暂的、个别的善汇成、融合、造就的是普遍的善,这就是"参万岁而一成纯"。"参万岁",是就历史的长时段综合来看;"一成纯",是具体的善、个别的善在历史的行进中被历史理性本身综合、概括成一个符合多数人价值方向的趋势和目标。"参万岁而一成纯"这里有很强的黑格尔"理性的狡狯"的意思。

但历史积淀、整合形成的价值的力量是不可否认的,它是有现实力量的。

牟宗三认为,真善美是人的普遍价值、一般要求,真善美在某一具体历史情境下有其合于当时趋势的具体要求。清末以来,西方文化大量输入中国并深刻影响中国人的思维方法、政治观念,此时的普遍要求是科学与民主政治。牟宗三认为这是历史理性的选择,不是个人的突发奇想和偶然要求。牟宗三分开说"科学"和"民主政治"。就科学,他说:"凡真善美皆为道德理性所要求、所意欲。科学代表知识,也是'真'之一种。道德理性虽然是一种实践理性,用意在指导吾人之行为,其直接作用在成圣贤人格。然诚心求知是一种行为,这也是求圣贤人格活动中自然包含的,故当为道德理性所要求、所决定。"这是说科学是真善美在当世的内在要求、自然趋势,所以它为道德理性所要求。他又论民主政治说:"科学还是知识方面的事,至于民主政治则是属于客观实践方面的,其与道德理性的关系当更显明。民主政体之出现是人在政治生活方面自觉地决定其方向,即由此线索,我们可以把它联系于道德理性上。"这是说民主政治相较于科学,更是真善美在当世的内在要求、自然趋势,所以与道德理性更有直接的关联。牟宗三在多处明确提到,科学与民主政治是历史理性所决定的当世最高价值,它是道德理性的内在要求,但它的实现却须经由一步转,即"良知坎陷"来实现。他在讲到科学与民主政治时分别提到它们须由良知坎陷而出,他说:"惟此政体既是属于客观实践方面的一个客观的架子,则自不是道德理性之作用表现所能尽。"内在于民主政体本身上说,它是理性之架构表现,但理性的架构表现可以由道德理性坎陷而出。牟宗三再三强调的是,坎陷而出的观解理性是理性的架构表现,不是直接坎陷出科学与民主政治的内容。许多人质疑牟宗三这句话,甚至有人说:"你说良知能坎陷出民主和科学,你坎陷一个给我看看。"牟宗三说这是一句抬杠的话,科学与民主政治是人类的两大价值,这些东西是历史上无数的志士仁人经过无数的流血牺牲才得到的。他回答这些人说,我又不是如来佛、孙悟空,我只是一个哲学家,我要在这其中找到指导和被指导的关系,我要用哲学的眼光来把各学科门类做一个整合,在这里面有价值的指导和实践的运用。牟宗三甚至说,"我要是能直接坎陷出来,要你何用?"他的意思是说科学与民主政治是世人共同奋斗争取来的,他作为一个哲学家要做的事情,是在各个学科门类中找到一个指导性的东西,以防科学与民主政治这两样东西走错了方向。

牟宗三指出,坎陷而出的是观解理性,是理性的架构表现,不是直接坎陷出科学与民主政治之内容。内圣自然连带着外王,外王不能离开内圣,这种说法实际就是孔子的"修己以安人",即要先修养好自身才能安定百姓。《尚书》也讲到"正德"中开出"利用、厚生","利用、厚生"可以说是架构性的表现,但是它必须要由"正德"来做方向性的引导。前人抬杠的话讲的多是由内圣直接开出外王,而牟宗三是"曲通",曲通须经由一个理性方式上的转变,由道德理性转为观解理性,才有科学与民主政治的实现,因为后者用的理性方式是架构式的、观解式的。牟宗三的着眼点主要在此,他论证的重点也在此,至于科学与民主政治则是众人在好的价值观念的指导下共同奋斗的结果,是一套具有理性的架构表现品性的制度、设施建构,不是哪一个人仅从理论就可以凭空实现的。牟宗三屡次正言告诫,想直接坎陷出民主制度与科学思维的人,是懒汉思想,等着吃现成饭,放弃了自己的责任与义务,同时也厚诬古人,无视无数杰烈先驱为实现科学与民主政治而做出的牺牲与奋斗。

"良知坎陷说"是基于纵的历史文化积淀而做的一个理论创设,

它是立体的、纵贯的，不是分析哲学的纯逻辑推理，不是结构主义的外在结构分析，不是科学主义的非价值的一元判断与论证，因此它不合某些只知道"现代性"的直线式思维的唯科学论的人的脾胃。特别是在20世纪六七十年代科学神话表现强劲，科学一元论如日中天，国人对自己的文化失去信心，中华文化被贬得一钱不值，民族文化危机深重之时，牟宗三的这套理论创设，是基于整体的制度设计的考量而做出的，目的在告诫世人，要立足于自己的文化传统，同时吸收一切域外文化为我所用，鼓励国人自做主宰，自用思想，为破此困局积极建树。牟宗三是自觉地做这种实践功夫的。他的"良知坎陷说"提出甚早，他后来的一系列著作，都可以看作具体的分解性的努力。如疏解先秦名学的《名家与荀子》，疏解魏晋玄学的《才性与玄理》，疏解佛学的《佛性与般若》，疏解宋明理学的《心体与性体》《从陆象山到刘蕺山》，承续明末三大儒顾、黄、王的政治意识而有的"新外王三书"，疏解中国和西方学术以资对照比观的《智的直觉与中国哲学》《现象与物自身》，融会孟子与康德思想而有的《圆善论》，甚至以一人之力翻译康德三大批判等。他晚年自豪地说过：康德三大批判都有人翻译，但是以一人之力翻译三大批判的并世只有他一个人，但是他的翻译和别人不同的是，别人可能是忠实的翻译，他则是一边翻译，一边在他认为的关节点上做说明。他在翻译时认为康德从理论推演上说做得十分优秀，但康德的东西缺少纵贯的意识，他要以中国文化的纵贯意识对康德思想做一点补正。牟宗三写这些书的目的就在揭示中国思想文化的优秀方面、中国文化发展历程的内在理则，比较中西哲学各自的特点而彰显双方的短长。在他眼里，只有自己的文化足够强大、足够丰富才能做坎陷的本体，才有创设坎陷理论的本钱。一个没有历史文化根基的民族，只有引入、倾销、全盘拿来的资格。而具有深厚文化蕴藏的中国，国人讲全盘西化是可悲的、可耻的，这就是牟宗三的凛凛风骨。牟宗三提出这个理论是比较早的，当时鄙薄中国文化的人很多，牟宗三是针对这种背景，出自时代的悲情来创设坎陷理论的。他的意图是把自家本有的家底亮出来，把其中的美盛之处和不足、瑕疵都讲出来，和世人盛称的西方的完美的文化做比较，扬长避短，这是牟宗三的切实用意。牟宗三早年即有《周易的自然哲学与道德涵义》，另有《逻辑典范》《理则学》《名理论》等，对西方哲学如维特根斯坦、罗素的思想用过苦功。但自从被熊十力扭转到中国儒学的基底上之后，他把西方哲学当作他山之石，西方哲学成了他丰富中国思想、醒豁中国思维、剖析比照中国文化的有益养分。他的这一步工作，并世少有人及之。牟宗三晚年在现代新儒学的会议上做了一个演讲，在这个演讲上牟宗三把当时的文化名流都骂了一个遍，唯独有一个人没有骂，就是方东美。有人问刘述先：牟宗三把当时所有的文化名流都骂了一个遍，但是为什么没骂方东美？刘述先说：没骂方东美，是因为我就坐在下面，直接骂我的老师是让我脸上不好看。牟宗三把当时的许多著名学者如梁漱溟、陈寅恪、冯友兰、马一浮，还有他的老师熊十力统统评论了，他主要的意思是我们处于一个学力不足的时代，这些人都有大智慧、大性情，也有救世的悲愿，但有的人政治意识太强，有的人被杂事干扰，还有的人因为时局不安宁不能静心为学，特别是受到很多意识形态的干扰。这一点是牟宗三当时看到的。熊十力先生去世以后，为纪念熊先生出了一本论文集，叫作《玄圃论学集》。牟宗三看了以后说，我感到非常悲哀，这里面很多的文章都不相应，包括很多著名哲学家的文章。他说，我们现在缺的就是一个"学"字，只有学才能有正行，才能有正念，才能有正功夫，离开了学一切都无从谈起。牟宗三的思想创发力，他的基于时代悲情而有的强烈的文化意识，都立基于丰厚的中西学养之上。这样的成就,只有有宏大的历史感和价值意识才能做到。非历史的、平面的、无积淀的、无整合的思维方法,是无法做到这样饱满、这样深刻和丰富的。

牟宗三强烈的时代悲情,深切的价值关怀、文化忧患意识,都是他作为一个欲以学术救国的有担当的知识人在当时所能做、所当做的。他的老师熊十力是有救世情怀的儒者,熊十力所做的是用儒家的"有"转换佛家的"无",具体说,即用《周易》"乾元性海"所具有的乾知简能、翕辟成变的本体论来改换佛教唯识学的"空",用对日新不已、生动活泼的本体的直觉体证来改换唯识学的"识",并用六经丰富多彩的内容来彰显华夏文化意识。但熊十力对西方哲学所涉不深,稍有了解者在柏格森的生命哲学,以柏格森的"绵延说"做自己的本体论的助缘。牟宗三则对西方柏拉图、亚里士多德代表的古典哲学,莱布尼兹到罗素的数学、逻辑实证主义,特别对康德至黑格尔的德国古典哲学慧解独具。他对西方的古典逻辑、现代逻辑皆有研究并有专书出版。多方面的学养造就了他深刻的洞察力和丰厚的创造力。他不满意他的老师熊十力的单薄与师心自用,如说熊十力的《新唯识论》只"体用不二,翕辟成变"八个字足以概括,其他晚年所作如《体用论》《乾坤衍》等皆同义反复。与其读他晚年的书不如去读《十力语要》,这本书真正表现了熊十力的文化意识和时代悲情。另外,他还说熊十力做学问心气不平,横撑竖架。牟宗三的意思是做学问心气要平,要把心放下来,要用西方哲学充满逻辑力量、论辩精神与理性的明澈与缜密去纠补中国哲学。同时被称为"新心学"、年辈比牟宗三稍早的贺麟,主要建树在黑格尔学,虽有与中国哲学参证比较夹辅以行的文字,但终究不十分广大,而且中年以后主要精力用于翻译黑格尔、斯宾诺莎的著作,自己的思想不算大成,没有代表自己哲学思想的成体系的著作。贺麟先生最重要的著作《近代唯心论简释》《文化与人生》还是比较有内容的，但单篇的、分散的内容还不足以说他建立了一个广大、深厚的体系。在这一点上，冯友兰先生，特别是金岳霖先生在建构体系方面，可以说是非常精深和有代表性的，是民国时期的学术高峰。牟宗三在吸收中西思想精华创建、发展自己的哲学思想方面做得很出色，成就卓越。这方面学界论述已多，此处不赘言。这里要提出的是，有深厚的历史文化意识，相信文化发展过程中历史理性所沉积、所蕴含的价值理想，在此价值理想的指导下对历史文化做出创新性发展，这始终是牟宗三所坚持、所身体力行的。他的"良知坎陷说"正是此意识下的一个哲学理论上的创设与表现。为什么要用这样一个理论？因为这个理论能把他的历史文化意识和价值观念彰显出来，因为他反对平面的说法，他是一个纵贯的、历史的、综合的说法，坎陷理论把他的现实关怀与文化意识对接的方法论彰显出来，把他吸收西方文化充实自身的根本意愿贯彻到具体的学问实践中这一根本方向宣示出来。这是一个综合的、立体的表达，不是一个平面的、直白的表达。牟宗三说，自人性的全部活动与文化理想上主张道德理性贯通观解理性，其贯是曲贯，不是直贯，曲贯就是要坎陷、要退后一步。所以，他的坎陷说不是泛道德主义，亦不是泛政治主义；既能明科学与民主政治的独立性，又能明民主科学与道德理性的关联。若仅仅停滞在观解理性的架构表现上而不能上通，那么虽然也讲民主政治，但它带来的弊害与科学一层论一样，此为囿于实然境域而窒息文化生命、文化理想的泛政治主义。这里把他提出坎陷说的意图说得非常明白、非常深切。牟宗三是个哲学家，哲学家须对顶层设计的意图与诸方面的关系做理论创建与说明。这一步工作不能交给别人去做，别人也做不来。等你把关系说清楚了，把具体的措施制定出来了，要别人去实施，这是可以的。具体措施的制定和实施别人可以做，这是把哲学家的思想贯彻下来、实现出来的工作。但这个工作绝不能代替哲学家的顶层设计和理论创建，后者是全面综合考量，它着眼的是价值导向、中西两大文化在具体制度设计中的位置。这一套创设、疏解、分别是哲学家的本分事。牟宗三在西方文化占据优势地位的境况下对传统与现实关系所提出的以上有洞见的思想主张，就是他的坎陷说。这对今天的文化建设仍有启发意义。这个启发在于，一定要有一个价值性的东西作引导，否则具体的创设会走错方向。

（整理：阮晓庄）

第十三讲
庄子观梦：物我与生死

◎ 陈少明

时间：2021 年 12 月 23 日
地点：中国人民大学公共教学一楼 1302 教室

陈少明，中山大学人文学部主任、哲学系教授，教育部长江学者特聘教授，中国哲学史学会副会长，中华孔子学会副会长。长期从事中国哲学的教学与研究，出版有《〈齐物论〉及其影响》《经典世界中的人、事、物》《做中国哲学：一些方法论的思考》《仁义之间》《梦觉之间：〈庄子〉思辨录》等书。

第十三讲
庄子观梦：物我与生死

今天讲座的题目叫"庄子观梦"，涉及两个主题：一个是物我，一个是生死。梦跟我们的现实看起来好像差不多，比如梦中的人和物有时候跟现实的是一样的。但梦和现实有一个非常大的不同之处就是，在梦中，时间和空间会有很大的变化，比如我们在梦中，一刻钟也许可以过完一生。大家都知道有一个成语叫"黄粱美梦"，黄粱饭还未煮熟，书生就已经做完关于一生的梦了。除了与现实时间的差别，梦中的空间也与现实中差异很大：现实中，一个人睡觉的时候就固定在一张床上，但在梦中却可以云游四海。除此之外，我们还可以在梦中改变自己的身份，一个人在现实中是张三，可能在梦中就成了李四。另外，即使一个人在梦中的身份与现实的身份保持一致，他的生存状况也有可能发生变化，比如一个现实中生活非常不易的人，在做梦的时候可能过得非常精彩。

以上这些可能都是我们平常能经验到的梦，但还有一种特别的情况需要注意，就是梦可以被看作一种特殊的意识现象。我们平时说的意识是自己可以控制的，可是做梦时的意识却是特别的，因为你不能在睡觉之前规划所要做的梦。所以，它与我们通常的意识不一样，属于一种不能控制的意识。

庄子是说梦的高手。庄子笔下的梦不是很多，细数的话其实只有两个，但他的梦对我们理解庄子的思想却非常重要。下面我们分别来看一下庄子是怎么说梦的。

一、梦变蝴蝶

第一个，我想在座的各位都知道梦变蝴蝶的故事，我们有时候会说"庄周梦蝶"，其实应该是庄周梦见自己变成了蝴蝶，而不是梦见蝴蝶（出自《庄子·齐物论》："昔者庄周梦为胡蝶，栩栩然胡蝶也。"）。我们刚才说一个人可以在梦中改变身份，可是庄子的身份改变就很不一般，他不是变成老子或孔子，而是变成一只蝴蝶。下面我们来具体看一下这个大家都知道的故事：以前有一个叫庄周的人，梦见自己变成了一只蝴蝶，在梦中非常得意，飘飘然。可是在梦中，他并不知道自己其实就是庄子，等他自己醒过来才发现，自己还是那个庄周。故事情节就是这样，看起来没有什么特别的。因为即便我们没有梦见变成什么东西，可是我们还是能够理解在梦中变成别的东西的这种说法，所以梦的内容本身不是非常特别。那它特别的地方在哪里呢？不是梦的叙述方式，而是提问。当庄子把这个梦说完，即突然醒过来，发现自己是庄子以后，补了一句话："不知周之梦为胡蝶与？胡蝶之梦为周与？"就是说，他现在搞不清楚：刚才是庄子在做梦，梦见了蝴蝶，还是现在蝴蝶在做梦，梦见此刻的庄子？这两个东西应该是不一样的，但我们又不能马上对它做出判断，他把这种现象叫作"物化"。"物化"是《庄子》中一个比较重要的概念，意思是事物的变化没有一个固定的状态。这样，我们就可以发现，庄子关于梦的神奇之处不是梦境，而是关于梦的问题，以及问题背后的哲学观念。

关于梦的哲学，我们可以找另一个例子与之比较。笛卡儿是近代唯心主义一个很重要的代表人物，他在《第一哲学沉思录》中描述观梦状况，大概是这样说的：他躺在一个卧室里面，壁炉里烧着柴火，他没有穿衣服，但在被窝里也挺暖和。于是他突然想到一个问题：以前也经常梦到在这个壁炉前跑来跑去，但那个时候是穿着衣服的。那我现在躺在这里是不是跟以前一样也是在做梦呢？为了验证自己是不是真的在做梦，他还特意晃了晃脑袋。这个举动就像我们突然得到一个天大的好消息，或者捡到一笔钱，但我们不相信这是真实的，就掐一下自己的手看看疼不疼，从而确认是做梦还是在现实中一样。笛卡儿试了试，确认自己现在是醒着的，而以前是在做梦。可是他又突然想到一个问题：以前做梦的时候跟现在醒着的时候感觉是一样的，都有着清清楚楚的情景。于是他对眼前这种清晰的知觉产生了疑惑，既然梦中的清楚不是真实的，那么像现在这样觉得很清楚，又是不是真实的呢？由此他得出，知觉经验都不可靠的结论。我们撇开笛卡儿的整个哲学体系不说，他在这里清晰地表达了一个现代哲学的问题，他告诉我们梦中知觉经验的确切性并不具有客观意义，做梦的时候什么东西都是清清楚楚的，但那个清楚不等于客观真实。同时，我们不能确证觉醒时候的知觉经验跟做梦时的经验有什么不同，因为醒过来与做梦时的经验差不多，我们没法区别这两者。所以，我们就可由此得出一个结论：所有的知觉经验都不是实在的。

　　这个说法对很多人来说可能觉得不能接受。通常来说，一般人会觉得做梦跟醒过来时的经验是有区别的，比如说你做梦的时候有情节，醒过来之后跟梦中的情节不连续、中断了，就会觉得这是两个不同类型的经验。什么叫作不连续呢？比如在梦中你要干坏事，但醒过来你不会认为梦中的想法可以继续；或者，你在梦中跟某位同学约会，但你醒过来的时候，不能继续去跟那个人约会，因为他（她）没跟你做共同的梦，对于这些我们能够区分开来。如果有人说，假如是关于我一个人的梦，醒来后照做是不是就可以了？这其实也挺难。比如庄子梦中变成了蝴蝶，醒过来就没法继续做蝴蝶，这个东西不是你能够控制的。或者可以这样说，即使是你自己没法区分，别人也会给你区分开来。那什么样的梦会让我们觉得非常真实呢？可能梦与梦之间情节产生联系，比如每天的梦可以连续起来，像电视剧一样，那你就可能觉得这个东西挺真实的。就好像电视剧不断演下去，而你在其中扮演一个角色，就会觉得很真实。但在现实经验中，一般的人梦到类似的东西也就几次而已，情节对接也不会像我们看电视剧那么精确。通常的情形下，我们很难找到这种连续性做梦的经验。这些分析是凭我个人的经验推测的，我想大家应该也差不多。以上就是我们对笛卡儿和庄子，在梦的问题上的说法做的一个对比。

那么笛卡儿的梦跟庄子的梦的差别在什么地方？这个差别其实主要不是两个梦的结构，因为做梦、梦醒，还有对这个梦进行反思，这都是一样的，虽然就梦的内容来说，庄子梦见变成别的东西，稍微神奇一点，而笛卡儿只不过梦见他在那里走来走去而已。二者最重要的区别在于，说梦的人提出的问题不同。对于庄子来说，醒来后很清醒的庄子反而怀疑是蝴蝶做梦梦见变成了自己，我们很难想象会有这样的提问。所以，庄子的问题跟一般人的问题有一个很大的区别，其他人会问：梦是不是真实的？究竟梦中的经验是真实的，还是醒来的经验是真实的？而庄子的问题却是谁在做梦。笛卡儿的问题则是，梦跟醒之间是一样还是不一样？我们如果要把这些问题说成是一个哲学问题的话，那么就可以说，笛卡儿的问题是判断真假，庄子问的是谁在判断，谁是做梦的主体。如果我们认为庄子是怀疑主义的话，他就是最彻底的怀疑主义。实际上我们所有人做梦的时候，都不能确证自己在做梦。梦中的清醒其实也是梦的一个部分。在这个意义上，庄子的问题挺难对付的。按庄子说的，如果一个梦套着一个梦，那么你的梦是没法说清楚的。我们不是那么容易驳回庄子的问题。但我们还可以有一个设想：就是按照庄子的说法，把庄子跟蝴蝶看成一种平行状态。庄子做梦变蝴蝶的经验是连续的，它每天像演电视剧一样演下去，而蝴蝶做梦则是醒过来的庄子，他每天的行为也是连续的。根据我们对于梦与觉的经验，每天醒来能够继续前一天的经验,这是没问题的。也正因为这样,我们把醒来后每天连续的经验都当作是真实的,当作判断正常经验的基础。由于你每天能够计划明天干什么,而计划确实就这么进行,你就会把它当作是真实的,也就会觉得另一个在梦中的经验不连贯的你是不真实的。我们就是这样理解自己的生存经验,它不是从逻辑推导出来的结果。

但有一个问题,假如你每天做梦都是连续的,你会不会觉得快乐?也就是说,你在正常地延续着日常生活的同时,在做梦的时候变成另一个人,如果这是一种有规律的转换,那你就会变成一个双重主体。我不是要说我们事实上可能做到这一点,我只是说,假如我们的经验有这样的一种可能性的话,比如哪一天我们的人工智能发展到可以定制梦,在你每天睡觉的时候定时播放"电视剧",以保证你每天都连续看下去,那你就一定会变成一个精神状态很特别的人。那这会是怎么样的?我做的这个设想,就是要把庄子梦的问题变得稍微复杂些。我刚才说过,不论庄子也好,笛卡儿也好,他们都是怀疑主义者,只不过庄子对世俗生活的议论包含某种悲观主义的心声:

> 一受其成形,不亡以待尽。与物相刃相靡,其行尽如驰而莫之能止,不亦悲乎?终身役役而不见其成功,苶然疲役而不知其所归,可不哀邪!人谓之不死,奚益!其形化,其心与之然,可不谓大哀乎?人之生也,固若是芒乎?其我独芒,而人亦有不芒者乎?(《齐物论》)

所以"蘧蘧然周"虽然真实,但不如"栩栩然胡蝶"的生活值得向往。

《齐物论》中还有一段话，说人生下来，一旦有了生命，有了一个完整的身体以后，就是一个不断走向灭亡的过程，最后连身体也没了。所以，庄周怀疑是庄周梦为蝴蝶，还是蝴蝶梦为庄周，这应该是他的一个很重要的问题。他对生活的意义提出了质疑，这个质疑不是在说庄子认为生命是没意义的，而是质疑世俗的人对生活、对生命的理解。大家都知道，笛卡儿的怀疑主义主要是怀疑经验以及所派生知识的可靠性，目标是要通向一种主体性的哲学。这样一种哲学认为，这个世界的所有东西都是我们通过思维过程演绎出来的。可庄子却不是这么说的，庄子怀疑人自我把握的可能，意图解构任何主体观念，颇有一种"后现代"的味道。前者是认识论，后者是生存论。庄子所说的怀疑，实际上是怀疑"我的意义"的问题。

　　这是第一个梦，它的主题词是物我。我与物具体是什么关系？是不是有一个独立于万物之上的主体，还是我是万物的一个组成部分？这是一个哲学问题，而庄子不过是用隐喻的表达方式把它叙述出来而已。

二、梦会髑髅

　　接着，我们要讲的另一个梦出现在《庄子》的外杂篇。通常做学术史的人会觉得《庄子》内篇是庄子写的，外杂篇少量可能是庄子写的，或者是庄子思想的一个比较密切的发挥，作者可能是庄子的学生或者追随者。庄子有没有学生我不是很确定，但至少是他的追随者所写而附到里面的内容。这个梦叫"梦会髑髅"（髑髅就是死人的头盖骨），属于外杂篇，所以很难说是庄子写的，但是它跟庄子对生命的看法有一致之处，我们也就把它拿出来一起讨论。

这个梦说的是庄子在楚国见到了一个头盖骨，那个头盖骨没有太大的破损，庄子就用马鞭去拨弄它，拨弄之后还跟头盖骨提了一个问题。他问：你是"贪生失理"而变成这样的，还是"亡国之事、斧钺之灾"而变成这样的？这是什么意思呢？因为一个头盖骨跟下面的躯体分离，就意味着肯定不是常规死法，很可能是死于非命的那种。所以，庄子问他为什么会死于非命，为什么受到这样的处罚，是因为亡国，被入侵者给杀了？还是说干了一些坏事，不好意思面对父母妻子？要不就是吃不饱穿不暖，饿死或者冻死了。最后才说，除了这个之外，有可能你的寿命就是这样了。当庄子问完一连串的问题以后，就拿着头盖骨当作枕头，在一个地方躺下了。结果这一躺，半夜的时候头盖骨就变成了一个跟他对话的人了，其实也可能是个鬼。这个头盖骨跟他说，你白天跟我说的话就类似于辩士。什么是辩士？辩士类似于我们以前说的名家，名家的一个特点，就是他们在运用语言词汇方面，能够做到登峰造极，而且有诡辩的倾向。这个头盖骨就说庄子说的这些东西跟辩士一样，但是听你这个话却又来自生人之累。活着的人才会担心死掉，而且这么多不同的死法，不是自杀就是刑罚，要不就是饿死、冻死这么糟糕的事情。他对庄子说，人死了以后根本就没有这样的痛苦。他还问庄子要不要听一下关于死后的事情，庄子很高兴地说可以。他就给庄子说死人的好处是什么。首先，"无君于上，无臣于下"，这很重要。我们平时都觉得"无君于上"，可能是最自由的，其实不是的，"无臣于下"也是自由所需要的。因为管别人成为你的责任之后，你也就不自由了，所以人死了的好处是没人管你，你也不管别人，这是很重要的一个说法。然后，"亦无四时之事"，四时之事就是四季的劳作，就是不用干活。我们干活是为了什么呢？是为了挣点东西吃，而死人用不着吃饭，这些东西都是无所谓的，所以什么都不要。他又说："纵然以天地为春秋，虽南面王乐，不能过也。"庄子听了不相信说，我们让司命恢复你的样子，把你的骨头、肌肉都给你，把你的父母、妻子、亲戚，包括你的知识，这些都给你，要不要？头盖骨就皱下眉头来，告诉他说，我怎么能放弃南面王的快乐，重复人间之劳苦呢？你让我放弃现在死后的快乐，再来面对这种糟糕的生存局面，怎么可以呢？

　　这个梦跟前面的梦相比，当然没那么美妙，但它有一个比较特别的构思。我们刚才说，它应该是后学附上去的，但这个梦其实从结构上看有点精巧，为什么？因为这个故事由两半构成，一半是清醒，一半是做梦。清醒的部分是庄子提问题，做梦的部分是死人回答问题，这与我们的经验也比较一致。庄子问问题，其实是见到一个东西，就提一些问题，而头盖骨的回答恰好就是庄子白天所问问题的答案，这是比较巧妙的构思。另外，庄子连发的五个问题中，除了寿命之限属于常情外，其他关于死亡的原因，包括获刑、亡国、自尽及饿毙，几乎都是"死于非命"。文本中只见头盖骨，不及其他骨，留下身首分离的线索，实际上就隐喻人生都没有好下场。这个梦把不正常的死与死亡联系起来，而且让死者现身。现实中，没有一个死人能以活着的方式现身，死去的人不可能跟你交流，可是在梦中却可以这样。生死之间是没法交流的，所有关于死亡的经验都是我们想象出来的。这个死人给庄子说的话让庄子无话可说，也可以看成是庄子默认了这个死人的说法，或者说他没法质疑，没法反驳死人的观点。这样的话，我们也可以理解为这是庄子对死亡后的世界的想象。由于日常经验中能够互相交流的人都是活着的人，故死亡话题便不是实际经验的体现，而是对相关想象的论述。于是梦就变成理解死亡的一种独特途径、一道微弱的光。反对梦的经验投射的可信性的人，也很难有效捍卫死后一定进入悲惨世界或者漆黑

第十三讲
庄子观梦：物我与生死

一团的信念。而且它还蕴含着，死亡不是漫长的昏睡就是一场无边的梦的意象，不同于地狱或虚无。这一意象其实是人类对死亡的一种达观态度。

我们再来看在《至乐》篇里面，庄子跟死亡有关的另一个故事。这个故事不是梦，而是描述了一个跟死亡有关的具体情形。庄子的妻子死的时候，他的一个叫惠施的朋友去吊唁。我们在《庄子》里面看到的很多重要思想，都是庄子跟惠施打交道、辩论产生的结果，以至于王夫之认为《庄子》就是为惠施而写的。这句话做学术史的人不一定同意，但大家都知道，惠施的确很重要。当惠施去吊唁的时候，他发现庄子坐在地上，鼓盆而歌，一边敲着东西一边唱歌。惠施看了以后惊讶地跟他说，人家跟你生活了这么久，老了，又还养了孩子，死了以后你不哭也就罢了，竟然还鼓盆而歌，这是不是太过分了？庄子回答说，不是的，刚开始的时候我当然也是有感触的，但是想想，最开始的时候人是没有生命的，不仅没有生命，连形状都没有，还不仅没形状，连气都没有。当天地之间有气之后，那个气就变成有形，再之后有形的变有生命，最后它又归于死。所以，生命的出现和消失，就像春秋冬夏四时一样，人死后就好像睡在一个巨大的房间里面，庄子就把这个宇宙看作一个巨大的空间，人死之后，不论他在哪里，其实都在这个空间里。

与此相关的另一个寓言也跟死亡有关。寓言是这样的，庄子病得比较重的时候，他的弟子就跟他说你放心死吧，你死后一定会给你厚葬的。庄子一听就问他为什么需要厚葬？现在天上的星星月亮都是我的随葬品，我死了以后整个宇宙都是我的。学生就说，到时很多禽兽会把你吃掉，被那些东西吃掉多不好。庄子听过之后就说，你埋我于地下，虽然鹰跟老虎没法吃我，可是我又会被虫子吃掉，你为什么要厚此薄彼呢？为什么不让我被这个吃，却让我被另外的生物吃了呢？庄子把死亡理解为一个自然变化的过程，他把人看成是万类中的一个分子，生存是从中独立出来的，而死亡则是回到自己的自然状态。所以，庄子对死亡的认识是，死后的世界有可能是一个快乐的世界，所以要自然地面对死亡。那我们现在可以想想庄子对于生死的看法。人是一种存在物，跟一般存在物不一样，他总是能够意识到自己是有限的存在物。有很多存在物没有意识，比如石头、大树，而动物有可能有意识，但是未必像人一样，对自己的有限性有着深刻的体会。生命意识，就是对诞生、成长、衰老、死亡过程的反思与体验，而死亡意识便是其中至为重要的体现。

对生死关系的重新理解，成了庄子人生批判的出发点。或者说，其死亡想象，是对所有现世价值的颠覆。价值是以稀缺为前提的，而人世间最稀缺的事物不是财富，也不是精神，而是寿命。如果寿命无限，人生不死，一切都得重新评估。虽然庄子并非肯定生命永存，但他改变生死关系的观念，从而让死亡不成为对生命意义的限制。故面对亲人死亡可以鼓盆而歌，哀伤、厚葬等等均被视为不符合自然。以此为前提，生活的意义当然就要重新开启。我们来设想一下，假如生命是无限的，那么我们对一切价值也就都不需要了，也用不着为输在起跑线上发愁，因为你有足够的时间可以慢慢等待。而我们之所以觉得生命很重要，觉得我们需要好好规划，就是因为生命是有限的。一切有价值的东西，都是因为它不够多，而在所有不够多的东西之中，最不够的就是我们生命的时间。这个事情决定了其他所有，因为人会死亡，才会有那么多的价值，如果生命是无限的，就没有这样的问题。我们考虑一下，如果把我们生命的时段拉长，我们对这个世界的很多看法也可能不一样。比如说一个人，如果不像我们现在活到七八十岁，而是活到一百五十岁，甚至两百岁，那么在两百岁的漫长时间里，最直观的问题就是整个家庭结构以及形态的变化。有这个变化以后，就会给我们带来很多不一样。所以，很多价值的背后实际上都潜藏着一个历史看法。我们平时觉得死亡是一件可怕的事情，因为我们对死亡的经验一般是通过比如看到一个人临终的痛苦，或是考虑到一个人永远的分别所体会到的。但还有另外一个想象世界，一个死后有可能去到的世界，反而让你觉得现实世界更糟糕。实际上我们对于死亡的痛苦，都没有直接的经验，我们看到的都是死亡前的痛苦，死亡后的痛苦实际上是不知道的。人类对死亡的恐惧，其实是很多宗教所要面对的问题。比如我们一般说佛教讲解脱，道教讲不死。而我们都知道孔子对死亡的态度是"未知生，焉知死"，他对未知的终极归宿采取的是存而不论的态度，强调从生活中而非死亡中领悟生命的意义。现在庄子对这个问题提供了解决方案，给我们提供了一种想象。

三、梦成哲学

我们说庄子的两个梦，一个是梦见变成蝴蝶，主要是借"物化"而质疑主体的意义；另一个是梦会髑髅，则是托鬼魅而开启对死亡的另一种想象。但是为什么这两个东西都要跟梦连在一块？实际上庄子对梦有一个更完整的论述、一个更深刻的说法。在《齐物论》中有一段话：

> 予恶乎知说生之非惑邪！予恶乎知恶死之非弱丧而不知归者邪！丽之姬，艾封人之子也。晋国之始得之也，涕泣沾襟，及其至于王所，与王同筐床，食刍豢，而后悔其泣也。予恶乎知夫死者不悔其始之蕲生乎？梦饮酒者，旦而哭泣；梦哭泣者，

旦而田猎。方其梦也，不知其梦也。梦之中又占其梦焉，觉而后知其梦也。且有大觉而后知此其大梦也，而愚者自以为觉，窃窃然知之。君乎！牧乎！固哉丘也！与女皆梦也！予谓女梦，亦梦也。是其言也，其名为吊诡。万世之后，而一遇大圣，知其解者，是旦暮遇之也。

庄子的这段说梦，跟我们刚才那两个说梦其实都有关联。位于这段论述之后的蝴蝶梦可以看作对上述"且有大觉而后知此其大梦也，而愚者自以为觉，窃窃然知之"这一说法的情景化展示。它讥笑自作聪明的迷失者，以为自己就处在清醒状态，正是自以为是的表现。这是由对主体的怀疑导向物我一体的生命境界。而髑髅梦的主题则明白无误，正是下述说法的生动注脚："予恶乎知说生之非惑邪！予恶乎知恶死之非弱丧而不知归者邪！""予恶乎知夫死者不悔其始之蕲生乎！"怀疑自我与怀疑生死，几乎是同样重要且联系密切的问题。"梦蝶"是人生常态，"梦鬼"则让死亡变成另一场梦。是非与物我、生死一样，没有定准，梦之中套着梦，圣人也是梦的产物，这本就暗示着人生没有真相，不必挂牵。庄子意在通过颠覆日常价值来过"至乐"生活。梦中又占着梦，这样的内容跟《齐物论》的主题是相关的，因为《齐物论》告诉我们，所有的东西都没有是非，没有一个可以判断的标准，庄子所谓齐物，主要是齐是非。齐是非的意思，不在于说哪个是哪个非，主要是说压根儿就不能有"是非"这样的想法。肯定某个是与肯定某个非，跟说没有是非，是两个不同的内容。那么当然有些人会问，庄子没有是非的说法，究竟是是还是非？我们要明白庄子的意思是，这个事情是没有标准的。庄子用梦来表达思想，实际上是他理解世界的一个很重要的表达方式。

我们再来看梦的哲学。其实做梦是人类非常常见的一个现象，以前就有占梦，也就是做梦以后根据梦中的内容，来研究它究竟对我们未来的生活有什么意义。一般的人类学家都会认为，这样的一种想法属于萨满式的世界。这种世界观的基本特点是，从人禽杂处到人神共存，前者是自然状态，后者则是文明特征。所谓"巫"就是前后者结合的产物，是那个时代精神与权力的首领。巫表现自身威力的方式是巫术，而各种占卜即是巫术的重要组成部分。它通过某种可见的征候预言未来，或用某种象征式的手段干预现实，由此而避险趋吉。占卜包含有占龟、占星、占梦、占卦多种形式。其中，占梦是普遍且重要的行为，对殷、周两代政治生活有深刻的影响。据专家考释，甲骨卜辞中反映殷王占梦的内容几乎无所不包。而且值得注意的是，殷王做的鬼梦特别多，其中有一些是殷王亲自占问，有一些梦则通过史官占问。周人灭殷时，梦也起到了判断形势、鼓舞斗志的作用。周王室掌管占卜事务的总管叫太卜，占梦就是其使命之一。占梦与其他占卜形式不同，其他方式是主动且需要特殊身份才能进行的，而梦一方面是被动的，它与经验生活相联系，不是做梦者设计或祈求来的，所以可能出现未知或已故的人；另一方面，梦的内容则与经验生活有不同程度的联系，不神圣甚至无知识的人也会做梦。正因为如此，对梦的认识会深刻影响人的世界观，甚至梦就是世界观的组成部分。由于梦中可能会见到未知或已故的人，它会诱发或巩固灵魂不灭、鬼神有灵的想法。因此，梦出现的不可控制性，便容易被归结为背后神鬼主宰的产物，"托梦说"便是这种古老观念的一种概括。而对于梦中意象与现实经验没有直观联系的内容而言，占梦便是重要的沟通人神的手段。

还有一种对于梦的态度，我们叫作究梦，也就是对梦的研究。从战国开始就有一种自然主义方面的说法，也就是把梦理解成是我们白天活动的一个结果。后来中医也这么认为，经常把梦看成一个人精神状态不好所导致的结果。所以在中医那里，梦更是一个人有情绪、不健康的一个表现，而人可以通过服药增强身体素质以减少做梦。

此外，还有另一种说梦现象，那就是儒家，特别是宋明理学发展起来的"思梦说"。这种观点的基本说法叫"日有所思，夜有所梦"。它也从解释梦的成因出发，但落脚点在思的问题上。孔子梦周公之说，经常成为这类观点的素材："子曰：甚矣吾衰也！久矣吾不复梦见周公。"（《论语·述而》）这一说法意味着，孔子精力好的时候是常梦周公的。东汉王符说："孔子生于乱世，日思周公之德，夜即梦之，此所谓精梦也。"到了宋儒，张载则说："从心莫如梦，梦见周公，志也；不梦，欲不踰矩也，不愿乎外也，顺之至也，老而安死也。"从王符的"思"到张载的"志"，共同点是强调"梦由心生"，孔子常梦周公，正是长期心仪周公事业的表现。因此，梦成了可控的意识现象，张载甚至把"不梦"说成是已经"欲不踰矩"，即意识转变的结果。由此，程颐进一步提出："盖诚为夜梦之影也。学者于此，亦可验其心志之定否，操术之邪正也。"既然日思可能导致做梦，而思又有善恶之分，梦自然也有正邪之别。于是，梦便成了反映一个人思的品质的副产品。对梦的检测，便是修身功夫所在，真不愧是理学家！

我现在有一个问题，为什么古人说梦、讲梦的特别多，而我们今人说得很少？有可能是因为现代人与古人的生活条件不同了，或者人这种生物在发展的过程中慢慢梦变少了，还是因为我们今天的人受现代科学技术的洗礼，即便做梦，也不会把这个东西强调出来？

庄子和他们不一样的地方，是把梦讲成哲学。我们从占梦、究梦、思梦回到了庄周的观梦，此"观"为"以道观物"之"观"。"以道观物"，所观之结果依然是道，所以他的观梦是从道德方面出发的。我可以把"观"字稍微补充说明一下，我们都知道这个"观"字，是表达我们的视觉行为动作。为什么叫观不叫看呢？我们说世界观，没有说"世界看"，因为观跟看这两个动词是有一定区分的。通常这个看，指的是你在某一个特定的角度观看对象，我们的视线不能环绕，而是直线的，并且不能穿透对象。这就意味着我们看这个世界实际上是有很多限制的。当然我们现代人会有很多方法，比如说我们会运用一些工具，或者是适当调整视角。可也并不是这么看都可以看到东西，所以有两个不同的词：一个叫看，一个叫见。看不一定是见，看只是说我有一个欲望，我有个目标在实施。但如果要保证你有所见，就必须有更好的方式。我们会把什么样的操作方式认为是好的？就是观。观跟看的不同之处是什么呢？观可以是一个过程，它不是一个片段。这个过程意味着在时间里看，把前面看到的与后面看到的联系起来，将前面看到的储存下来的图像，当成看后面图像的一个基础。这样一来，我们就需要比较长的时间才能看出完整的东西。这有点像将一格格的电影胶片连起来放，电影整体才显示出来。我们现在就是用这个观来说观点和世界观。一旦从看到观，就意味着你前面的视觉行为变成某种概念储存在你的意识中。庄子要讲的道是用来观的，我们说"以道观物"就是观的一种方式，而观的结果，就是知"道"。

所以庄子讲梦的时候，不是占梦，不是究梦，也不是思梦，亦非"喻梦"。由于《庄子》大量使用寓言，而寓言主要靠隐喻的方式来传达观念，故人生如梦往往也被理解为对生命或生活浮幻不真实的隐喻。这样说似乎没有问题，但假如只是这样理解，似乎又缺少了什么。例如，它应该不像黄粱梦，或者南柯梦，这两者视梦为假象，以此讽刺某些虚假的满足。但庄子不如是，他既不把梦看成鬼神主宰的产物，也不断言其为无意义的幻觉，它是精神现象的自然过程，是真实生命的组成部分。如果梦境是生命体验的一部分，那么从梦中的立场看待日常生活，不就能深化我们对生活的理解吗？这不是隐喻，而是特殊的思想论证。同理，如果灵魂存在不是生存经验所能确定的问题，我们又有何理据可以批驳死亡快乐的说法呢？由于睡梦与觉醒状态往往互相隔绝，它与死生之间的关系有类似之处，只是时间长短的区别而已。因此，梦觉小生死，死生大梦觉。如此理解生命，比漆黑虚无或地狱天堂之说，不是更能抚慰人心，同时也更朴实吗？说梦其实是庄子运用这种特殊意识经验，论证其人生观点的独特方式。所以，我们会说庄子是把梦说成、梦成哲学，通过梦来表达对哲学的理解。但我们也可以说，这是庄子在做思想实验，是庄子哲学的一种特殊表现、一种很重要的方式。

（整理：辜天平）

第十四讲
两种实践概念

◎ 姚大志

时间：2021 年 12 月 30 日
地点：中国人民大学公共教学一楼 1302 教室

　　姚大志，吉林大学哲学社会学院教授，美国哈佛大学访问学者（2004 年），美国伯克利加利福尼亚大学访问学者（1994-1995 年）。主要研究政治哲学和正义理论。代表著作有：《平等》《正义与善》《罗尔斯》《当代西方政治哲学》《何谓正义：当代西方政治哲学研究》《现代之后》。主要译著有：《被检验的人生》《作为公平的正义——正义新论》《无政府、国家和乌托邦》。

今天讲座的题目是"两种实践概念",我想分四个部分来讲。第一个部分我想讲讲实践哲学和理论哲学。第二个部分讲流行的实践概念,就是在中国学术界中,实践这个词通常是什么意思。第三个部分讲本来的实践概念。"两种实践概念",一种我叫作"流行的",另一种我叫作"本来的"或者"本源的",这部分讲的就是后一种实践概念的含义和实质。第四个部分我想讲讲实践的意义,探讨实践这个概念究竟有什么意义。

首先我要讲的是实践哲学,要讲实践哲学,就和理论哲学分不开,这两个概念是成对使用的。通常大家所理解的哲学都是理论哲学,按照我的理解,理论哲学的核心内容就是探究"世界是什么"。当然理论哲学有很多不同的部分,比如本体论、形而上学、认识论等等,但其核心还是想要理解"世界是什么"。这跟哲学的起源有很大关系。哲学之所以诞生出来,就是因为人们在生存之外还有另外一种需要——想要知道更多的东西,特别是人们生存于其中的世界是什么。对今天的人来说,如果我们想知道世界是什么,我们有很多手段,尤其可以借助科学手段。我们知道我们居住在地球上,地球在太阳系里,太阳系是银河系的一个组成部分,等等,科学可以告诉我们这些。但是古代没有这些知识,古代人的世界就是人们目光所及的地方,古人所能看见的东西就是他的世界。所以,古人要是想进行某种努力,想用哲学的语言把他知觉到的世界表达出来,最简单的办法就是见到一个东西他就提问"这是什么",然后回答;见到第二个东西自然再提问"这是什么",然后再回答。这是人们一开始了解世界时最朴素、最直接的方式。这种方式用命题表达出来,就有了"这是树""这是山""这是水""这是一条河流""这是一个村庄"等命题。当人们用这种方式追问世界是什么的时候,他得到的只是用以表达人们感知对象的一个个命题。但是,人们不想局限于这种特定事物的特定表达，而是想做出一些普遍化的抽象，想要理解世界的普遍性是什么，这时人们做出了第一次抽象——"是"。当人们做出第一次抽象想要理解世界是什么时，他得到的第一个观念就是"是"，所以哲学最初的一门学问就是关于"是"的学问。古希腊语当中的"是"，就是 on 这个词。古希腊人还发明了一个词，来命名这门研究"是"、研究 on 的学问，在英语里就是 ontology 这个词，我们把它翻译成"本体论"。哲学最初就研究"世界是什么"，在亚里士多德之后，人们把这种研究也称作形而上学。这里面还有个小故事，这个故事我是听苗力田老师讲的。亚里士多德死了以后，他的学生整理他的手稿的时候，要把他关于世界是什么的研究编在一起。因为当时没有一个词来形容他这个研究的主题，亚里士多德也没有给它起名，他的弟子就把这部分手稿放在了《物理学》手稿的后面。后来亚里士多德著作整理出版的时候，这部分手稿就被叫作"物理学之后"，就是 metaphysics 这个词，我们把它翻译成中文就是"形而上学"。所以，古希腊哲学产生后的核心就是本体论。

在本体论和形而上学的领域，从古希腊一直到中世纪，包括近代，哲学家们做了很多工作。但是在所有这些工作中，我觉得古希腊哲学最伟大的贡献就是原子论。原子论是一个伟大的发明，作为本体论，它对世界的解释是这样的：整个世界是由一些最基本的元素构成的，如果我们能够找出这些元素是什么，我们就能够解释这个世界，因为整个世界就是由这些最小的、不可分割的元素构成的。这是一个极其伟大的思想，既是一种哲学理论，又是一种科学理论。在我看来，原子论就是最原始的科学。所以，这种思维方式影响了后来的近代科学，一直到当代，今天的物理学家在原则上依然是按照古希腊原子论者的思路来研究这个物理世界。19 世纪的化学家在研究中发现，有些化学元素在不同的化学实验中永远是保持不变的，他们就把这些东西叫作原子。到了20世纪人们发现这不是原子，或者说这是原子，但它不是不可分的，它还有内部结构。物理学家想了解世界，就需要把原子的内部结构分解开，可见这种理解世界的方式今天依然影响着科学家。这种影响到了什么程度呢？今天解释世界最成功的一种理论叫作基本粒子的标准模型。在这个模型当中，物理学家一共发现了64种基本粒子，这64种基本粒子能够解释三种力：强力、弱力和电磁力。只有一种力解释不了，就是引力，至今物理学家还没有完全搞清楚引力。但是，大部分我们可知的物理世界都可以用这个物理模型解释。所以，原子论既是一种伟大的物理理论，也是一种伟大的哲学理论。

西方哲学一直沿着这个方向前进，但是到了近代出现了变化。这个变化如果有一个节点，那就应该是笛卡儿。这个变化在于，古代人研究世界的时候，他们认为他们所知觉到的关于自然物的一切都是真实的存在。比如看到了一座山，他们就相信这座山作为自然物具有客观实在性。山就是这个样子，跟我看不看它没有关系，我看到的形象是山的一个表象，我的表象之所以是这个样子，是山这个客观实在决定的。但是到了笛卡儿，这么想不行了。近代哲学家发现，我们能够对自然界所说的一切东西本质上都是意识，我们用客观语言能够表达的所有东西都是如此，比如这个瓶子，瓶子里的水，还有我们所看见的一切自然物，如星辰、大海等等，所有这一切在笛卡儿看来都是意识。这里的哲学问题是，在这些意识之外，有没有一个跟这些意识对应的实在世界？有没有一个外在的自然界作为我们意识的基础？从笛卡儿开始，哲学家们几乎都采取这种思维方式来认识世界、理解世界。在过去那种朴素的实在论看来，所有自然物都是客观实在，但如果我们的观察、感觉和表达都只是意识，那么外在的客观世界到底存不存在？从笛卡儿开始，对哲学而言这成了一个问题，需要哲学的探究。这种探究涉及人类知识和认识的性质，只有确定了它们的性质，才能知道有没有一个客观的外部世界。从笛卡儿开始，几乎所有近代哲学家都是这样思考的，他们的主要任务就是通过意识来确认外在的世界。笛卡儿有一句名言大家都知道：我思故我在。这个"我"是意识的我、心灵的我，笛卡儿哲学的任务实际上就是要探究客观世界存在不存在，当然，还有上帝存在不存在。

这种思维方式影响了近代的西方哲学，16、17、18世纪，甚至包括19世纪，哲学家都是这样思考问题的。我认为在这些哲学家当中存在着四种立场。第一种立场就是像笛卡儿这样的，他从"我思故我在"推论出自然界的存在。他认为心是存在的，物也是存在的，从心灵的存在推出了物质的存在，我们今天把他这种立场称作心物二元论，就是这个意思。第二种立场我们通常称为独断论，斯宾诺莎就是独断论的代表。他意识到我们直接知道的一切都是意识，但他认为意识对应的东西有客观实在性。他没有做论证，他也不像笛卡儿那样从"我思"开始推论，而是直接确认了客观世界的存在。比如，斯宾诺莎的《伦理学》一开始就从自然存在的命题开始推演。第三种立场是主观唯心论。他们认为，如果我们所有感觉、知觉、思考的东西都是意识，意识之外就没有什么东西了。这种立场的主要代表是贝克莱，就像他所说的：物是观念的集合。一个物，除了对它的观念之外，我们说不出别的什么。就像我手里拿着的这个瓶子，我们摸摸它，有触觉和硬度的感知，视觉上看，这里面有白色的液体，商标上能看到各种颜色。无论我们对这个瓶子能说些什么，能知道些什么，它们都是感觉和观念。所以贝克莱说，物是观念的集合，它的存在就在于被感知。这一派我们通常叫作唯心论，他们认为这个意识世界是我们无法突破的，我们局限于这个地方。第四种立场依我看来在哲学上是最纯粹的。这种立场认为，我们知道的东西就是我们的感觉，而感觉之外是不是有一个客观的实在世界支持着这些感觉，我们不知道，我们没有证据表明它存在，也没有证据表明它不存在。后来人们把这一派叫作不可知论，最重要的代表就是休谟。哲学史家把笛卡儿以来近代哲学的变化称作"认识论转向"。如果说古希腊哲学的中心是本体论，那么近代哲学的中心就变成了认识论，近代的哲学家关于哲学的看法也相应地改变了。如洛克在《人类理解论》中说的那样："哲学就是研究观念的起源、范围和可靠性的学说。"哲学变成了观念研究。

  一直到19世纪末的时候，西方哲学家的思想又发生了一些变化。此前哲学家们认为哲学的研究对象是观念，但是哲学家们对于观念的含义莫衷一是。比如实体的观念，有的哲学家认为实体是物，有的哲学家又认为实体是心。大概到了19世纪末20世纪初的时候，一些哲学家站出来发表了自己的观点，他们认为观念的本质实际上是词。如果说哲学研究的是观念，而哲学家们为此争论不休，那么我们现在换一种方式，不研究观念而研究词。如果我们有能力把词的意思弄清楚，那么哲学争论就可以解决了。因此，20世纪初西方哲学又有一个很大的变化，现在我们通常把它叫作"语言学转向"，这是因为20世纪初西方哲学家们把哲学变成了一种语言分析。最开始英语世界是这样，后来欧洲大体上也采用这种方式，比如现象学、解释学也认为哲学本质上是和语言有关的，分析哲学就更是这样了。最初的分析哲学认为，要弄清楚语言的意义就需要做逻辑分析。怎么能够通过逻辑分析把语言的意思弄清楚呢？他们认为如果能够建立一种人工语言，就可以把所有词的意思弄得一清二楚，因为自然语言的含义有些模糊。后来他们发现建立了人工语言仍然解决不了问题，这时候分析哲学在逻辑分析以外也主张进行日常语言分析。

20世纪英语世界的分析哲学有两大派别,一个是逻辑分析,另一个就是日常语言分析,而这两派的代表都是维特根斯坦。维特根斯坦被认为是20世纪最重要的哲学家,原因就在这里,他一个人代表了当代分析哲学和语言哲学最基本的两种路径。

这种"语言学转向"在某种意义上是无奈之举。我个人认为,这种转向反映了一些更深刻的东西。哲学最核心的问题是"世界是什么",而随着自然科学的发展,关于"世界是什么",哲学家已经无话可说了。既然已经无话可说了,如果还想硬说些什么东西,恐怕就没有人当回事了。在关于"世界是什么"和"宇宙是什么"的问题上,哲学家的话语权已经被剥夺了。哲学的第二个问题是认识论,研究人的认识过程。今天,哲学家在这个领域里面也没什么可说的了,有话语权的是心理学家、神经科学家和生物学家。哲学家们对传统哲学的研究问题已经变得无话可说了。最近有一个词很时髦,叫"元宇宙",各界人士都在关注它,我发现很多哲学家也在讲它是什么意思。为什么哲学家会对这个问题感兴趣呢?在我看来,世界、宇宙本来是哲学家的研究对象,但今天哲学家在这些领域已经没有话语权了。现在突然冒出来一个"元宇宙",哲学家便觉得我现在有话可说了。Metaverse 的意思在我看来就是 metaphysics,在今天它就是一种形而上学。哲学家不能讲传统的形而上学了,现在出来一个类似形而上学的东西,哲学家就得好好抓住这个机会。另外一个领域就是人工智能,这也是很多哲学家近些年主要关注的领域之一。

至少从康德开始,关于"世界是什么"的哲学研究就被明确地叫作理论哲学。理论哲学从古希腊开始到现在,已经逐渐衰落下去了。但是大约在20世纪70年代出现了一个变化,这个变化的起因很简单,就是哈佛大学哲学系的一位哲学教授叫罗尔斯,他出版了一本书叫《正义论》。这本书出版之后有些事情是他始料未及的。这本书一出版就引起了全世界的关注，全世界的哲学家、思想家和学者对他做出回应，同他一起探讨问题，并且针对他们认为罗尔斯不对的地方提出批评。这个事业发展得越来越大，在很短的时间内出现了数以万计的文献，以至于称这项事业为"罗尔斯产业"，来形容其文献数量之巨大。从 70 年代开始，随着理论哲学的衰落，实践哲学开始兴起，这种实践哲学大体上包括政治哲学、道德哲学、法哲学和社会哲学。目前为止，最重要的，最近二三十年人们高度关注的主要是政治哲学，然后是道德哲学。无论是政治哲学还是道德哲学，从康德以来就被称为实践哲学。在康德看来，哲学是二分的：理论哲学和实践哲学。这个二分最主要的根据是康德对理性的二分：一种是理论理性，另外一种是实践理性。理论理性建立起了理论哲学：本体论、认识论等。实践理性建立起了实践哲学：政治哲学、道德哲学等。最近几十年，实践哲学特别是政治哲学在全世界范围内得到了迅速发展。要知道一个问题、主题或学科是不是受到了人们的关注，最重要的一点就是看博士研究生的选题。至少最近十几年以来，在我们国家的高等学校有越来越多的哲学系博士生选择政治哲学作为研究方向。

　　以上就是我想在第一个部分讲的有关理论哲学和实践哲学的问题，而实践概念的重要意义和实践哲学是密切相关的。下面我们讨论实践概念本身。在中国的学术界，实践概念发挥了很重要的作用，但是，这个概念本身是不清楚的。在实践概念的理解和使用当中存在着许多误解，这些误解通过学者们的写作变成了文章、著作和教科书，又对青年学者产生了误导。我觉得这是一个不好的循环：由于存在着误解，所以产生了具有误导性的文本，又使读者产生误解。因为我自己有这种感受，所以想写一篇文章来澄清实践概念。这种澄清是要区分出两种实践概念：一种流行的实践概念，还有一种本来的实践概念。下面第二个部分我就来解释流行的实践概念是什么意思。

在当代哲学中，特别是在马克思主义哲学中，实践是一个非常重要也许是最重要的概念。有些人甚至把马克思主义哲学解释成"实践本体论"，这种说法就赋予了实践非常重要的意义。在马克思主义哲学传统或者说流行的实践概念中，实践有两个最基本的含义：第一，实践主要是指生产劳动；第二，实践的哲学意义的核心是认识论的。这种流行的实践概念，其观念可以分成三个部分。首先，人的认识活动开始于实践。实践是认识的起点，认识是在人类的实践活动中产生出来的。这种认识可能对，也可能错。如果错了，那么在后来的实践中它会得到纠正。其次，实践保证了人类认识的客观性。认识本质上是主观的，但认识应该具有客观性。认识的客观性从何而来呢？这种实践概念认为认识的客观性是由实践保障的。最后，实践是检验人类认识之真理性的标准。认识归根结底是要获得真理，那怎么知道我们的认识是不是真理呢？这种实践概念认为实践是检验认识是不是真理的标准。为了澄清这种实践概念的意义，我要对这种实践概念做三种分析：第一种分析是系谱学分析，探讨这种实践概念是从哪来的；第二种分析是优先性分析，探讨实践和认识的关系；第三种分析是对象－目的分析，探讨这种流行的实践概念的本质是什么。

首先是系谱学分析。系谱学分析想要表明这种实践概念从何而来，怎么会成为这个样子。同时，我们也能通过系谱学分析确定这种流行的实践概念更细致的含义。这种流行的实践概念首先来自哲学教科书。我们翻开各种各样的哲学原理教科书，都会发现它们讲的实践概念就是上述的那些含义。我引证了一本教科书里边对实践概念的界定，这本书是肖前老师主编的《马克思主义哲学原理》。这本教科书对实践观点的界定是这样的：实践的观点是认识论的首先的和基本的观点，因为实践对认识起着决定作用，是整个认识过程的基础。这是一个总的界定，然后这本书又认为实践对认识的决定作用体现为以下四个方面：第一，实践是认识的动力。就是说实践对认识起一种决定性作用。第二，实践为认识提供物质条件。人们认识世界所需要的那些物质条件都是实践提供的。第三，实践是认识的来源。总体而言，所有的认识都是从直接经验发源的。第四，实践是检验认识真理性的唯一标准。总体而言，这种教科书的解释认为认识来源于实践，为实践服务，并接受实践的检验。

要进行系谱学的分析，我们就要进一步追问：这种教科书当中的实践概念是从哪来的呢？我的观点是，它来自毛泽东的《实践论》。毛泽东的《实践论》是中国人从马克思主义观点对实践概念做出的最早和最系统的解释。《实践论》这本小册子的基本观点可以归纳为以下三点：第一点，人类的生产活动是最基本的实践活动。毛泽东在《实践论》里说人类的活动有很多，如政治活动、阶级斗争、科学和艺术等等，但是在所有这些活动当中，生产活动是最基本的。第二点，实践决定了人类认识的整个过程。这个观点可以分为两个方面：一方面，认识始于实践，即无论是认识的感性阶段还是理性阶段，实践都发挥了决定性作用；另一方面，认识最终又回到实践，就是把在实践当中获得的知识再运用于生产实践、革命实践和科学实验中去，推动人类认识从低级到高级的发展。后来教科书所说的"实践是认识的动力"就是根据毛泽东这里的思想。第三点，实践是检验认识真理性的标准。这种实践概念本质上是认识论的。人们从实践当中获得认识，这些认识是对的还是错的，是真的还是假的？毛泽东在这本书里主张实践是检验认识之真理性的标准。毛泽东在这本小册子的结尾对马克思主义的实践概念做了一个精辟的总结，而这段总结后来也经常被人们引证，它是流行的实践概念的经典表达："通过实践而发现真理，又通过实践而证实真理和发展真理。从感性认识而能动地发展到理性认识，又从理性认识而能动地指导革命实践，改造主观世界和客观世界。实践、认识、再实践、再认识，这种形式，循环往复以至无穷，而实践和认识之每一循环的内容，都比较地进到了高一级的程度。这就是辩证唯物论的全部认识论，这就是辩证唯物论的知行统一观。"这段话之所以经常被人们引用，原因就在于它是毛泽东从马克思主义的观点出发对实践概念的解释。

那么，毛泽东的实践概念又是从哪来的呢？我发现毛泽东在讲实践的时候，主要的引证一共有9条。他借鉴了特定的思想资源，根据自己的理解阐发了一种实践概念。他在《实践论》当中的9条引证，除马克思和斯大林各1条以外，其余7条引证都来自列宁。换句话说，从系谱学分析来看，毛泽东的实践概念主要源自列宁。列宁的实践概念散见于他的各种著作之中，最主要的是《唯物主义和经验批判主义》以及《哲学笔记》这两本书。我自己对列宁的实践概念做了一些归纳，我认为列宁所讲的实践概念主要有四个要点。第一点，列宁主张"生活、实践的观点，应该是认识论的首先的和基本的观点"。这是列宁被广泛引用的一句名言，绝大多数学者从马克思主义角度解释实践概念的时候都会引用这句话。它阐明了马克思主义实践概念的核心。第二点，列宁认为，实践是认识的一个环节，是联系主观与客观的中介。这个观点也非常重要，因为人的认识是主观的，这种主观的认识表达、表象的是客观的世界。刚才我讲从笛卡儿以来的哲学有一个变化，认为我们所知道的关于世界的一切都是意识。意识构成了主观和客观之间的一个屏障，是无法突破的。因为我们无法突破意识这道屏障，所以我们没法知道客观世界是什么样子的。正是因此，康德才把客观的实在叫作"物自体"。而"物自体"是什么，康德认为我们无法知道。之所以无法知道，是因为我们能够知道的一切都来自感觉。但是列宁表达了这样一个观点：虽然主观和客观是不一样的东西，但是有一个中介可以把它们联系起来，这个中介就是实践。第三点，列宁认为实践是检验真理的标准。这一点我就不详细解释了，毛泽东和我们的哲学教科书都是这样的观点。第四点，列宁认为实践高于认识。原因在于，实践不仅有普遍性的品格，而且有直接现实性的品格。我觉得列宁"实践高于认识"的这种观点非常重要。如果我们从另一种实践概念出发，我们就能够解释为什么实践高于认识。但如果从这种认识论的实践概念出发，我认为列宁的这种观点反而不好解释、很难解释。列宁的实践概念的含义大体就是这样。

系谱学分析的下一步就是追问：列宁的实践概念是从哪里来的？列宁在阐述实践是唯物主义认识论的基础时，引证了马克思和恩格斯的观点。我们后面会单独谈马克思的实践概念。至于列宁对马克思的引证，我觉得也不符合马克思的原意，同样放到后面再谈。我们先来看恩格斯。列宁对恩格斯有两条引证，一条来自《路德维希·费尔巴哈和德国古典哲学的终结》，另一条来自《社会主义从空想到科学的发展》的"1892年英文版导言"。我认为问题在于，这两条引证不能证明列宁想证明的东西，因为列宁是在论述实践是认识的基础时引证恩格斯的，但是在所引证的两处中，恩格斯都是在反驳不可知论，认为不可知论是错的，而不是在讨论实践与认识的关系。虽然列宁引证了恩格斯的原话，但恩格斯的原意和列宁想证明的东西不是一回事。并且，列宁所理解的实践和恩格斯所理解的实践有区别。恩格斯所说的实践是指实验和工业，而列宁不是这样理解的。这样我们就完成了系谱学的分析，追溯了流行的实践概念的来源：它来源于哲学教科书，教科书观念来自毛泽东的《实践论》，毛泽东的实践观点的思想资源主要是列宁的观点，列宁引证了恩格斯，但他的引证不符合恩格斯的原意。

下面我们进行第二种分析，也就是优先性分析。优先性分析试图揭示的是：这种流行的实践概念与人类认识具有什么样的关系？在这种分析中，我们会发现，这种实践概念对于认识具有优先性，或者说在先性。所谓优先性就是说，实践在先，认识在后。我们可以把实践的优先性分为两个方面，一个是时间上的，一个是逻辑上的。首先，实践在时间上是先于认识的。在各种哲学教科书中，都主张实践是认识的来源。这种说法意味着我们先有实践，然后才能有认识。实践不仅是认识的起源，而且也是认识发展的动力，就像毛泽东的《实践论》所说的，无论是从感性认识到理性认识，还是认识从低级到高级，整个认识过程都是在实践的推动下完成的。其次，实践在逻辑上的优先性。这种逻辑上的优先性在于实践是认识的基础：没有实践，也就没有认识；有什么样的实践，就会产生什么样的认识。就实践和认识的关系来讲，这种流行的实践概念主张实践在先，认识在后，两者既有一种时间上的因果关系，也有一种逻辑上的先后顺序。这种实践的优越性首先体现在实践是检验认识真理性的标准。认识可能对，也可能错，可能真，也可能假。到底是对是错、是真是假？它的标准就是实践。实践的优越性又体现为实践高于认识。实践之所以高于认识，是因为它把主观认识与客观实在联系在一起。起码从列宁的实践概念来看是这样的，用列宁的话来讲，实践就是"主观见之于客观"的东西。

第三种分析是对象－目的分析，这里想讨论的是：这种实践概念的本质是什么？我把这种分析分为两个部分：一个是对象分析，一个是目的分析。通过对象分析，我们能够表明认识的客观性以及实践的功能。通过目的分析，我们能够表明实践、认识和真理的关系。我们首先从对象分析开始。在流行的实践概念中，实践不仅是认识的起点，也是联系主观世界与客观世界的中介。实践之所以能够发挥中介的作用，这是因为认识的对象是客观的。任何一种认识论都会要求主观认识与客观对象要一致。但是争论在于：第一，这种一致意味着什么？怎么一致？第二，我们在什么情况下能够判定我们的认识和对象是一致的？这种流行的实践概念持有一种传统经验论的观点：所谓认识和对象相一致就是认识符合对象。对象是标准，认识向它看齐，两者的一致就在于主观的东西符合客观的东西。但是另外一种哲学持有相反的观点，它虽然也主张认识和对象相一致，但认为认识和对象相一致在于对象应该符合认识。康德就是持这种观点。为什么我们的认识能够和对象一致呢？原因在于我们在认识过程中用主观的概念和认识模式整理了客观对象。因此，这种一致是因为对象符合我们的主观逻辑和认识框架，或者用康德的话讲，对象符合我们的范畴。对象分析之后就是目的分析，它要揭示实践的目的是什么。稍后我们讲到本来的实践概念时，这方面的对比就会非常明显。对于这种流行的实践概念来说，实践的目的就是获得真理。这种实践观认为，人们的认识来自实践，实践又是认识之真理性的保证。总而言之，实践的最终目的就在于获得真理，这就是为什么我把这种流行的实践概念的性质称作是认识论的。

总结起来，我们以上的分析表明这种流行的实践概念本质上属于认识论的范畴。当我们这样说的时候，包括了五层含义。第一层含义是"实践是认识的起源"。我们的优先性分析就是想表明这一点，实践在先，认识在后。第二层含义是"实践是推动认识发展的动力"。刚才我们所引证的毛泽东《实践论》的最后一段话清楚地表达了这个意思。用毛泽东的话讲，认识从感性到理性、从低级到高级所有的发展阶段都是由实践推动的。第三层含义是"实践是联系主观世界与客观世界的中介"。我们在系谱学分析中谈到列宁的实践概念时强调了近代哲学的"认识论转向",这种转向的直接原因是近代以来的哲学家认识到主观世界和客观世界被感觉和意识给隔绝开了。当我们不知道外部世界是什么样的时候,意识就相当于一道屏障把主观世界和客观世界隔断了。流行的实践概念最重要的意义就在于它成了这样一个中介,实践能够起到联系主观世界和客观世界的桥梁作用。第四层含义是"实践是检验认识真理性的标准"。这一点我们一再强调了,从哲学教科书到毛泽东的《实践论》,再到列宁的实践概念,这种观念是一贯的。第五层含义是"实践的最终目的是获得真理"。这种流行的实践概念的本质和认识论属性就表现为这五点。把我们上面所有的讨论再归纳,就得到这样一个结论:认识以实践为起点,以真理为终点。

上面就是我对流行的实践概念所做的解释和分析。通过这些解释和分析,我想表明它是如何形成的,它的本质及哲学含义是什么。下面我想讲一讲这种实践概念所面临的困难有哪些。第一个问题在于,这种实践概念把实践当作认识的起点,这是成问题的。这种实践概念认为,先有实践,后有认识。但是如果没有在先的认识,我们实践去做什么呢?在我们实践以前,我们的头脑里应该有某种在先的观念支配着我们的实践。这个问题就有点"鸡蛋相生"的意味了。认识开始于实践,但实践不能是最初的东西,在实践前面还有某种在先的东西,它可能就是观念。但这些观念又是从哪来的呢?它又需要某种在先的东西。这种追溯是无法终结的。但这对流行的实践概念提出了挑战,因为主张这种实践概念的人也都承认,实践是有目的的。这就意味着在实践以前,人们先有了关于实践的想法和观点。第二个问题在于,这种实践概念主张一个双向的过程,即认识"得自于"实践，又"用之于"实践。这种说法来自毛泽东的《实践论》。"得自于"实践是一个获得认识的过程，"用之于"实践是一个检验认识的过程，两者合在一起推动了认识从低级到高级的发展。这种说法的问题在于，"得自于"与"用之于"是不是同样一种实践？我觉得无论两者是不是同一种实践，都会产生问题。如果"得自于"的实践和"用之于"的实践是同一种实践，那么它们不过是同一种认识的重复产生。这样一来，这种"用之于"就不能检验认识的真理性。如果两者不是同一种实践，即"用之于"是另外一种实践，那么这种不同的实践显然不能检验"得自于"其他实践的真理性。这就质疑了我们常说的"认识—实践—再认识—再实践"的说法。最后也是最重要的一个问题在于，这种实践概念不能回答一个关键问题，即为什么会有实践。我认为在思考实践概念的时候这个问题是最关键的，但是这种流行的实践概念解决不了这个问题。

能够解释这个问题的是另外一种实践概念，我把它叫作本来的实践概念，有时候也叫作本源的实践概念，两者的意思大体一致。它比流行的实践概念更古老，在流行的实践概念存在以前它就存在了。我先说明这两种实践概念最根本的区别，然后再做具体的分析。它们最根本的区别在于，流行的实践概念的目的是获得真理，而本来的实践概念或者实践哲学的实践概念的目的是追求价值。两种实践概念的终极目的是不一样的，一个是真理，另一个是价值。这个问题涉及了理论哲学和实践哲学的区分，这个区分在西方哲学中可以追溯到古希腊时代，更明确的区分是在康德那里。至少从康德哲学开始，人们通常就把哲学分为理论哲学和实践哲学。理论哲学关心的是解释世界，实践哲学关心的是改造世界。解释世界的关键是真理，我们只有获得真理，才能给世界以真确的解释。改造世界的关键是价值。我们之所以要改造这个世界，就是想让它变成善的、好的。我们想要在改造世界的过程中实现我们关于人类社会和人类行为的价值信念和价值理想。理论理性建立起了理论哲学，实践理性建立起了实践哲学。但理论理性和实践理性在康德看来有一个重要的区别：理论理性在建立理论哲学的时候要受到对象的约束，而实践理性没有对象。约束理论理性的就是这个世界。尽管对于这个世界是什么，哲学家们之间存在分歧，但我们大体上都承认它是客观实在。康德认为客观世界是物自体，是我们永远没有办法认识的，他还是认为人的理论理性在确立理论哲学的时候要受到对象的约束。刚才我们讲到真理就是观念和对象相一致，而观念和对象相一致有两种方式，一种是观念符合对象，另一种就是像康德这样的哲学家，他们主张对象应该符合观念。即使是像康德这样认为对象应该符合观念的哲学家，他们仍然认为理论理性在工作的时候要受到对象的约束，尽管我们都不知道对象是什么。当然其他哲学家不这么想，笛卡儿不这么想，斯宾诺莎更不这样想。比如，康德认为我们的感觉有两种先天形式——时间和空间，而我们要用这两种形式去综合感觉材料，才能有感觉。我坐在这里，只要睁眼一看，我的意识里就有一个教室的直觉。这种井然有序的感觉是怎么产生的呢？康德认为这主要是因为空间和时间这两种感性直观的纯形式。虽然我所看到的在康德的意义上取决于感性直观的纯形式，但我睁开眼睛看到的就只能是这个样子，不可能是别的样子。这是为什么呢？虽然在康德看来，人类认识的产生主要依赖于感性纯形式和知性纯范畴，但是它们在起作用的时候仍然受到对象的约束，所以我不可能看到另外一个样子。这是理论理性的情况，它在工作的时候受到对象的约束。与理论理性不同，康德认为实践理性没有对象，实践理性的对象是实践理性自身建立起来的，所以实践理性在工作的时候就没有理论理性所受到的那样的约束。所以，在康德哲学当中，理论理性的世界是由必然性支配的，没有自由，自由只存在于实践理性当中。对此有很多种解释，我认为可以容有不同的解释，但最根本的原因就在于实践理性没有对象，它的对象是实践理性建立起来的，所以这里才容有自由。

现在我们来具体分析这种本来的实践概念。同流行的实践概念一样，我也要对它进行系谱学分析、优先性分析和对象-目的分析。首先我们进行系谱学分析。对于流行的实践概念，我们是从哲学教科书上了解到的。那么，本来的实践概念是从哪里来的呢？我认为在今天这个时代，我们要了解这种本来的实践概念，大体上有三个可能来源：第一个是罗尔斯，第二个是马克思，第三个是黑格尔。也就是说，在了解本来的实践概念的时候，不同的人可能会有不同的思想资源，他们是从不同的哲学家那里了解到这种实践概念，理解它的含义的。有的人是从马克思那里了解的，有的人是从黑格尔那里了解的，但对于大多数当代哲学家来说，是从罗尔斯那里了解的。至于我自己，是从卢卡奇那里了解的。我在读卢卡奇《历史与阶级意识》的时候，发现卢卡奇所使用的实践概念同我自己所理解的实践概念是很不一样的。卢卡奇的思想和马克思有着密切的关系，《历史与阶级意识》也是用德语写成的，所以我从中产生了一个想法：德国哲学家的实践概念和我们今天理解的实践概念是不一样的。后来读了罗尔斯、马克思以及黑格尔，更加强了我的这种想法，我觉得他们的实践概念确实不同于我们从教科书中所学到的实践概念。

既然有这样三个可能的来源，那我们的系谱学分析就要分别进行。我们从罗尔斯开始。刚才我也说过，当代实践哲学的崛起跟罗尔斯有密切的关系。罗尔斯的《正义论》出版之后产生了巨大的影响，这种影响就包括它加速了理论哲学的衰落和实践哲学的兴起。它产生的作用说起来非常复杂。20世纪西方哲学在英语世界主要就是分析哲学。在罗尔斯之前，英语世界的学者从事政治哲学、道德哲学研究必须采取分析的方法，否则便不被学界认真对待。但是《正义论》出版以后，人们开始意识到，原来不用分析的方法做政治哲学也是可以的，不仅是可以的，甚至可能做得更好。可以说，罗尔斯终结了西方学界的一种偏见：哲学研究只能以分析的方式进行。

那么，罗尔斯如何看待实践呢？他认为实践是由两种因素界定的，一种是规则，另外一种是实践理性。规则的含义在于，我们要从事任何实践活动都要按照某种规则行事，都要遵守某种规则。比如说，我们要从事政治实践，就要遵守相应的规则，例如当今最重要的政治规则就是民主，也就是多数决定的规则。其他的道德实践、宗教实践甚至是娱乐实践也都有规则。罗尔斯在这里把规则看作定义实践的东西。我们怎么理解实践呢？就看规则。罗尔斯举了一些体育活动作为例子，比如篮球、网球这些球类运动。很多人说看不懂网球比赛，原因就在于不懂规则。我们要明白一种实践，首先要知道这种实践的规则是什么。这种由规则界定的实践有三个特征：首先，定义实践的规则是一般的，而各种各样的实践是特殊的、具体的。其次，先有规则，后有实践，规则在逻辑上具有优先性。规则就相当于我们说的观念。就罗尔斯所说的实践而言，观念在先。我们先要有规则，然后按规则行事。不懂规则，就不懂实践，没有规则，就没有实践。最后，规则是实践的指南，它告诉我们如何进行具体的实践。按照罗尔斯的理解，规则体现了实践的逻辑本性。如果说规则是实践的逻辑，那么理性就是实践的动力。罗尔斯认为实践是由实践理性来推动的。我们可以分三点来理解罗尔斯的实践理性观念。第一点，实践理性具有两个方面，一个方面是人，另一个方面是实践理性的原则，人把握住了实践理性的原则。第二点，如果人把握住了实践理性的原则，并且按照这种实践理性的原则去行事，在这个过程当中实践理性的对象才产生出来，所以罗尔斯的实践理性概念本质上是建构性的。这种实践的最初起点是实践理性的观念，这种观念可能是某种信念，也可能是某种价值。最后一点，这种实践理性的建构活动会遵循这样的程序：我们的头脑里先有一个由实践理性确立的观念，然后我们按照这种观念去行动，最终在行动当中把对象建立起来。在这个方面，罗尔斯的思想和康德有密切的关系，我们后面会谈到。

本来的实践概念的第二个可能来源是马克思。马克思与罗尔斯有相似的地方，他们的实践概念本质上都是政治哲学的，但是两者强调的东西是不一样的。罗尔斯的实践概念强调的东西是规则，马克思的实践概念强调的东西则是革命。这种差别反映了两种政治哲学的差别。罗尔斯想改变他所面对的那个社会。他认为那样的社会是不正义的，我们要用正义观念来改造它。而马克思就不一样了，他认为他所面对的社会也是不正义的，但认为我们不可能改造它，只有推翻它。两者的实践概念都是政治哲学的，但在如何对待现实的不正义上，他们的观点是不一样的。马克思的实践概念散见于他的各种著作，特别是早期著作之中。我自己对马克思的实践概念做了总结、归纳，我认为马克思的实践概念有以下四方面含义：第一，马克思认为，人们的社会生活在本质上是实践的。马克思所说的社会生活主要是指政治生活、道德生活、宗教生活等，马克思认为这些生活本质上都是实践的。从中可以看出，马克思的实践概念确实不同于流行的实践概念。马克思所说的实践是社会生活的一种性质，社会生活则是指政治生活、道德生活、宗教生活等，而在所有这些活动中最重要的东西是价值。第二，马克思主张实践属于人的主观方面。这是非常重要的一个观点。从毛泽东到列宁，他们在解释实践概念的时候都认为实践是主观和客观的中介，在这种意义上实践其实是偏向于客观的东西，或者用列宁的说法是"主观见之于客观"的东西。但是马克思认为实践属于人的主观方面。例如，马克思在批评费尔巴哈时，认为他的主要缺点在于对现实只是从客观的和直观的方面去理解，而不是从实践的和主观的方面去理解。第三，按照这种主观的实践观点，不是思想体现现实，而是现实趋向思想。这一点也是非常关键的。按照那种认识论的实践概念，应该是观念、认识、思想符合现实。如果真理在于观念和对象一致，那么就应该是观念符合对象。但是按照马克思这种主观的实践概念，就不是思想体现现实了，而是现实要趋向思想，现实要和思想相一致。第四，按照这种实践观，重要的事情不是解释世界，而是改造世界。这一点表达了两种哲学的区分：理论哲学的目的是解释世界，而实践哲学的目的是改造世界。对于马克思来说，改造世界就是革命。这一点特别突出地表现了两种实践概念的区别：先前的那种实践概念是想解释世界，而马克思是想改造世界。用什么来改造世界呢？用实践理性的信念。改造世界并不是我们看那个山包不顺眼，我们就拿炸药把它炸了。马克思所说的改造世界是我们要对这个世界抱有某种信念，然后按照这种信念改造世界，对马克思来说，这种信念就是共产主义。

还有一些人是从黑格尔那里把握到了这种实践概念，他是本来的实践概念的第三个可能来源。黑格尔的实践概念主要体现在他的逻辑学之中。黑格尔的实践概念与罗尔斯和马克思有所不同：在罗尔斯那里，实践意味着改善现实社会；在马克思那里，实践意味着推翻现实社会；在黑格尔那里，实践意味着实践理念的客体化。实践理念的客体化意味着什么呢？第一点，黑格尔把理念分为理论理念和实践理念。黑格尔的这个区分来自康德。在黑格尔看来，理论理念自身没有确定性，因为它的内容及其确定性来自客观世界。这就是我们刚才一直强调的理论理性要受到对象的约束，即使像康德这样的哲学家主张认识总是主观性确立起来的，也不得不承认理论理性在活动中仍然受到对象的约束。用黑格尔的话说，就是理论理念的内容和确定性来自客观世界。相反，实践理念则拥有确定性，因为它本身就是有内容的东西，而这种内容是一种主观性的东西。第二点，实践理念本身所具有的内容就是善和应当，因此它有一种将自身体现出来的冲动，黑格尔称之为实在化的冲动。他把这种冲动的过程描述为实践理念的客体化。这种客体化意味着主观的东西应该变为客观的东西。黑格尔的逻辑学都是这样的路数。第三点，任何理念都是与现实对应的，但是，对于理论理念，现实具有客观性，理论理念从现实那里获得内容和实在性，而对于实践理念，现实是虚无，实践理念把自身的善观念充实到虚无之中，从而形成了有价值的现实。黑格尔的实践概念更体现了本来的实践概念的本质：实践理念本身的内容是善和应当，因此我们应该把它们实现出来。这个实现出来的过程就是客体化。为什么会有这种客体化呢？因为现实什么也不是，它是nothing，实践理念才有了将自身的观念充实到现实当中的这样一种可能性。如果现实是有确定性和内容的，实践理论就不可能做到这一点。在这种意义上，实践理念的客体化实际上是一种赋值活动。这个"价值"（也就是善观念）就存在于实践理念之中，实践理念的客体化就是把它所包含的内在价值实现出来。因为实践理念把它所包含的内在价值实现出来的方式是把价值充实到虚无的现实当中，所以实践理念的客体化可以被称为赋值活动。

我们之所以讨论罗尔斯、马克思和黑格尔，是因为这三位哲学家是我们今天理解本来的实践概念时所依靠的最重要的思想资源。当我这样说的时候，我的观点是这三者是平行、并列的关系，而不是传承的关系。他们三者都是"流"，而不是"源"。源头是谁呢？

是康德。罗尔斯、马克思和黑格尔的实践概念最终都源于康德。今天我们谈论的一些重要的区分，无论是理论哲学和实践哲学的区分，还是理论理性和实践理性的区分，都直接来自康德。尽管在康德以前的哲学当中这些区分已有基础，但当代人大都受惠于康德，是从康德那里吸收的思想资源。康德哲学中的实践概念的核心是实践理性观念。按照这种理解，康德的实践概念具有三个特征。首先，实践的目的是善。康德认为，所谓实践本质上是实践理性的三段论，是实践理性的推理过程。这种推理过程有三个阶段：第一个阶段，实践从大前提出发，这个大前提就是某种道德原则；第二个阶段，经过小前提，这个小前提把某些行为归属为善；第三个阶段，达到结论，就是实现某种善。实践追求善，它的目的是善，这是康德实践概念的第一个特征。其次，实践理性是实践的根据。我们知道，康德大体上是用因果关系来解释一切事物的，但是对于理论理性与实践理性，因果关系是不一样的。在理论哲学中，客体决定理论理性所产生的观念。对理论理性来说，客体是原因，理性的观念是结果。但是，在实践哲学中，实践理性决定了客体的产生。也就是说理性是原因，客体是结果。这是本来的实践概念和流行的实践概念最本质的区别。正是在这种意义上，黑格尔说实践理念从虚无中构造出现实；马克思说重要的东西不是解释世界而是改造世界；罗尔斯说实践理性建构了对象。最后，在康德的实践概念中，实践理性、意志和自由是一个东西。就实践的根据或理由而言，它被康德称为实践理性。就实践的因果关系来说，它被康德称为意志。就实践从虚无中构造对象而言，它被康德看作人的自由。在康德的道德形而上学中，实践理性、意志和自由是实践的不同方面。总体而言，康德的观点是这样的：实践需要主体的能力，这种能力就是意志；实践需要充足的理由，这种理由是实践理性提供的；实践在本质上是践行我们的道德理想或政治理想，因此我们必须拥有自由。通过系谱学分析，我们把本来的实践概念的源头最终追溯到康德。

第二种分析是优先性分析。在这种分析中，我们将探讨观念与实践的关系。我们这里所说的观念是指实践理性的观念，主要是指政治价值、道德价值和规则等，它们作为思想形态的东西与实践是不一样的。在流行的实践概念的优先性分析当中，实践在先，观念在后。但是对于本来的实践概念而言，两者的关系是倒转过来的，观念对于实践具有优先性。而且观念的这种优先性既是时间的，也是逻辑的。首先，观念在时间上是在先的。这就是因果关系：观念是原因，实践是结果；原因在前，实践在后。另外，观念在逻辑上也是在先的。观念在逻辑上先于实践，这是由实践理性的性质决定的。刚才我们讲康德的时候一直在强调实践理性，为什么要这么强调实践理性呢？因为实践理性是人类从事实践的驱动力。那么，为什么实践理性能够驱动实践呢？因为实践理性包含的一些信念如此重要以至于我们要在实践中把它实现出来。所以，在这个意义上，实践理性的观念在逻辑上也是在先的。先有观念，后有实践；没有观念，就不可能有相应的实践。这么看来，观念就像蓝图，而实践就像修建一座大楼，如果没有蓝图，我们就不知道该怎么修建。同样，如果我们想要建立一个正义的社会，也需要有一个正义社会的蓝图。我们先要有一个正义社会的观念，然后按照它来建立正义的社会，而不是一个正义的社会已经在那了，然后我们产生出与之相符合的观念。简单地说，流行的实践概念和本来的实践概念是相反的：前者主张先有实践后有观念，而后者主张先有观念后有实践，无论在时间上还是在逻辑上，都是如此。优先性分析所揭示的大体就是这样。

最后我们进行对象-目的分析。通过对象分析，我们想揭示这种实践概念的建构主义性质。通过目的分析，我们想揭示这种实践概念的理想主义性质。对象分析最本质的东西我们刚才已经涉及了，就是先有观念，后有实践。实践的对象存不存在呢？不存在。就像黑格尔说的，实践理性的理念是在虚无中创造出现实的。对象一开始并不存在。我们先有观念，然后才按照观念把对象建立起来。实践哲学都是这样的。比如政治哲学所追求的正义社会，最初只存在于人的观念之中，它是人类实践理性的信念。在道德哲学中，我们也是先有善这样一个实践理性的观念，然后通过我们的行为把它表现出来。我觉得中国哲学当中的"践行"这个词非常准确地表达了这种本来的实践概念：先有观念，然后我们需要实践它，这就叫践行。对象分析表明，实践的对象原本并不存在，而是实践理性建立起来的，这个建立起来的对象才是所谓的现实。在这种意义上，这种实践概念是建构主义的。在进行目的分析时，我们可以将本来的实践概念与流行的实践概念进行对比：流行的实践概念的目的是达到真理，它意在通过"认识—实践—再认识—再实践"这样一个过程确保认识的真理性，而本来的实践概念的目的是把实践理性内在包含的信念，也就是我们的诸种理想实现出来，比如政治理想、道德理性和做人的理想。可见，这种实践概念在本质上是理想主义的。

最后一个部分讲实践的意义。在对两种实践概念做了分析、比较以后，我们马上会遇到一个问题：哪一种实践概念更合理？要决定哪种实践概念更合理，我们就要知道实践的意义。刚才在讨论流行的实践概念的时候，我们说过它存在很多的问题和困难，其中最重要的一点就是它解释不了我们为什么要从事实践。如果实践的性质如这种流行的实践概念所说的那样是认识论的，那么我们很难解释我们的一系列实践活动，包括我们所从事的最重要的实践活动。比如，我们说"几十年来中国人民从事着一项伟大的社会主义实践"。当我们这么说的时候,这个"实践"是什么意思呢?用那种认识论的实践概念解释不了这个问题,只有用本来的实践概念才能解释。按照本来的实践概念,我们之所以从事实践是因为我们每个人的实践理性中都存在一些信念——关于人的信念、关于政治的信念、关于道德价值的信念等,而且这些信念是如此重要以至于我们必须将它们实现出来。政治哲学、道德哲学所讨论的正是怎样实现它们的问题。在解释实践的意义时,两种实践概念处于不同的位置。流行的实践概念解释不了这个问题,而本来的实践概念完全能够解释。我们要从实践理性出发实现那些我们认为非常重要的价值,我自己理解实践的意义也就在于此。

(整理:唐鹏远)

编后记

2021年秋季学期,"哲学的殿堂"系列讲座如期举办,我们邀请14位著名学者引领同学们走进哲学这座思想的殿堂,以时代的问题意识感受闪耀着的先哲的思想之光,采撷在文明深处的人类精神世界的宝藏。其中有四场讲座是我在现场主持的,聆听赵敦华老师关于"照着讲"与"接着讲"的新逻辑的讲解、安启念老师关于马克思的新唯物主义的阐释、丰子义老师对时代的理解和把握的阐述、陈波老师对哲学作为一项认知事业的分析,感到这些颇具新意的讲座细致入微、引人入胜。重读这些讲稿,当时精彩的情景似又重现,仍觉余音绕梁。

其他讲座有些是在线听的,例如,姚新中老师对中西伦理学中的自我的新论,赵汀阳老师对形而上学路径与存在论事件的解析,江怡老师对哲学的未来与未来的哲学的展望,姚大志老师对两种实践概念的政治哲学解读,如今读来亦有似曾相识之感。诚如李景林老师在讲座开场时所言,线上授课缺少现象学所讲的"直观"和"直接被给予性",缺乏充分的现场感。确实如此,但对由于各种原因不能亲临现场的朋友们来说,线上听公益讲座是一种"福利",可以不受时空的限制，在屏幕上实时听取各位著名学者授课，并在课后在线提问，也是接受新知的一种比较理想的方式。我们请专业摄制团队负责讲座录制转播等事宜，为线上讲座提供技术保障，为不能现场听课的同学和爱好哲学的朋友创造尽可能好的听课条件。

其他几场讲座，是通过读这部讲稿第一次学习的，这正是我们整理出版讲稿的初衷。对没能在现场或线上听讲座的人们来说，阅读文字中的讲座是理解讲座精练内容的必要路径，整理后的文字可能没有实时讲座那么鲜活，却在原始文字的基础上萃取精华，省却了一些口语化的虚词，可以直达思想的根本。虽说与讲座的实时情境略有不同，但对想要了解讲座精华的朋友们来说，可能恰到好处。所以，当我阅读杨庆中老师讲解《周易》古经对孔子思想的影响，向世陵老师阐述儒家博爱视野下的"天下一家"与"一体之仁"，谢地坤老师梳理西方哲学家从否定神学到否定哲学的过程，李景林老师论述儒学的心性论与价值系统，张学智老师关于牟宗三"良知坎陷说"的新论，陈少明老师对"庄子观梦"的"物我"与"生死"主题的研究，可以直接理解讲座的要义，甚或可以想见当时各位老师讲解的场景，也就大致把握了这个系列讲座的主要内容。

掩卷沉思，面对我们时代的各种不确定性，深思这个系列讲座中的若干主题，可以反思现代性，理解哲学问题的时代化与时代问题的哲学化，形成置身"世界历史"进程的"时代意识"，在内在自我和世界秩序中寻找自己的位置，从而把握好的可能性，在复杂的现实生活中做出理性的判断和明智的选择。为此，需要秉持马克思主义哲学的思想方法，回到中国哲学的本真精神，在时代语境中重新理解天地境界与一体之仁，重建现代道德观念，使一种经过创新性发展与创造性转化的良知意识为现代人提供精神滋养，在否定既往的思维生成中感知希望的光芒，在高速运行的现代生活世界确立思想自我，以形而上的方式理解人与世界的关系问题，从存在论角度把握实践中的主体及其公共性，由此安顿我们的精神家园。

在这个意义上，我们期待以希望的光芒照亮现实的世界，使朝向未来的可能性不断在实践中趋向于现实性，从而明确哲学的未来意识。这种未来意识是形而上的本质规定，是人的生命的内在要求，是每个人都应当经历的存在论事件。实现这种未来的可能性，需要以物质生产方式夯实观念的基底，需要一种符合时代发展要求的新唯物主义世界观和方法论。新唯物主义与哲学的未来因而紧密结合在一起，使思想对象化为现实的运动，这是我们将这部讲稿的副标题命名为"新唯物主义与哲学的未来"之原因所在。从中可见，作为时代精神的马克思主义哲学一直"在场"，我们仍然生活在马克思为我们确立的思想地平线上，马克思主义哲学在我们的时代仍然具有强大的生命力。

走进"哲学的殿堂"，不是纯然回到思想史的原初语境，而是在时代中重新认识经典的哲学命题。哲学不是隐没在故纸堆中的格言，而是被把握在思想中的时代，是由每个时代的经济生产方式和交换方式以及必然由此产生的社会结构决定其基础的，并从不同时代的基础出发认识思想史中的观念世界。理解哲学问题，不仅要有问题意识，还要有时代意识，这不仅因为历史的退却与返回终究是不可能的，而且因为我们有将哲学把握为在历史前进的逻辑中前进的批判的武器的自觉。在这个意义上，"哲学的殿堂"是一种生成的存在，它不处于过去时，而处于朝向未来的现在时，我们只有以实践的在场性解读殿堂中的思想精华，才能理解这座思想殿堂本身，它与哲学概念的规定一样，处于动态的过程中。

我们希望这个系列讲座有助于同学们和爱好哲学的朋友们理解哲学的本质，理解马克思主义哲学的要义，探究中国哲学实现创新性发展与创造性转化的机理，从比较哲学角度理解中西哲学互鉴的方式，把握理解问题的思维规律。我们很感谢大家对这项工作的肯定与鼓励，你们的肯定与鼓励表明哲学仍然是我们提升生命品质的内在需要，与时代同行的哲学是一种殿堂式的存在，就在我们的生活世界中矗立着，而只有经过对哲学问题内在本质性的理解，我们方能确认自己走进过这座殿堂，并一直居于这座殿堂的近处。最后，感谢这个系列讲座策划团队的各位老师的辛苦付出，感谢各位参与讲稿整理的同学所做的细致工作。中国人民大学出版社郭晓明先生对这个系列讲座的视频录制和讲稿出版给予了大力支持，各位编辑做了很多具体工作，在此一并致谢。

臧峰宇

2021 年 12 月 31 日

于中国人民大学人文楼

图书在版编目(CIP)数据

哲学的殿堂：新唯物主义与哲学的未来 / 中国人民大学哲学院组编；臧峰宇主编. -- 北京：中国人民大学出版社，2024.5

ISBN 978-7-300-32816-4

Ⅰ.①哲… Ⅱ.①中…②臧… Ⅲ.①哲学-文集 Ⅳ.①B-53

中国国家版本馆CIP数据核字（2024）第095859号

哲学的殿堂
新唯物主义与哲学的未来
中国人民大学哲学院　组编
臧峰宇　主编
Zhexue de Diantang

出版发行	中国人民大学出版社			
社　　址	北京中关村大街31号	邮政编码	100080	
电　　话	010-62511242（总编室）	010-62511770（质管部）		
	010-82501766（邮购部）	010-62514148（门市部）		
	010-62511173（发行公司）	010-62515275（盗版举报）		
网　　址	http://www.crup.com.cn			
经　　销	新华书店			
印　　刷	涿州市星河印刷有限公司			
开　　本	720 mm×1000 mm　1/16	版　次	2024年5月第1版	
印　　张	20　插页2	印　次	2025年9月第2次印刷	
字　　数	238 000	定　价	89.00元	

版权所有　侵权必究　　印装差错　负责调换